Inclusão e educação

Dados Internacionais de Catalogação na Publicação (CIP)
(Câmara Brasileira do Livro, SP, Brasil)

Inclusão e educação : doze olhares sobre a educação inclusiva / David Rodrigues (org.). – São Paulo : Summus, 2006.

Bibliografia.
ISBN 978-85-323-0078-2

1. Educação – Brasil – História 2. Educação – Portugal – História 3. Educação especial 4. Educação inclusiva 5. Educação e Estado 6. Inclusão social I. Rodrigues, David.

06-2783 CDD-370.115

Índice para catálogo sistemático:

1. Educação inclusiva 370.115

www.summus.com.br

Inclusão e educação

Doze olhares sobre a educação inclusiva

David Rodrigues
(org.)

summus
editorial

INCLUSÃO E EDUCAÇÃO
Doze olhares sobre a educação inclusiva

Editora executiva: **Soraia Bini Cury**
Assistente de produção: **Claudia Agnelli**
Capa e diagramação: **Acqua Estúdio Gráfico**

1ª reimpressão

Summus Editorial
Departamento editorial
Rua Itapirucu, 613 – 7º andar
05006-000 – São Paulo – SP
Fone: (11) 3872-3322
http://www.summus.com.br
e-mail: summus@summus.com.br

Atendimento ao consumidor
Summus Editorial
Fone: (11) 3865-9890

Vendas por atacado
Fone: (11) 3873-8638
email: vendas@summus.com.br

Impresso no Brasil

À luminosa e presente
memória de Stephen Stoer,
cidadão, professor e amigo.

Sumário

Apresentação

A exclusão tornou-se uma espécie de epidemia do início deste século: assustadora como a peste, altamente contagiosa e de cura pouco provável. Esta "epidemia social" demonstra uma grande vitalidade e dinâmica e, devido ao seu rápido alastramento, tem sido tratada como uma das ameaças mais sérias ao desenvolvimento das sociedades, em cujos objetivos cada vez mais se inclui a sua erradicação.

Esse desenvolvimento tenaz da exclusão incentivou os responsáveis políticos a congregar esforços em campanhas para sua eliminação; criaram-se projetos de luta contra a exclusão nos mais diversos domínios sociais: combate à pobreza, à infoexclusão, à exclusão escolar, à exclusão na justiça e na saúde – enfim, contra a exclusão social vista como um todo.

O que se teria passado nas sociedades de mercado para que a exclusão se tornasse, quase subitamente, uma ameaça tão temível? Por que será que cada vez mais pessoas são e se sentem afastadas e discriminadas no acesso aos bens fundamentais da sociedade? As causas serão certamente múltiplas, mas algumas delas parecem assumir um óbvio protagonismo. Destacaríamos três.

A primeira encontra-se ligada ao fato de nossas sociedades, mesmo as que têm tradições democráticas mais antigas, se terem confrontado recente e rapidamente com o aumento das reivindicações de condições de vida dignas e de qualidade por toda a população. Uma consciência crescente dos direitos de cidadania fez que benefícios sociais restritos a certos grupos privilegiados, que sequer eram questionados por outros grupos sociais, passassem a fazer parte da agenda reivindicativa de toda a população. Esse processo se alastrou com a criação do Estado de Bem-Estar Social, em que os direitos sociais passaram a ombrear com os direitos civis e políticos. A educação, a habitação, o emprego, o lazer etc. são hoje áreas para as quais todos os grupos sociais reivindicam não só provisão, mas sobretudo provisão com qualidade. As políticas de distribuição de bens são, assim, causadoras de exclusão, dado que a provisão de direitos básicos e bens essenciais é claramente escassa para largos extratos da população. Em zonas periféricas das grandes cidades, por exemplo, os recursos destinados à educação ou à saúde são visivelmente insuficientes e de pior qualidade, afetando populações que desta forma se tornam mais vulneráveis a sofrer exclusão social.

A segunda razão relaciona-se às culturas meritocráticas e competitivas que as diferentes sociedades desenvolveram. Na acepção comum, os sistemas baseados na competição têm por objetivo justificar a seleção dos aptos e a exclusão de outros considerados – com base em critérios freqüentemente não objetivos – menos aptos. Está implícito no sistema de valores das nossas sociedades que quem é excluído da escola ou do emprego não foi tão eficiente ou capaz como outros que adquiriram um curso ou um bom emprego. E isso é problema das pessoas: o sistema educativo e o mercado de emprego estão certos e a pessoa errada. Essa cultura competitiva tende a justificar a exclusão como inevitável (o que se designa freqüentemente por "darwinismo social") porque nem todos são igualmente capazes para os lugares de inclusão que se encontram disponíveis.

Em terceiro lugar, a exclusão é devida provavelmente a fatores culturais, que nos conduzem a pensar que a diferença é perigosa. Demanda-se cuidado com as pessoas diferentes – seja na identidade sexual, socioeconômica, de deficiência, de etnia etc. As "idéias feitas" da sociedade associam ao "diferente" uma situação de ameaça, e desenvolvem estratégias de identificação, circunscrição, banimento ou subalternização de numerosos grupos sociais.

Os programas de combate à exclusão desenvolvem-se promovendo o conceito antagônico: a inclusão. Isto porque, apesar de muitos esforços para delimitar o conceito de "inclusão", só sabemos o que ela é como conceito oposto ao de "exclusão". Desta, sim, conhecemos melhor os contornos. Mas vale a pena debruçarmo-nos um pouco sobre este conceito de "inclusão" que, de tão usado, parece por vezes dar mostras de fadiga...

Quando se fala inclusão, é importante distinguir duas dimensões que talvez tenham tempos de implementação e metodologias de atuação distintos: uma a que chamaríamos **inclusão essencial**, e outra **inclusão eletiva.**

A inclusão essencial é a dimensão que assegura a todos os cidadãos de dada sociedade o acesso e a participação sem discriminação a todos os seus níveis e serviços. Assim, a inclusão essencial pressupõe que ninguém pode ser discriminado por causa de uma condição pessoal no acesso a educação, saúde, emprego, lazer, cultura etc. É uma questão que se prende com os direitos humanos e com uma acepção básica de justiça social.

O fato de a sociedade assegurar a inclusão essencial não a autoriza a colocar as pessoas em nichos ou em "guetos". Todos os membros de uma sociedade pertencem a vários grupos, sejam eles determinados por laços familiares, por interesses profissionais, econômicos, culturais ou afetivos. Freqüentemente se procura atribuir um "lugar" fixo e relativamente inamovível às pessoas em "risco de exclusão". Por exemplo, as pessoas com deficiência podem ter acesso à dimensão essencial da inclusão, mas a partir daí são consideradas pertencentes ao grupo das pessoas com deficiência. Logo, sua participação noutros grupos que não o das pessoas com deficiência pode ser considerada desnecessária, estranha e mesmo inadequada. Por isso é necessário desenvolver a dimensão eletiva da inclusão. Esta dimensão assegura que, independentemente de qualquer condição, a pessoa tem o direito de se relacionar e interagir com os grupos sociais que bem entende em função dos seus interesses.

Um exemplo de descompasso entre a inclusão essencial e a inclusão eletiva é a criação de bairros de realojamento (com centro de saúde, escola, mercado etc.) para pessoas pobres ou de minorias étnicas, em que se pretende tornar acessível um conjunto de direitos de cidadania (inclusão essencial) mas de forma muito condicionada (a pessoa perde tais direitos se sair desse espaço geográfica e culturalmente circunscrito e limitado). Assim, às pessoas com doenças crônicas, com deficiências ou outras características de "risco", não basta que lhes seja dado um lugar de possível acesso na sociedade. É necessário que a perspectiva inclusiva se alargue até estar assegurada a possibilidade de escolha e opção. Essa possibilidade de opção poderá até chegar à recusa de aceitar o lugar que a sociedade "preparou" e previu para a sua "colocação". É atribuída a Samuel Golwin (citado por R. Barrow, 2000) a frase "Me incluam fora disso!" (*Include me out!*), que é um exemplo-limite do que consideramos a dimensão eletiva da inclusão: o direito que a pessoa tem de optar pela recusa da inclusão que lhe é benevolamente "oferecida".

Estas duas dimensões de inclusão são complementares: a inclusão essencial é a base para que se possa falar numa real inclusão eletiva. Como se poderá optar verdadeiramente entre alternativas possíveis se as condições de acesso básico não estiverem resolvidas? Se a inclusão essencial não estiver resolvida, a opção possível é escolher o mal menor.

A rápida difusão que os programas de educação inclusiva tiveram no mundo mostra que os governos nacionais consideram que a educação inclusiva é uma primeira e talvez decisiva intervenção preventiva da exclusão social. Proporcionar a todas as crianças uma experiência educativa de qualidade, não segregada e respeitadora das diferenças individuais por muito aparentes que sejam, parece ser um meio seguro para a formação de valores que possam ser preventivos de situações mais tardias de ostracismo e conflito.

Os últimos anos têm trazido abundante atividade e também polêmica sobre a possibilidade e os modelos de desenvolvimento de uma educação inclusiva. De consumação impossível para alguns, provável para outros e inevitável para outros ainda, a educação inclusiva tem certamente protagonizado uma das áreas conceitualmente mais interessantes e dinâmicas do debate educativo contemporâneo. Isso porque a educação inclusiva contesta as bases em que a escola tradicional foi desenvolvida, e por isso motiva tantas paixões e assume características tão "iconoclastas" e radicais. A educação inclusiva não é uma cosmética da educação tradicional nem uma simples estratégia de melhoria da escola: constitui a promoção da formulação da educação em novas bases que rejeitem a exclusão e promovam uma educação diversa e de qualidade para todos os alunos.

Portugal e Brasil – realidades simultaneamente distantes e próximas – têm desenvolvido diversas reflexões sobre a educação inclusiva. Com organizações sociais e educacionais muito distintas, e sobretudo debruçando-se sobre problemas com escalas muito diferentes, autores de Portugal e do Brasil têm produzido reflexões muito interessantes sobre o processo de inclusão na escola – uma vez que ambos os países manifestaram sua opção por modelos educacionais inclusivos.

Durante a minha estadia em licença sabática em Florianópolis, em 2004, surgiu a idéia de organizar um livro que congregasse doze olhares sobre a educação inclusiva, sendo seis de Portugal e seis do Brasil. Convidei então pesquisadores a quem conhecia tanto pessoalmente quanto pelos respectivos trabalhos acadêmicos (parafraseando Vinicius de Moraes: "Os acadêmicos que me perdoem mas um pouco de afeto é fundamental..."). Os convites que enderecei foram todos aceitos; assim surgiu (com o apoio incondicional e atento da Summus) este livro.

A obra pretende ser um contributo para formar opiniões, fundamentar opções e talvez questionar algumas idéias feitas. De certa forma, estes doze olhares proporcionam ao leitor uma experiência semelhante à que se tem quando se olha um caleidoscópio: basta uma pequena mudança de posição para todo o quadro de referência se alterar significativamente. Cada um destes doze olhares roda o caleidoscópio e permite-nos ver outros cenários da educação inclusiva. Ainda que se debrucem sobre o mesmo objeto, estes doze textos estimulam-nos a perguntar se o objeto é (realmente) o mesmo e até se existe um objeto independente da construção que dele faz o observador.

Não vou comentar cada um dos textos: eles apresentam-se com uma lógica própria e sólida, bem conscientes da sua contribuição mas certamente convencidos do caráter não definitivo da sua abordagem. Que parábola mais adequada poderíamos encontrar para a educação inclusiva, que, enquanto corrente educativa, valoriza a construção partilhada do conhecimento e assim nos segreda que a diferença é certamente a nossa parte mais interessante?

DAVID RODRIGUES

A inclusão que é "nossa" e a diferença que é do "outro"

CARLOS SKLIAR

Pesquisador da área de Educação da Facultad Latinoamericana de Ciencias Sociales (Flacso), Argentina

Sobre os argumentos da pedagogia e as suas (aparentes e permanentes) mudanças

Estamos assistindo nas últimas décadas – mas também produzindo e fabricando – a um turbilhão irrefreável de mudanças educacionais: mudanças nos parâmetros curriculares nacionais, mudanças nas leis de acessibilidade, mudanças na universalização do acesso à escola, mudanças na obrigatoriedade do ensino, mudanças na passagem entre um tipo de escola quase sempre excludente e (em aparência) a fundação de outro tipo de escola que se pretende inclusiva, que se pretende para todos etc.

O que nos resta saber é se essas mudanças constituem ou não mudanças cruciais na pedagogia, da pedagogia e para a pedagogia. A questão não é banal, nem sequer ociosa, e tem a ver fundamentalmente com o problema que me parece intimamente relacionado com os *argumentos* em educação – quer dizer, com aquilo que tem se constituído como os princípios pedagógicos irredutíveis, inerentes ao fazer educativo, quase como aquelas questões que constituem a resposta natural para a eterna e mal formulada pergunta: "Para que serve a escola?"

A expressão "argumentos em educação" denota a possibilidade de explicitar aquelas palavras sem as quais parece não haver educação, não haver escola: a educação como a completude (do outro), a educação como o futuro (do outro), a educação como o texto curricular, a educação como a lógica da compreensão (do professor) e da explicação (do aluno), e a educação como formadora de uma identidade específica (a identidade cidadã), dentre muitos outros argumentos educacionais perenes.

Se há alguma coisa que pode ser chamada de mudança no turbilhão atual, é, justamente, a possibilidade de questionar estes argumentos e de propor outros novos, diferentes, originais e impensáveis até agora.

A pergunta que gostaria de fazer neste texto bem poderia ser: constituem os argumentos da diferença, da preocupação com o outro, do respeito, da aceitação, do reconhecimento, da tolerância etc. um novo argumento educativo ou trata-se, mais uma vez, do velho e conhecido argumento da oposição binária entre exclusão e inclusão?

O propósito deste capítulo é analisar, com relativa profundidade, as possíveis respostas à questão anterior, pensando, antes de mais nada, na complexa relação e/ou oposição entre a questão do outro e a obsessão pelo outro.

Sobre a educação especial e a crise da "normalidade"

Parece haver certo consenso acerca da idéia de que já não há um único modo de compreender o que é a educação especial e de definir quais são seus paradigmas, seus modelos. Ainda mais: é possível afirmar que a "educação especial" não existe, mas sim uma invenção disciplinar, desordenada, heterogênea, criada pelas idéias e os conceitos vagos do "normal", da "norma", da "normalidade". Tal invenção disciplinar talvez tenha tido como objetivo principal, em sua origem, a pretensão de ordenar a desordem originada pela perturbação dessa outra invenção, dessa outra fabricação, dessa outra produção que chamamos habitualmente de "anormalidade".

É de pensar que nós, os *especialistas em educação especial*, estávamos demasiado acostumados a simplificar os problemas identificando a educação especial com suas instituições especiais e a nos referirmos a uma oposição estrita entre paradigmas terapêuticos e clínicos, de um lado, e sociais e antropológicos, de outro. Porém, ao entrar na intimidade das práticas pedagógicas e em seus discursos e representações, fica ainda mais evidente que a educação especial é um campo pedagógico caracterizado pelas flutuações de representações, uma espécie de vaivém permanente entre aqueles modelos conceituais – clínicos e/ou antropológicos –, mas sem uma separação textual.

De todo modo, é possível pensar que na atualidade, mais do que uma questão de paradigmas, trata-se de uma verdadeira disputa, consciente ou não, que tenta resolver a seguinte ambigüidade e/ou paradoxo: a *perpetuação,* a *demolição* daquilo que chamamos de educação especial "tradicional", de seus modelos teóricos, de suas práticas e de seus discursos educacionais. Mais especificamente, parece que seria necessário considerar a existência de uma fronteira que separa de forma muito nítida aqueles olhares que continuam pensando que o problema está na "anormalidade", no "anormal", daqueles que afirmam e pensam o contrário – quer dizer, dos que consideram a "normalidade", a "norma", o "normal" como o problema em questão, como a questão que deveria ser colocada sob suspeita.

As primeiras dessas representações – que são ou se apresentam em aparência mais *científicas*, mais *acadêmicas* – continuam sendo obsessivas com aquilo que é pensado e produzido como "anormal", como "anormais", vigiando cada um dos desvios, descrevendo cada detalhe do patológico, cada vestígio da normalidade, suspeitando de toda deficiência e afirmando que "algo está errado, que há alguma coisa equivocada no sujeito, que possuir uma deficiência é um problema etc.".

Este tipo de olhar não é útil para a educação especial nem para a educação em geral: *anormalizam* tudo e a todos. E resulta curioso como essas representações ainda estão ativas, ainda estão vivas, inclusive hoje em dia quando elas mesmas se consideram fazendo parte da apregoada "*nova política da inclusão*". Assim, o que resulta é o transvase das representações da anormalidade de um tipo institucional – a escola especial – para outro tipo institucional – a escola regular –, sem que intermedeiem mudanças significativas na questão que considero a principal: *há, por acaso, alguma coisa que possa ser chamada, pensada e definida como normal? Existe, então, aquilo que deve continuar sendo o modelo de normalidade?*

Os outros olhares – talvez menos vigilantes porém com menos pretensões *cientificistas* – tratam de inverter a lógica e o poder da normalidade e da normalização, fazendo do normal, da norma, o problema que deve ser colocado em questão, ou melhor dito, a origem do problema. Esses olhares têm muito para oferecer à educação em geral: por exemplo, produzindo a desmitificação do normal, estabelecendo a perda de cada um e de todos os parâmetros instalados na pedagogia acerca do que é ou o que deve ser "correto", o alcance de um entendimento mais cuidadoso sobre essa invenção maléfica do outro "anormal", além de possibilitar o julgamento permanente do "normal", da "justa medida", da "média", do "homem médio normal" etc.

Esses olhares, então, poderiam solapar essa pretensão altiva da normalização, que não é mais que a violenta imposição de uma suposta identidade única, fictícia e sem fissuras daquilo que é pensado como o "normal" (Silva, 1997; Skliar, 2003). Assim, "normalizar" significa escolher arbitrariamente uma identidade e fazer dela "a identidade", a única identidade possível, a única identidade "verdadeira".

É por isto que uma educação especial "não-tradicional",[1] se é que ela existe, poderia ser pensada como um discurso e como uma prática que torna problemática e inclusive insustentável – e mesmo impossível – a idéia do "normal" corporal, do "normal" da língua, do "normal" na aprendizagem, do "normal" da sexualidade, do "normal" do comportamento, do "normal" da escrita e da leitura, do "normal" da atenção, do "normal" escolar etc. Desta forma se aproximam de outras linhas de estudo em educação, como o são, por exemplo, os estudos de gênero, os estudos culturais, o pós-estruturalismo, a filosofia da diferença etc. Se aquilo que chamamos de educação especial não serve, não é eficaz nem é suficiente para

1 Refiro-me em particular aos estudos que recebem o nome, em inglês, de *disabilities studies* (cuja tradução para o português ou espanhol não resulta muito confiável), os quais, por exemplo, com base nos trabalhos de Lennard Davis (1997), tentam inverter a lógica da normalidade produzindo uma mudança radical na epistemologia da educação especial, dos seus discursos e práticas pedagógicas.

colocar sob suspeita "a norma", "o normal", "a normalidade", então não tem razão de ser nem tem sentido, me parece, a sua sobrevivência.

O "mal-entendido" das diferenças em educação: diferenças filosóficas (a questão do outro) e diferenças políticas (a obsessão pelo outro)

A questão do outro e a obsessão pelo outro, ainda hoje indiscriminados nos discursos e nas práticas pedagógicas habituais, foram e estão sendo transformadas e/ou talvez desfiguradas em problemas completamente diferentes entre si.

Ainda que a questão do outro e da diferença tenha sido introduzida atualmente pelo discurso multicultural (ver McLaren, 1997), existe uma preocupação sobre este assunto, no discurso filosófico, desde a antigüidade.

Nesse contexto, a pergunta pelo outro é, no geral, uma pergunta por outro que é (in)específico. Gostaria de me deter um instante nesta questão.

Como já se sabe, o primeiro dos filósofos a distinguir entre diferença e alteridade foi Aristóteles: a diferença das coisas supõe sempre uma determinação sobre aquilo em que diferem. Alteridade, ao contrário, não significa determinação nenhuma: há outro ser e não uma diferença entre dois seres (e lembremos aqui que para Platão a alteridade é o gênero supremo).

Kant considerou as idéias de identidade e de diferença como conceitos transcendentais, conceitos de reflexão que não se aplicam às coisas em si mesmas, mas aos fenômenos.

Hegel, por sua vez, definiu a diferença como uma diferença de essência: o outro da essência é o outro em si mesmo e para si mesmo e não aquilo que é, simplesmente, outro em relação a alguma coisa que esteja fora dele. Assim, diferença e identidade estão fortemente relacionadas: aquilo que determina a diferença determina também a identidade e vice-versa.

Para Heidegger, a diferença supõe, basicamente, a diferença entre o ser e o ente, que ultrapassa todas as demais diferenças. A diferença ontológica pode ser mais bem compreendida como uma diferença no ser e, nesse mesmo sentido, como estando também intimamente relacionada com a alteridade.

Já para Deleuze (1988), a diferença toma distância da identidade, da representação e da mesmidade (neologismo por "mesmice", que soa muito mais pejorativo); nessa direção, a diferença deveria ser considerada em si mesma, por si mesma, por meio de seu próprio movimento e do processo de diferenciar.

Portanto, a diferença não estaria em relação a dois pontos que, de acordo com certo princípio da identidade, se diferenciam. Esta teria mais a ver com o "entremeio", e não com uma suposta oposição entre dois termos, dois entes, dois conceitos ou duas coisas. Assim vista, a diferença é um sinal do imprevisível, que nos faz pensar no devir, nos remete ao acontecimento.

A idéia de diferença em Deleuze não remete a um sujeito, não o identifica. Não se relaciona também com a idéia do diferente, dos diferentes, porque a diferença não aponta para ninguém, mas cria o permanente movimento de diferir. Desse modo, não há um princípio de identidade entre o sujeito e o objeto, nem no sujeito nem no objeto.

> Quando a diferença é subordinada pelo sujeito pensante à identidade do conceito [...], o que desaparece é a diferença no pensamento, a diferença de pensar com o pensamento, a origem do pensar, a profunda rachadura do Eu que só o leva a pensar pensando sua própria paixão e mesmo sua própria morte na forma pura e vazia do tempo. Restaurar a diferença no pensamento é desfazer este primeiro nó que consiste em representar a diferença sob a identidade do conceito e do sujeito pensante. (Deleuze, 1988, p. 420-421)

Para Jacques Derrida (2003), há de se fazer uma distinção crucial entre o termo "diferença" (em francês "difference") e o que ele designa por "différa*a*nce". A "différa*a*nce" – termo que é invenção do autor em questão – seria a anarquia que improvisa, uma anarquia portadora de uma alteridade que escapa sempre ao mesmo e ao idêntico. Esse novo conceito permite pensar no processo de diferenciação para além de todo o tipo de limites, sejam estes culturais, nacionais, lingüísticos etc.

A "différa*a*nce" não é uma distinção, uma essência, ou uma oposição, mas um movimento, uma referência à alteridade, a uma heterogeneidade que não é, em princípio, oposicional. As diferenças são, isso sim, diferenças políticas e, portanto, diferenças de oposição.

Esta última questão nos remete, então, ao problema da obsessão pelo outro, quer dizer, a transformação do outro em outro específico, material, portador de um traço ou de uma marca identitária – que pensamos ser – particular. Digamos, para começar, que esse outro específico nunca é o mesmo, ainda que exista a obsessão de torná-lo o mesmo: é a nossa obsessão que muda de outro, inventa, fabrica e traduz outro, sempre outro, a cada dia.

Se, como dizem Baudrillard e Guillaume (2000), o outro tem se convertido numa obsessão para o Ocidente, está se falando é de outro compreendido geralmente como o outro estrangeiro, imigrante, marginal, deficiente etc., e pensado sempre em termos de uma oposição entre exclusão e inclusão – quer dizer, de outro que é percebido como pura alteridade, como alteridade de fora, como alteridade exterior. Nas palavras de Bauman (1996, p. 77):

> A assunção da ordem, agora, se torna indiferenciada da proclamação das sempre renovadas "anormalidades" traçando sempre novas linhas divisórias, identificando e separando sempre novos "estranhos". "Vizinhos" do lado, completamente familiares e sem nenhum problema, podem, da noite para o dia, se transformar em horrorosos "estranhos", desde que uma nova ordem seja idealizada "purificando" o lugar.

Pelas razões até aqui expostas, caberia perguntar, então, se a escola tem tentado discutir sobre a questão do outro, ou bem o que lhe preocupa é a sua obsessão pelo outro.

Não receio afirmar que a educação especial, assim como a educação em geral, não se preocupa com as diferenças senão com aquilo que poderíamos denominar como certa obsessão pelos "diferentes", pelos "estranhos", ou talvez em outro sentido, pelos "anormais".

Parece-me crucial neste ponto traçar um rápido esclarecimento sobre esta questão, pois está se traduzindo e confundindo tragicamente, no contexto pedagógico, a(s) "diferença(s)" com o(s) "diferente(s)".

Os "diferentes" respondem a uma construção, uma invenção, quer dizer, são reflexo de um largo processo que poderíamos chamar de "diferencialismo", isto é, uma atitude – sem dúvida do tipo racista – de categorização, separação e diminuição de alguns traços, da algumas marcas, da algumas identidades, de alguns sujeitos, em relação ao vasto e por demais caótico conjunto de diferenças humanas.

A meu ver, as diferenças não podem ser apresentadas nem descritas em termos de melhor e/ou pior, bem e/ou mal, superior e/ou inferior, positivas e/ou negativas, maioria e/ou minoria etc. São, simplesmente – porém não simplificadamente –, diferenças. Mas o fato de traduzir algumas dessas diferenças como "diferentes" – e já não simplesmente como diferenças – volta a posicionar essas marcas, essas identidades, esse "ser diferença" como contrárias, como opostas e negativas à idéia de "norma", do "normal" e, então, daquilo que é pensado e fabricado como o "correto", o "positivo", o "melhor" etc.

É necessário dizer que o mesmo processo de diferencialismo tem acontecido com outras diferenças, não mais apenas aquelas diferenças de corpo, de aprendizagem, de língua etc., e sim as raciais, sexuais, etárias, de gênero, de geração, de classe social etc. Estabelece-se assim um processo de "diferencialismo" que consiste em separar, em distinguir da diferença algumas marcas "diferentes" e em fazê-lo sempre a partir de uma conotação pejorativa. E é esse diferencialismo o que faz, por exemplo, que a mulher seja considerada o problema na diferença de gênero, que o negro seja considerado o problema na diferença racial, que a criança ou o velho sejam considerados o problema da diferença etária, que o jovem seja o problema na diferença de geração, que os surdos sejam o problema na diferença de língua etc.

A preocupação com as diferenças tem se transformado, assim, em uma obsessão pelos diferentes. É necessário suspeitar desta modalidade de tradução pedagógica que se obstina desde sempre em apontar com o dedo quem e como são os "diferentes", banalizando ao mesmo tempo as diferenças. De fato, o problema não está em saber quais são as diferenças, ou qual é a "melhor" definição de "diferenças", mas em como inventamos e reinventamos, cotidianamente, aos outros "diferentes", uma alteridade "diferente".

É por isso que se há de separar rigorosamente a "questão do outro" – que é um problema filosófico relativo à ética e à responsabilidade quanto a toda e qualquer figura de alteridade – da "obsessão pelo outro". E não me parece excessivo dizer que a escola atual não se preocupa com a "questão do outro", mas que tem se tornado obsessiva ante todo resquício de alteridade, ante cada fragmento de diferença em relação à "mesmice".

Sobre os eufemismos e os *diferencialismos* na pedagogia: deficiência, portadores de necessidades educativas especiais, sujeitos com necessidades educativas especiais, os "diferentes" na diferença, e outros nomes impostos aos outros

É justamente nas mudanças de nomes, de eufemismos politicamente corretos, que mais se notam os reflexos do diferencialismo. Parece que há uma necessidade constante de inventar alteridade, e de fazê-lo para exorcizar o suposto malefício que os "diferentes" nos criam, já que eles são vistos, como diz Núria Perez de Lara (2002), como uma perturbação para a nossa própria identidade. A linguagem da designação não é nem mais nem menos que uma das típicas estratégias coloniais para manter intactos os modos de ver e de representar os outros, e assim seguir sendo, nós mesmos, *impunes* nessa designação e *imunes* em relação à alteridade.

A questão das mudanças de nome não produz necessariamente nenhum embate, nenhum conflito, nem inaugura novos olhares em nossas próprias idéias acerca de quem é o outro, de qual é sua experiência, de que tipo de relação construímos ao redor da alteridade e de como esta se relaciona consigo mesma. Pelo contrário: perpetua até o cansaço o poder de nomear, o poder de designar e a distância com o outro. Digamos, de um lado, que é um esforço para acabar com a ambigüidade e a ambivalência que a alteridade freqüentemente nos provoca; de outro lado, digamos que assume essa função ilusória de que algo, alguma coisa está mudando. Acredito que, apesar de dispor de todos os termos acima mencionados, muito pouco tem mudado na nossa relação pedagógica com o outro e com os outros. De fato, não estão acontecendo mudanças radicais nos dispositivos técnicos nem nos programas de formação que constroem discursos acerca da alteridade, seja esta denominada "deficiente", "com necessidades educativas especiais", "com diversidade" e "com diferenças" etc. Há em todas elas a presença de uma (re)invenção de um outro que é sempre apontado como a fonte do mal, como a origem do problema, como a *coisa a tolerar*. E, também, permanece intocável a nossa produção do outro, para assim nos sentirmos mais confiáveis e mais seguros no *lado dos bons, no lado do normal, no lado da normalidade.*

Acho necessário lembrar aqui que a expressão "politicamente correto" foi pronunciada pela primeira vez por Stalin, a fim de justificar seus expurgos – e seus massacres – de tudo que não convergira naquilo que se podia considerar como o "normal político". Em educação, o "politicamente correto" tem servido para nos cuidarmos das palavras, para nos resguardarmos dos seus efeitos possivelmente perigosos ou inadequados. Mas não tem servido para nos perguntarmos sobre aquilo que dizem as palavras. E muito menos para compreender de que altura alguma coisa é dita, e qual boca pronuncia essas palavras. Nietzsche (2001) tinha razão ao dizer: "Nem todas as palavras convêm a todas as bocas".

Reformas, leis, textos e mercados na educação atual

As reformas devem ser vistas como textos e não como um ponto de partida inevitável para repensar as mudanças educativas. Temos visto, nos últimos tempos, uma *supervalorização* das reformas, ao mesmo tempo que testemunhamos certo menosprezo pelos movimentos sociais que estão na base das mudanças educativas. Ingressamos assim na era da *mercadologia* da mudança educativa. Em todo caso, esses textos podem ser mais bem compreendidos, se acaso fosse necessário, como um ponto de chegada, quer dizer, como a materialização de um longo processo relativo a outro tipo de mudanças, especificamente aquelas mudanças que se referem à metamorfose de nossas identidades e de nossos olhares em relação ao normal e ao anormal, à mesmice e à alteridade.

Quando se trata de mudar porque o texto e a lei assim o dizem, estamos partindo de uma perspectiva equivocada, isto é, estamos entrando na lógica da ficção textualista e/ou legalista. Isso, na minha opinião, constitui uma metástase e não uma metamorfose educativa. De outro lado: são as reformas reflexos de movimentos sociais, culturais, comunitários? Fazem parte daquilo que chamamos de *políticas do coração, das políticas da amizade, das políticas da irmandade*? É por isso que existe, junto com a idéia de integração, um curioso paradoxo: de um lado parece que a escola, toda escola, deveria abrir suas portas de modo incondicional, sem interferir na entrada daqueles que estão ou ainda não estão nela, mas não deveria fazê-lo sem que uma lei ou um texto o indicasse ou o obrigasse.

Mas, quando a mudança ocorre em virtude de uma *obediência devida ao texto*, ingressamos naquilo que poderia ser chamado como a "burocratização" do outro. Portanto, há aqui uma primeira discussão que não se refere ao tempo futuro *(o que faremos com os "diferentes"?)* senão muito mais ao tempo passado *(o que temos feito com as diferenças até aqui?)*. Então: o que significa abrir as portas para os alunos chamados de "especiais"? Essa pergunta poderia ser respondida em dois planos, diferentes somente em aparência. De um lado, isso significa que as escolas não podem, nem devem, inventar um novo processo de diferencialismo. Desde o mesmo momento em que alguns alunos, e não outros, são considerados e apontados – e portanto fabricados – como sendo "os diferentes", já inscrevemos esse processo em termos de uma separação e uma diminuição do outro, processo que é contraditório àquilo que os textos das reformas anunciam e enunciam.

Vimos como a idéia de integração/inclusão acaba por ser traduzida em uma imagem mais ou menos bem definida: tratar-se-ia de deixar a escola assim como ela já era e como está agora e de acrescentar algumas pinceladas de deficiência, alguns condimentos da alteridade "anormal". Somente isso, nada mais do que isso.

De outro lado, caberia aqui perguntar a quem cabe pensar o "problema pedagógico" em relação às diferenças, a todas as diferenças: raça, etnia, corpo, linguagem, idade, classe social, gênero, sexualidade e/ou preferência sexual, comunidade, entre outras muitas marcas identitárias. A resposta, parece-me, é muito simples: o problema é de todos, em todos os níveis da comunidade educacional. Não é do "diferente", não é do professor, não é das famílias, não é dos outros alunos. Desse modo, estas propostas devem de fato repensar todo o trabalho – ou a ausência de trabalho – em torno das diferenças, das diferenças conhecidas e, claro está, também das diferenças desconhecidas. O que ocorre é que talvez haja matizes de diferenças até aqui ignoradas, ou que têm sido sempre invisíveis, sempre ocultas. Essas formas inovadoras de diferença – de corpo, de aprendizagem, de língua, de sexualidade, de movimento etc. – devem ser vistas não como um atributo e/ou propriedade e/ou característica "dos diferentes", mas como a possibilidade de estender a nossa compreensão acerca da intensidade e imensidade das diferenças humanas.

Exclusão social *versus* inclusão escolar: trata-se, por acaso, de uma fórmula válida?

Não é uma futilidade a idéia de que a questão da inclusão deveria ser colocada em outros termos e não, simplesmente, como uma resposta única à exclusão mais óbvia, mais direta, mais brutal. Está claro que o mesmo sistema político, cultural, educativo etc. que produz a exclusão não poderia ter a pretensão de instalar impunemente o argumento de um sistema radicalmente diferente – chame-se de integração, inclusão, ou como bem se deseje nomear. A não ser que aqui a inclusão seja, como dizia Foucault (2000), um mecanismo de controle populacional e/ou de controle individual: o sistema que exercia o seu poder excluindo, e tem se tornado agora *cego àquilo que acontece lá fora* – e já não pode controlar com tanta eficácia –, se propõe a fazê-lo por meio da inclusão ou, para melhor dizer, mediante a ficção da promessa integradora.

Ao se tratar de um mesmo sistema – reitero: político, cultural, jurídico, pedagógico –, os processos de exclusão e inclusão acabam sendo muito parecidos entre si, sendo então a inclusão um mecanismo de controle que não é o oposto da exclusão, senão que o substitui como processo de controle social. A inclusão, em termos amplos e não simplesmente em termos de escolarização, pode-se pensar, então, como um primeiro passo necessário para a regulação e o controle da alteridade (Veiga-Neto, 2002).

É por isso que se pode notar a presença reiterada de uma inclusão excludente: cria-se a ilusão de um território inclusivo, e é nessa espacialidade na qual se exerce a expulsão de todos os outros que são pensados e produzidos como ambíguos e anormais. A inclusão, assim, não é mais do que uma forma solapada, às vezes sutil, ainda que sempre trágica, de uma relação de colonialidade com a alteridade. E é uma relação de colonialidade pois continua exercendo o poder de uma lógica bipolar dentro da qual todo o outro, todos os outros, são forçados a existir e subsistir. A inclusão e a exclusão, ao se tratar das duas únicas possibilidades de localização do outro – as quais, como já mencionei, acabam sendo somente um único lugar –, não são senão a perversão da ordem e do exercício de uma lei estéril que tem como finalidade unicamente a congruência. Chamo perversão a delimitação, sujeição e fixação espacial e temporal do outro nessa lógica. A conseqüência desta lógica perversa é que parece que somente podemos entrar em uma relação com o outro de forma fetichista, tornando-o um objeto e considerando-o numa lógica de diferencialismo – uma das modalidades mais conhecidas do racismo – ou em termos de tolerância, de respeito, de aceitação, de reconhecimento etc. E acabamos reduzindo toda alteridade a uma alteridade próxima, a alguma coisa que tem de ser obrigatoriamente parecida a nós – ou ao menos previsível, pensável, assimilável.

Assim é que fazemos dos outros um simulacro, um espectro, uma cruel imitação de uma não menos cruel identidade "normal". É por isso que acredito que o binômio exclusão/inclusão não nos deixa respirar, não nos possibilita viver a experiência de tentar ser diferentes daquilo que já somos, de viver a diferença como destino e não como uma tragédia, não como aquilo que nos leva ao desaparecimento de todo outro – aquele outro que é, como dizem Baudrillard e Guillaume (2000), *radicalmente diferente* de nós.

O problema da diferença e da alteridade não se deve condicionar nem reduzir ao arbítrio da divisão e/ou separação entre a escola comum e a escola especial: é uma questão da educação no seu conjunto. Isso quer dizer que ou se entende a educação como uma experiência de conversação com os outros e dos outros ou se acaba por normalizar e fazer refém todo outro nos termos do "nós" e do "eu" educativo, um "nós" e um "eu" tanto improváveis quanto fictícios.

E não estou aqui sugerindo algo como uma pedagogia do diálogo, da harmonia, da empatia, do idílio com o outro. Penso, isso sim, numa conversação que, como nos diz Jorge Larrosa (2003), sirva para manter a tensão entre as diferenças, não para acabar com elas.

Diversidade e diferenças em educação

Suspeito, como muitos outros, do termo "diversidade". Este termo confere um perfume às reformas educativas e implica uma rápida e pouco debatida absorção em alguns discursos igualmente reformistas. "Diversidade" sempre tem me parecido "biodiversidade", isto é, uma forma leviana, ligeira e descomprometida, de descrever as culturas, as comunidades, as línguas, os corpos, as sexualidades, as experiências de ser outro etc. E me parece, outra vez, uma forma de designação do outro, dos outros, sem que se curve em nada à onipotência da mesmice "normal".

Homii Bhabha (1994) nos diz que o termo "diversidade" implica uma forma de remanso, de calma, que mascara as diferenças. Falar de "diversidade" parece ser uma forma de pensar o furacão cultural e educativo desde um cômodo escritório e, mais que isso, de manter intacta aquela distância, aquela fronteira, aquele limite – que é uma invenção histórica e política – que separa o que é diversidade daquilo que não o é.

Assim, "diversidade" se parece muito mais com a palavra "diferentes", anteriormente mencionada como uma idéia mais ou menos modesta da "diferença". Ademais, lembremos que a "diversidade" em educação nasce junto com a idéia de (nosso) respeito, aceitação, reconhecimento e tolerância para com o outro. E isso é particularmente problemático: a diversidade, o outro, os outros assim pensados, parecem depender da nossa aceitação, do nosso respeito, para ser aquilo que já são, aquilo que já estão sendo. Escrevi acerca disso no livro *E se o outro não estivesse aí? Notas para uma pedagogia (improvável) da diferença* (2003), referindo-me em concreto à questão da tolerância em relação à diversidade. Tolerar o outro supõe pôr em evidência "nossas" virtudes – quase que religiosas, quase que estóicas –, mais do que uma mudança na ética relacional, de atenção e de acolhida, para com a alteridade. Tolerar o outro é deixar claro que ele é moralmente censurável, detestável, e que nós somos generosos ao lhe permitir continuar vivendo – ou sobrevivendo – nessa "condição" de diversidade, de alteridade.

Em vez disso, ao falar das diferenças em educação, seria interessante não fazermos nenhuma referência à distinção entre "nós" e "eles", nem inferirmos relação ou condição da aceitabilidade acerca do outro e dos outros. A diferença, sexual, de geração, de corpo, de raça, de gênero, de idade, de língua, de classe social, de etnia, de religiosidade, de comunidade etc., envolve a todos, a todos nos implica e determina: tudo é diferença, todas são diferenças. E não há, deste modo, alguma coisa que não seja diferença, alguma coisa que possa deixar de ser diferença, alguma coisa que possa ser o contrário, o oposto das diferenças. Seria apropriado dizer aqui que as diferenças podem ser muito mais bem compreendidas como experiências de alteridade, um *estar sendo múltiplo, intraduzível e imprevisível* no mundo.

Em educação, não se trata de melhor caracterizar o que é a diversidade e quem a compõe, mas de melhor compreender como as diferenças nos constituem como humanos, como somos feitos de diferenças. E não para acabar com elas, não para domesticá-las, senão para mantê-las em seu mais inquietante e perturbador mistério.

A formação, a "preparação" para acolher o outro, a hospitalidade e a hostilidade da escola

Afirma-se que a escola e os professores não estão preparados para receber os "estranhos", os "anormais", nas aulas. Não é verdade. Parece-me que ainda não existe nenhum consenso sobre o que signifique "estar preparado" e, muito menos, acerca de como deveria se pensar a formação quanto às políticas de inclusão propostas em todo o mundo.

De um lado, cabe a pergunta: é necessário ou não criar ou reinventar e reproduzir um discurso racional, técnico, especializado sobre esse outro "específico" que está sendo chamado à inclusão? Minha resposta é, com toda a ênfase que possa dar a ela, não, de forma nenhuma: não faz falta um discurso racional sobre a surdez, por exemplo, para se relacionar com os surdos, não é necessário um dispositivo técnico acerca da deficiência mental para se relacionar com os chamados "deficientes mentais", e assim por diante.

Por outro lado, talvez haja necessidade de uma reformulação das relações com os outros na pedagogia. Não concordo com as idéias atuais de formação que conservam intactas as mesmas estratégias e os mesmos textos que criticamos desde sempre, pois as considero invenções, estereótipos, traduções e fixações da alteridade. Esses são modos coloniais que se referem ao outro, seja quem fosse esse outro, impunemente, como outro incompleto, insuficiente, que deve ser corrigido – ao mesmo tempo que é definido como incorrigível –, pois "*está mal, está equivocado em ser aquilo que é*".

Imagino muito mais uma formação orientada a fazer que os professores possam conversar – *conversar*, no sentido que tenho explicitado anteriormente – com a alteridade e, também, a possibilitar a conversação dos outros entre si. É por isso que entendo que haveria algumas dimensões inéditas no processo de formação, para além de conhecer "textualmente" o outro, independentemente do saber "científico" acerca do outro: são aquelas dimensões que se vinculam com as experiências do outro, dos outros, com a vibração em relação ao outro, com a ética prévia a todo outro específico, com a responsabilidade para com o outro, com a idéia de que toda relação com a alteridade é, como dizia Levinas (2000), uma relação com o mistério. Se continuarmos a formar professores que possuam somente um discurso racional acerca do outro, *mas sem a experiência que é do/s outro/s*, o panorama continuará obscuro e esses outros seguirão sendo pensados como "anormais", que devem ser controlados por aquilo que "parecem ser" e, assim, corrigidos eternamente. É por isso que me distancio um pouco dessa discussão habilmente posta em jogo pelas reformas da formação especializada e/ou generalista para os educadores. Tem-se a sensação de que se trata de um debate que, ante as novas dimensões que apenas acabo por esboçar, acaba por ser supérfluo, quase que irrelevante.

E, finalmente, algumas palavras para um(a) professor(a) que deverá integrar um aluno que vem da educação especial

Se o(a) professor(a) se dispusesse a me ouvir, eu lhe diria que não há mudança educativa num sentido amplo, significativo, sem um movimento da comunidade educativa que lhe outorgue sentidos e sensibilidades. Querer pensar que as mudanças se resolvem fora desse contexto é uma falácia, uma impostura cultural. Não se trata de esforços pessoais, de atitudes filantrópicas, benéficas. O(A) professor(a), na sua vontade de incluir o outro, não deveria se perder nos labirintos dos nomes, das técnicas e dos saberes inventados. Eu lhe diria que se aproxime das experiências que são dos outros, mas não o reduza na mesmice egocêntrica e hegemônica da educação. Que não se trata simplesmente de entender a inclusão como uma preocupação por "hospedar" ao outro e de impor-lhe, como bem nos diz Jacques Derrida (2003), as leis da hospitalidade que a tornam hostilidade: a imposição da língua "única", o comportamento considerado "normal", a aprendizagem "eficiente", a sexualidade "correta" etc. Diria que não se transforme em um típico *funcionário da alfândega*, que apenas está aí para vigiar aquela perversa fronteira entre exclusão e inclusão. Que mude seu próprio corpo, sua própria aprendizagem, sua própria conversação, suas próprias experiências. Que não faça metástase, que faça metamorfose. Finalmente, lembraria a esse(a) professor(a) aquilo que Nietzsche (2001) entendia por educação: *a arte de rebatizarmos e/ou de nos ensinarmos a sentir de outro modo.*

Referências bibliográficas

BAUDRILLARD, Jean e GUILLAUME, Marc. *Figuras de alteridad.* México: Taurus, 2000.

BAUMAN, Zigmunt. "Modernidad y ambivalencia". In: BERIAIN, J. (org.). *Las consecuencias perversas de la modernidad.* Barcelona: Anthropos, 1996, pp. 73-119.

BHABHA, Homii. *The location of culture.* Londres: Routledge, 1994. [*O local da cultura.* Trad. Myriam Ávila, Eliana Lourenço de Lima Reis e Gláucia Renate Gonçalves. Belo Horizonte: Ed. UFMG, 1998.]

DAVIS, Lennard. "Constructing normalcy. The Bell curve, the novel, and the invention of the disabled body in the nineteenth century". In: DAVIES, L. (org.). *The disability studies reader.* Nova York: Routledge, 1997.

DELEUZE, Gilles. *Diferença e repetição.* Rio de Janeiro: Graal, 1988.

DERRIDA, Jacques. *Anne Duforurmantelle invite Jacque Derrida à répondre de l'hospitalité.* Paris: Calmann-Léve, 1997. [*Anne Dufourmantelle convida Jacques Derrida a falar da hospitalidade.* Trad. Antonio Romane. São Paulo: Escuta, 2003.]

DERRIDA, Jacques e ROUDINESCO, Elisabeth. *Y mañana qué...* México: Fondo de Cultura Económica, 2003. [*De que amanhã: diálogo.* Trad. André Telles. Rio de Janeiro: Zahar, 2004.]

FOUCAULT, Michel. *Los anormales.* México: Fondo de Cultura Económica, 2000. [*Os anormais: curso no Collège de France (1974-1975).* Trad. Eduardo Brandão. São Paulo: Martins Fontes, 2001.]

LARROSA, Jorge. "A arte da conversação". Epílogo ao livro de SKLIAR, Carlos. *E se o outro não estivesse aí? Notas para uma pedagogia (improvável) da diferença.* Rio de Janeiro: DP&A, 2003.

LEVINAS, Emanuel. *Ética e infinito.* Madri: La Balsa de la Medusa, 2000.

MCLAREN, Peter. *Multiculturalismo crítico.* São Paulo: Cortez, 1997.

NIETZSCHE, Friederich. *Todos los aforismos.* Buenos Aires: Leviatán, 2001.

PEREZ DE LARA, Núria. "Identidade, diferença e diversidade: manter viva a pergunta". In: LARROSA, J. e SKLIAR, C. (orgs.). *Habitantes de Babel. Política e poética da diferença.* Belo Horizonte: Autêntica, 2002.

SILVA, Tomaz Tadeu da. "A política e a epistemologia do corpo normalizado". *Espaço,* Rio de Janeiro, 8. ed., pp. 3-15, 1997.

SKLIAR, Carlos. *E se o outro não estivesse aí? Notas para uma pedagogia (improvável) da diferença.* Rio de Janeiro: DP&A, 2003.

VEIGA-NETO, Alfredo. "Incluir para excluir". In: LARROSA, J. e SKLIAR, C. *Habitantes de Babel. Política e poética da diferença.* Belo Horizonte: Autêntica, 2002.

Um (novo) olhar sobre a formação do professor de educação especial: da segregação à inclusão

FÁTIMA DENARI

Professora da Universidade Federal de São Carlos (SP)

No Brasil, os diferentes enfoques da formação inicial e continuada para a docência em Educação Especial (EE), bem como as políticas de operacionalização de seus serviços, estão sujeitos a modelos educativos e concepções diversas, cuja dependência se assenta em momentos históricos específicos.

Não é nossa intenção revisitar todos estes momentos, já sabiamente salientados, em nosso país, por pesquisadores do porte de Jannuzzi (1992), Bueno (1993), Mazzotta (1982; 1996), Ferreira (1994), entre outros; interessa-nos, para os objetivos que propomos, salientar alguns desses momentos na tentativa de contemporizar fatos, situações e perspectivas.

O descompasso observado entre a formação inicial de profissionais de educação especial e a execução desse serviço vem obrigando os agentes responsáveis, quer no âmbito legal, quer no âmbito acadêmico, a realizar ajustes curriculares de acordo com os diferentes enfoques e as necessidades operativas assumidas, com ênfase na proposta de uma educação inclusiva. Tais ajustes têm por objetivo dotar os futuros profissionais dos elementos teóricos, metodológicos e técnicos necessários ao desenvolvimento de uma prática profissional exitosa.

Antes de tecer alguns comentários que nos parecem importantes sobre a formação do professor nesta área do conhecimento, é necessário considerar que o termo "educação especial" tem sido tradicionalmente utilizado para designar um tipo de educação diferente, que caminha paralelamente à educação geral, comum, de tal forma que o aluno no qual fora diagnosticada uma deficiência ou incapacidade era segregado e enviado a um centro de ensino especial ou classe especial. Atualmente, entende-se que a EE é parte da educação básica e geral, e a escola tem por uma de suas responsabilidades organizar-se de forma que permita aos educandos a aprendizagem de conteúdos específicos de cada nível educativo. Nessa compreensão, as necessidades educacionais especiais referem-se à presença de dificuldades para aprender alguns conteúdos do currículo básico. Paradoxalmente, espera-se que o sistema escolar se adeqüe às necessidades dos alunos.

A ênfase no desenvolvimento, na aprendizagem e sua avaliação, bem como no processo de investigação documental, aliada à prática docente, poderia constituir a coluna vertebral de um plano de estudos que atenda à diversidade e permita a realização das adequações curriculares correspondentes para a atenção às necessidades educacionais especiais, sejam estas transitórias ou permanentes.

Particularmente importante é o processo de identificação das necessidades educacionais especiais. Se este processo não ocorrer com o devido cuidado nas adequações curriculares, a seleção dos materiais educativos de apoio e a escolha das estratégias metodológicas e didáticas podem não corresponder ao que realmente o aluno requer. Para atender a esses casos, a formação inicial de docentes em EE necessita de ajustes necessários relacionados à realização das práticas escolares.

Um novo plano de estudos deve conter delineamentos específicos que favoreçam a formação dos futuros docentes, contemplando, em primeira instância, a necessária articulação metodológica e didática para a intervenção e o planejamento de ações de caráter formativo, no sentido amplo da educação – a formação do cidadão. Sem entrar na polêmica que envolve as definições terminológicas e semânticas, esclarecemos que tais ações dependem da organização e das possibilidades de gestão interna de cada instituição escolar para propiciar um ambiente escolar e de sala de aula adequados, contando, ainda, com recursos técnicos e humanos necessários.

Em segunda instância, mas de igual importância, devem ser considerados os processos de inclusão educativa e escolar que também requerem procedimentos didáticos específicos para o desenvolvimento da atividade docente, tanto para salas com maior número de alunos quanto para pequenos grupos ou para a atenção individualizada. Isso se dá com base na identificação das necessidades especiais, no favorecimento e incentivo à inclusão e, principalmente, na tentativa de oferecer a atenção pedagógica adequada às necessidades de cada aluno.

Abordar o tema da formação de docentes em EE é uma questão pontuada por dificuldades, não somente quando se tem em conta a diversidade de opiniões adotadas em diferentes realidades, mas também pela pluralidade de modelos e titulações que nela incidem. Os problemas aumentam quando observamos as grandes mudanças ocorridas a partir do anos 1970, que geraram e impulsionaram a necessidade de renovar os planos de formação destinados aos docentes da educação e, conseqüentemente, da EE.

Com a universalização do acesso à escola e outros espaços de educação não formal, trazendo para a sociedade o desafio da efetiva incorporação dos direitos dos cidadãos historicamente destes excluídos, impõe-se ao professor o desafio de disseminar conhecimentos que visem à construção de uma melhor qualidade de vida, desencadeadores de novas atitudes, para que o mestre possa desempenhar responsável e satisfatoriamente seu papel de agente transformador da educação, no sentido proposto por Nóvoa (1997, p. 109):

> Educar significa instituir a integração dos educandos como agentes em seu lugar designado num conjunto social, do qual nem eles, nem seus educadores, têm o controle. Significa assegurar ao mesmo tempo a promoção desses mesmos educandos e, portanto, de seus educadores, em atores de sua própria história individual e da história coletiva em curso.

Percebemos, pois, que a história da profissão docente não se dissocia do lugar que seus membros ocupam nas relações de produção e do papel que desempenham na manutenção da ordem social. No momento em que a escola se impõe como um instrumento privilegiado de estratificação social, os professores também passam a ser investidos de ilimitado poder: podem promover a ascensão (integração/inserção/inclusão) do aluno diferente ou a sua estagnação (exclusão). Neste caso, a diferença não é vista como sinônimo de diversidade: diferença tem o peso do entendimento negativo, em que ao aluno são atribuídas características que o transformam em deficiente. Dadas as peculiaridades, cada aluno deveria receber atendimentos diferenciados, sem que isso se constituísse demérito e desencadeasse um processo de marginalização. Ao contrário, tais entendimentos justificar-se-iam à medida que se reconhecesse que todas as pessoas diferenciam-se umas das outras e podem conviver, harmonicamente, a partir dessa diferenciação. Essa convivência não deveria ser interpretada como uma concessão de determinado grupo a outros, mas sim como um direito que a sociedade reconhece que todos têm, sem discriminação.

Nesse sentido, algumas questões nos acompanham neste trabalho: como juntar o nosso caminhar com o caminhar da educação básica? Que prioridades listar no embate com as políticas públicas? Como se sente o professor de classe regular diante desta nova realidade, qual seja, a de ter em sua sala alunos com necessidades educacionais especiais? Que influências têm seu trabalho sob a perspectiva do desenvolvimento do processo educativo de seus alunos? Como vem se dando a formação do docente, inclusive para a EE?

Considerando, pois, a política de inclusão que garante acesso e permanência a todo aluno com necessidades educativas especiais no ensino comum, na formação do professor seria importante prever, inicialmente, um preparo de efetiva qualidade para lidar com a diversidade, além de (in)formação específica em educação especial, no curso de formação inicial (magistério) e na graduação (pedagogia) para prover os apoios pedagógicos previstos na legislação.

No caso da formação em educação especial, seria desejável garantir que:

1. esta ocorra em nível superior, descartando, assim, qualquer formação em nível médio e em outras alternativas mais aligeiradas;

2. a parte específica desta formação seja alicerçada sobre uma base comum, assegurando que, antes de tudo, o futuro profissional seja um professor;
3. a parte específica vise à atuação colaborativa entre o professor de educação especial e o professor do ensino comum; e que o apoio pedagógico esteja centrado, principalmente, no âmbito da classe comum.

O conhecimento dos termos das leis que regem as políticas de ações educacionais é necessário quando se quer entender os meandros da construção histórica e os modelos de atendimento a estes atrelados. E, embora algumas destas leis não estejam mais em vigor, "reexaminá-las é importante para percebermos o que mudou (ou não) na nova LDB" (Carvalho, 1997, p. 63) no que reporta à formação de professores e à educação e atendimento de alunos com necessidades educacionais especiais.

Com inspiração nas idéias na autora mencionada (Carvalho, 1997) teceremos alguns comentários a respeito das Leis n°s 4.024/61 e 5.692/71 e, em seguida, da LDB nº 9.394/96, no que se refere ao atendimento de alunos com necessidades educacionais especiais. Para tanto, respeitaremos a terminologia adotada em cada lei à época de sua vigência.

Na Lei nº 4.024/61, constam dois artigos específicos:

> **Título X – Da Educação de Excepcionais**
> Artigo 88. A educação de excepcionais deve, no que for possível, enquadrar-se no sistema geral de educação a fim de integrá-los na comunidade.
> Artigo 89. Toda iniciativa privada considerada eficiente pelos conselhos estaduais de educação e relativa à educação de excepcionais receberá dos poderes públicos tratamento especial mediante bolsas de estudo, empréstimos e subvenções.

A lei garante o direito à educação regular, comum, "no que for possível", gerando controvérsias; refere-se aos "excepcionais" considerando suas condições ou ao sistema educacional vigente – ou a ambas as condições?

Mazzotta (1996) nos lembra, ainda, de outra questão fundamental, sobre a qual se tem debatido até hoje: que a educação de excepcionais integre definitivamente o sistema de ensino, sendo deste parte integrante e não apenas um subsistema. Finalmente, cabe salientar o compromisso do poder público governamental com as organizações não-governamentais, tidas como relevantes e de comprovada eficiência pelos Conselhos Estaduais de Educação. No entanto, a lei não deixa transparecer, suficientemente, a natureza dos serviços educacionais a serem oferecidos, nem os vínculos a serem estabelecidos com o sistema geral de educação. Como nos lembra Carvalho (1997, p. 66),

> o tratamento especial a elas preconizado sob as formas de bolsas de estudo, empréstimos e subvenções gerou muita polêmica, principalmente pela indefinição das ações educativas oferecidas e dos critérios de eficiência da iniciativa privada e relativa à educação de excepcionais.

Finalmente, há que se deixar claro que o Estado, mais uma vez, se exime de assumir a responsabilidade da educação desta parcela da população, transferindo-a para as organizações não-governamentais – fortalecendo, assim, o poder político das Associações de Pais e Amigos dos Excepcionais (Apaes), por exemplo, na definição e manutenção de políticas discutíveis de atendimento.

Na Lei nº 5.692/71, posteriormente alterada pela Lei nº 7.044/82 (sem modificações ao artigo referente à educação especial), consta no **Capítulo I – do Ensino de 1º e 2º Graus:**

> Artigo 9º Os alunos que apresentam deficiências físicas ou mentais, os que se encontram em atraso considerável quanto à idade regular de matrícula e os superdotados deverão receber tratamento especial, de acordo com as normas fixadas pelos competentes Conselhos de Educação.

Deste artigo, decorrem alguns pontos questionáveis, tais como: omissão das condutas típicas das síndromes neurológicas, psiquiátricas ou psicológicas graves; inclusão de surdos e cegos na categoria de deficiência, contrariando as classificações mais atuais de deficientes sensoriais e físicos; inclusão também daqueles que apresentam atraso considerável quanto à idade de matrícula.

Em conseqüência, ocorre um maciço encaminhamento indevido aos serviços de EE – classes especiais – de alunos defasados em relação idade/série, encaminhamento respaldado, muitas vezes, por avaliações incompletas, discutíveis, sem que estes sejam necessariamente deficientes. Ainda hoje, não obstante esforços de entidades representativas nacionais e internacionais, com pesquisas e estudos, percebe-se um inchaço nas classes especiais e de reforço, com alunos que não deveriam ser encaminhados a estes serviços. Como, então, a escola e o Estado perpetuam justificativas no que concerne à exclusão de alunos a partir da constatação de diferenças? Um indício de respostas é dado por Perrenoud (2001, p. 10), quando nos diz:

> Apesar dessas evidências e das análises progressivamente mais precisas da fabricação das desigualdades e do fracasso a partir dos anos 1960, o modo dominante de organização da escolaridade não mudou muito: agrupam-se os alunos conforme a sua idade (que presumidamente indica o nível de desenvolvimento) e os seus conhecimentos escolares, em turmas que falsamente se crê serem homogêneas o suficiente para que cada um tenha a chance de assimilar o mesmo programa durante o mesmo tempo.

Nesta condição, é dever da escola fundamental, comum, atentar para a diversidade de seu alunado e ajustar seu projeto pedagógico às peculiaridades de sua cultura, localização, comunidade, região.

Outra preocupação que atinge pesquisadores e pessoas envolvidas com a área de EE diz respeito ao tratamento especial a ser dedicado aos alunos deficientes. De um lado, permanecem entendimentos inadequados e equivocados ante a definição da "Clientela da EE" (termo próprio do modelo médico-psicológico); de outro lado, no imaginário dos educadores, permanece a idéia de uma pedagogia terapêutica, isto é, uma educação calcada nos princípios dos foros clínicos, reabilitadores, reintegradores.

Decorre daí uma preocupação com a preparação de profissionais (técnicos e professores) nas várias manifestações de excepcionalidade e com a instalação e/ou melhoria de escolas ou sessões especializadas nos diversos sistemas de ensino. À época, em consonância com o modelo de divisão de trabalho, a preparação de especialistas foi bastante enfatizada, recomendando-se às universidades o desenvolvimento de estudos e pesquisas específicos.

Durante mais de 25 anos, a EE teve normas fixadas pelos Conselhos de Educação, inspiradas na Constituição vigente, no artigo 9º da Lei nº 5.692/71 e nos pareceres do Conselho Federal de Educação. E, ainda que não totalmente satisfatórios, estes textos de lei serviram para evidenciar o direito à educação escolar das pessoas deficientes, socialmente tidas como incapazes de ter os mesmos direitos de cidadania.

Com a promulgação da Lei de Diretrizes e Bases da Educação Nacional (Lei Darcy Ribeiro), n.º 9.394/96, reafirma-se o direito à educação pública e gratuita de pessoas com necessidades especiais. Nesta lei, a EE constitui um capítulo à parte, o que novamente gerou controvérsias, como nos mostra Ferreira (1994, p. 22): "são também comuns as preocupações com o caráter potencialmente discriminatório e segregador de leis e normas específicas para a área, mesmo quando se anunciam numa perspectiva discriminadora positiva".

Esta crítica encontra respaldo quando se percebe a exclusão da EE das reflexões em torno da educação geral. Felizmente, essa realidade tende a se transformar em face dos esforços dos foros especializados em discutir, refletir e posicionar-se, conjuntamente, em busca da construção de uma nova ordem.

No momento em que se discutem o Plano Estadual e os Planos Municipais de Educação, é imprescindível considerar que a implementação de políticas públicas, principalmente em educação, requer ações consistentes de formação inicial, recrutamento e formação continuada de profissionais especializados, bem como planos de carreira que incentivem sua permanência e progressão funcional nas respectivas áreas de atuação nos diferentes sistemas de ensino. Para referendar tais princípios, buscamos inspiração nas análises elaboradas por Souza (2003) que nos orientam neste (novo?) entendimento.

A LDB, Lei nº 9.394/1996, Diretrizes e Bases da Educação Nacional, de 20 de dezembro de 1996, em seu Título VI, que trata dos profissionais da educação, estabelece que:

> Artigo 62. A formação de docentes para atuar na educação básica far-se-á em nível superior, em curso de licenciatura, de graduação plena, em universidades e institutos superiores de educação, admitida, como formação mínima para o exercício do magistério na educação infantil e nas quatro primeiras séries do ensino fundamental, a oferecida em nível médio, na modalidade Normal.

Em seu Capítulo V, que trata da educação especial, a referida Lei estabelece que:

> Artigo 58. Entende-se por educação especial, para os efeitos desta Lei, a modalidade de educação escolar oferecida preferencialmente na rede regular de ensino, para educandos portadores de necessidades especiais.
>
> § 1º Haverá, quando necessário, serviços de apoio especializado, na escola regular, para atender às peculiaridades da clientela de educação especial.
>
> § 2º O atendimento educacional será feito em classes, escolas ou serviços especializados, sempre que, em função das condições específicas dos alunos, não for possível a sua integração nas classes comuns de ensino regular.
>
> § 3º A oferta de educação especial, dever constitucional do Estado, tem início na faixa etária de zero a seis anos, durante a educação infantil.

> Artigo 59. Os sistemas de ensino assegurarão aos educandos com necessidades especiais:
> I – currículos, métodos, técnicas, recursos educativos e organização específicos, para atender às suas necessidades;
> II – terminalidade específica para aqueles que não puderem atingir o nível exigido para a conclusão do ensino fundamental, em virtude de suas deficiências, e aceleração para concluir em menor tempo o programa escolar para os superdotados;
> III – professores com especialização adequada em nível médio ou superior, para atendimento especializado, bem como professores do ensino regular capacitados para a integração desses educandos nas classes comuns;
> IV – educação especial para o trabalho, visando a sua efetiva integração na vida em sociedade, inclusive condições adequadas para os que não revelarem capacidade de inserção no trabalho competitivo, mediante articulação com os órgãos oficiais afins, bem como para aqueles que apresentam uma habilidade superior nas áreas artística, intelectual ou psicomotora;
> V – acesso igualitário aos benefícios dos programas sociais suplementares disponíveis para o respectivo nível do ensino regular.

Nos termos da legislação vigente, portanto, estão fixados os seguintes princípios:

a) A formação de professores para atuar em todos os níveis (Educação Infantil, Ensino Fundamental e Ensino Médio) e modalidades, inclusive educação especial, da educação básica, será feita no ensino superior, em licenciatura plena.
b) A educação especial é uma modalidade de educação escolar, oferecida preferencialmente na rede regular de ensino, que pode ser feita em classes comuns de ensino regular, requerendo, neste caso, serviços de apoio especializado, ou em classes, escolas ou serviços especializados.
c) Em decorrência, o inciso III do artigo 58, § 3º, estabelece que são necessários "professores com especialização adequada em nível

médio ou superior, para atendimento especializado, bem como professores do ensino regular capacitados para a integração desses educandos nas classes comuns".

As diretrizes para a educação especial na educação básica deverão ser regidas no âmbito nacional pela Resolução nº 2, de 11/9/2001, do Ministério da Educação (MEC), que entraram em vigor a partir de janeiro de 2002. Em resumo, ela apresenta dispositivos legais que, em conformidade ao disposto nas leis maiores, assumem os princípios da educação inclusiva, prevendo a oferta de serviços de apoio e professores especializados para atuar nesses serviços. Há, portanto, o reconhecimento de que uma educação de qualidade que se propõe a atender não apenas o mínimo, mas o máximo possível das necessidades educacionais especiais desses alunos, dependeria da oferta desses suportes, além do acesso à classe comum.

A Resolução dispõe em seu artigo 8º, item I, que as escolas da rede regular de ensino deverão prever e promover na organização de suas classes comuns **professores de classe comum e de educação especial capacitados e especializados, respectivamente**, para o atendimento às necessidades educacionais especiais dos alunos. Portanto, o professor de classe comum deve ser capacitado, e a Resolução, em conformidade com o artigo 59 da LDB, afirma como necessária a função do professor especializado a fim de que se possam garantir os princípios da educação inclusiva.

O artigo 18, § 1º, estabelece que serão considerados **professores capacitados** para atuar em classes comuns com alunos que apresentam necessidades educacionais especiais aqueles que comprovem que em sua formação, nível médio ou superior, foram incluídos conteúdos sobre educação especial. A Resolução estabelece ainda que tal conteúdo deva ser adequado para desenvolver competências para perceber as necessidades educacionais especiais de seus alunos e valorizar a educação inclusiva, flexibilizar a ação pedagógica, avaliar o processo educativo e atuar em equipe, inclusive com o professor especializado.

Os itens I e II do § 3 do artigo 18 estabelecem que os professores especializados deverão comprovar:

> I – formação em cursos de licenciatura em educação especial ou em uma de suas áreas, preferencialmente de modo concomitante associado à licenciatura para educação infantil ou para os anos iniciais do ensino fundamental;
> II – complementação de estudos ou pós-graduação em áreas específicas da educação especial, posterior à licenciatura nas diferentes áreas de conhecimento, para atuação nos finais do ensino fundamental e no ensino médio.

A Resolução abre, portanto, possibilidades para que a formação se dê tanto na graduação quanto na pós-graduação, e parece recomendar que o professor de educação especial seja antes de tudo um professor do ensino regular, seja da educação infantil, do ensino fundamental, ou mesmo licenciado nas diferentes áreas de conhecimento.

Outra dificuldade que o texto da LDBEN nº 9.394/96 apresenta é que nos leva a pensar que a educação especial é sinônimo de educação básica. Com isso, deixam de ser consideradas as possibilidades de estender seus serviços ao ensino médio e superior, como se nestes níveis deixassem de existir alunos com necessidades especiais.

Outra constatação nessa Lei diz respeito ao local de atendimento: preferencialmente em classes comuns do ensino regular. Como muito bem aponta Minto (2000, p. 9), "*preferencialmente* pode ser o termo-chave para o não-cumprimento do artigo, pois quem *dá a primazia a* já tem arbitrada legalmente a porta da exceção".

A leitura do artigo 59 sugere, entre outros, um currículo específico, o que contraria os fins primeiros da filosofia de inclusão; propõe uma terminalidade flexível, o que pode resultar em um entendimento equivocado sobre a definição do alunado; enfatiza a educação para o trabalho, sem estipular parcerias necessárias e duradouras com outras instituições públicas e privadas, estabelecendo por benefícios os atendimentos a uma parcela reduzida da população.

Em contrapartida, o artigo 60 é bastante transparente e mais objetivo, ao reafirmar a adoção, pelo poder público, do atendimento ampliado dos educandos com necessidades especiais na rede pública regular de ensino. No entanto, essa mesma disposição pode gerar certa confusão nos interessados, "em razão da ênfase no apoio técnico e financeiro às instituições privadas, sem fins lucrativos, especializadas e com atuação exclusiva em educação especial", conforme nos afirma Minto (2000, p. 10).

Enfim, não obstante as salutares discordâncias e alguns pontos a serem debatidos, pode-se pensar que a presença da educação especial na LDBEN nº 9.394/96, sob a forma de um capítulo, é benéfica, especialmente se entendida "como um conjunto de recursos à disposição da educação escolar e do ensino público" (Carvalho, 1997, p. 110). E, para que isso se consolide, nosso sistema educativo público governamental não pode prescindir das parcerias com organizações não-governamentais (ONGs), da ampliação da oferta de vagas, da promoção de relações profissionais entre professores de EE e professores do ensino regular, da capacitação continuada destes profissionais, da sensibilização do Ministério Público, em relação à inclusão, e dos aportes necessários à sua consolidação. E, finalmente, não há como abrir mão da presença da família, elemento mais que necessário na melhoria da qualidade de vida dos alunos com necessidades especiais.

Outro documento que merece atenção é o texto das Propostas de Diretrizes para a Formação Inicial de Professores de Educação Básica, em cursos de nível superior, do Conselho Nacional de Educação (CNE), em sua Câmara de Educação Básica (CEB) de abril de 2001. Este documento dispõe que tais cursos estejam voltados ao desenvolvimento de competências, entre as quais a de "reconhecer e respeitar a diversidade manifestada por seus alunos, em seus aspectos sociais, culturais e físicos, detectando e combatendo todas as formas de discriminação".

Em decorrência destas diretrizes para formação de professores, a Resolução CNP/CP (Conselho Pleno) nº 1, de 18 de fevereiro de 2002, estabelece em seu 6º artigo, § 3º, inciso II:

> A definição dos conhecimentos exigidos para a constituição de competências deverá, além da formação específica relacionada às diferentes etapas da educação básica, propiciar a inserção no debate contemporâneo mais amplo, envolvendo questões culturais, sociais, econômicas e o conhecimento sobre o desenvolvimento humano e a própria docência, contemplando:
> II – conhecimentos sobre crianças, adolescentes, jovens e adultos, aí incluídas as especificidades dos alunos com necessidades educacionais especiais e as das comunidades indígenas.

Ora, como indaga Prieto (2003, p. 2):

> Se essa formulação contemplar conhecimentos, será suficiente para que os cursos de graduação formem professores com condições de atender aos alunos com necessidades educacionais especiais quando matriculados nas classes comuns, preservando seu direito ao acesso e à aprendizagem?

Embora esta formulação, de caráter mais genérico, date de 2002, é preciso salientar que no ano anterior a Resolução CNE/CEB nº 2, que institui as Diretrizes para a Educação Especial na Educação Básica, antevendo a necessidade de professores capacitados, entre outras atribuições estabelece:

> Parágrafo 1º. Artigo 18. [...] São considerados professores capacitados para atuar em classes comuns com alunos que apresentam necessidades educacionais especiais aqueles que comprovem que, em sua formação, de nível médio ou superior, foram incluídos conteúdos sobre educação especial adequados ao desenvolvimento de competências e valores para:
> I – perceber as necessidades educacionais especiais dos alunos e valorizar a educação inclusiva;
> II – flexibilizar a ação pedagógica nas diferentes áreas de conhecimento de modo adequado às necessidades especiais de aprendizagem;
> III – avaliar continuamente a eficácia do processo educativo para o atendimento de necessidades educacionais especiais;

IV – atuar em equipe, inclusive com professores especializados em educação especial.

Percebemos, pois, que muitos são os aportes legalmente constituídos nas várias instâncias governamentais, regendo as normas para a formação do professor. Convém lembrar que, para além da formação inicial,

> os sistemas de ensino deverão garantir o constante aprimoramento do professor, proporcionando salário e jornada que lhe possibilite estudar por iniciativa própria, participar de cursos e demais atividades de formação, com vistas a que possa contribuir, efetivamente, para que a educação brasileira seja democrática e de qualidade para todos. (Prieto, 2003, p. 2)

No estado de São Paulo, a Secretaria de Educação aprovou, em 21/11/2000, a Resolução nº 95, que dispõe sobre o atendimento de alunos com necessidades educacionais especiais nas escolas da rede estadual de ensino e dá providências correlatas – antes mesmo da aprovação da Resolução do Ministério da Educação (MEC). Segundo esta Resolução, a EE para atendimento escolar de educandos com necessidades especiais deve ser realizada, preferencialmente, na rede regular de ensino, em classes comuns com apoio de serviços especializados organizados na própria escola ou em centros de apoio regionais. Está prevista a organização dos "Serviços de Apoio Pedagógico Especializado" (Sapes), no âmbito das unidades escolares.

O artigo 10 da Resolução nº 95 estabelece que os docentes habilitados para atuar nos Sapes serão classificados na seguinte conformidade:

> Faixa I – portador de Licenciatura Plena em Pedagogia com habilitação na respectiva área da Educação Especial;
> Faixa II – portador de Licenciatura Plena em Pedagogia com cursos de especialização, com, no mínimo, 120 horas na área de Educação Especial;

Faixa III – portador de outras licenciaturas com pós-graduação – *strictu sensu* – na área de Educação Especial;
Faixa IV – portador de diploma de Ensino Médio, com habilitação para o magistério e curso de especialização na área de Educação Especial.

Em comparação à legislação federal, a legislação estadual de São Paulo não exige uma formação anterior no magistério para a atuação como professor de educação especial, o que mantém e talvez agrave os problemas na formação já apontados na literatura da área sobre formação de professores. Além disso, pode implicar um retrocesso histórico por admitir a possibilidade de formação em nível médio.

Iniciados em 1955 no estado de São Paulo, os cursos regulares de formação de professores para o ensino especial foram, até 1972, majoritariamente oferecidos como especialização do curso normal. A partir desse ano a oferta passou também a ser feita em nível universitário, sob a forma de habilitação específica do curso de pedagogia, no âmbito das reformas do início da década de 1970. Portanto, há três décadas o estado de São Paulo vem formando professores de educação especial no nível superior.

Em conformidade com esta regulamentação, os docentes são formados fundamentalmente em quatro áreas: deficiência mental, visual, auditiva e física. Tal formação vem ocorrendo, via de regra, nas habilitações do curso de pedagogia (Unesp/Marília e Unesp/Araraquara, por exemplo, no caso do estado de São Paulo) e/ou como complementação para alunos que já cursaram uma das habilitações, sujeitos a legislação específica, nos âmbitos de elaboração, implementação e terminalidade. O aluno egresso de cursos desta natureza poderá atuar, profissionalmente, como professor de classe especial, professor de sala de recurso, professor de ensino itinerante (modalidades de serviços de EE ainda hoje existentes no estado de São Paulo) e professor de classe hospitalar; poderá atuar, ainda, como coordenador de serviços, gestor e em assessorias a instituições especializadas, escolas e órgãos públicos (diretorias de ensino, secretarias etc.). Poderá trabalhar, também, em classes do ensino comum e inclusivo, já que sua formação é centrada nos cursos de pedagogia.

Outra forma de manifestação desses aprendizados tem sido por meio de cursos de especialização *lato sensu*, tendencialmente generalistas, porém alguns com opção de especialista, nos quais podem matricular-se alunos no último ano de formação, professores já formados que buscam atualização em áreas pontuais do conhecimento, professores em exercício e profissionais interessados. Geralmente, tais cursos são organizados em módulos que abordam conhecimentos mais genéricos sobre concepção, características, funções da EE, bem como sobre a questão legal que embasa as políticas públicas de ações dirigidas às pessoas com necessidades educacionais especiais, culminando com as especificidades próprias de cada deficiência.

Sua duração é estimada em torno de 400 horas, e não há lugar para estágio ou prática – tal requisito é suprido pela elaboração de um trabalho de conclusão de curso (monografia) sem que se garanta, no entanto, qualquer obrigatoriedade com modelos de pesquisa de campo voltados à aplicação dos conhecimentos vivenciados durante as aulas teóricas. Nesta modalidade de curso as aulas são presenciais e ministradas por professores titulados (mestres e doutores), alunos de cursos de pós-graduação e especialistas nas diferentes áreas da deficiência. Os alunos egressos desta modalidade atuarão como professores nos diversos serviços de EE e em classes inclusivas, muitas vezes competindo com o profissional habilitado.

Além destes modelos, outros tantos despontam freqüentemente, nem sempre primando pela qualidade das informações. São cursos mais aligeirados, variando de 30 a 180 horas, elaborados e executados para atender a demandas imediatistas; as aulas não são presenciais na sua totalidade, os conteúdos são passados sob a forma de palestras pontuais sem que se exija qualquer forma de avaliação dos conhecimentos. Emergencialmente, forma-se o profissional para trabalhar diretamente em instituições especializadas, em classes especiais ou de ensino inclusivo. Outros fatores que merecem atenção: não-exigência de matrícula no ensino superior e contagem cumulativa de pontuação para ingresso e evolução na carreira de magistério.

A formação na pós-graduação ocorre ainda nos cursos de mestrado e doutorado *stricto sensu* em áreas de concentração (Programa de Pós-Graduação em Educação Especial da Universidade Federal de São Carlos, por exemplo) e em linhas de pesquisa, dentro dos vários programas das universidades, geralmente nos campos da educação e da psicologia. O profissional egresso destes cursos poderá atuar diretamente nos serviços de EE, como formador do professor de EE, nas várias modalidades de cursos, em assessoria a órgãos públicos, como gestor e como pesquisador.

A formação especializada em EE pode, também, ocorrer desde a formação inicial, como uma modalidade própria. Este tipo de formação, diferenciada de um curso de pedagogia, mas equivalente ao ensino de terceiro grau, não é comum na realidade brasileira. Até o momento temos o registro da Universidade Federal de Santa Maria, no Rio Grande do Sul, que forma profissionais nesta modalidade – Licenciatura Plena em Educação Especial –, cujas características de atuação se aproximam daquelas destinadas aos habilitados pelos cursos de pedagogia.

Neste contexto, desponta um novo paradigma em educação: a educação inclusiva pautada

> em uma concepção diferenciada de escola e aprendizagem, fundamentando sua prática pedagógica numa aprendizagem mediada. Como decorrência, algumas alterações significativas devem ocorrer na dinâmica da escola, na busca dessa nova consciência coletiva e, portanto, na formação de professores, inicial e continuada. (Oliveira, 2003, p. 1)

Não obstante sua relevância, este novo entendimento necessita de reflexão e análise mais consistentes a fim de evitar equívocos na opção por uma definição terminológica a ser tomada como diretriz de políticas e ações. Assim, cabe lembrar que a imprecisão dos termos, fruto talvez da rica variabilidade semântica própria da língua portuguesa ou advinda de traduções, ou ainda resultante de modelos educacionais outros que dão a conhecer resultados positivos e satisfatórios, vem gerando certa confusão na área da educação e da educação especial, quanto à definição de estratégias para o atendimento às necessidades especiais.

Convém resgatar nos dados de recente memória que a escola inclusiva originou-se do movimento REI (Regular Education Initiative) surgido nos Estados Unidos, em meados da década de 1980, tendo por objetivos: unir a educação especial e a educação em um único sistema; educar o maior número possível de alunos com deficiências nas salas de ensino comum, compartilhando das mesmas oportunidades e recursos de aprendizagem; e educar alunos mais severamente comprometidos e de alto risco em salas comuns. Trata-se, pois, de reformar a EE pela via da reforma da educação comum/regular, modificando a forma de trabalho dos professores e desenvolvendo novos programas educativos, potencializando os sistemas consultivos e de ensino cooperativo.

No entanto, concordamos com Oliveira (2003, pp. 1-2) quando nos diz:

> notamos algumas impropriedades que vêm sendo cometidas na forma de compreender e interpretar como se daria a formação de professores nesse novo contexto, principalmente a formação do professor de educação especial. Falar de uma educação inclusiva que pressupõe, entre outras, a inserção de alunos com deficiência em classes comuns do ensino regular, é falar de uma pedagogia de suporte para que as diferenças não sejam meros pretextos para a não-aprendizagem. Assim, formar professores competentes e qualificados pode ser o alicerce para que se garanta o desenvolvimento das potencialidades máximas de TODOS os alunos, entre eles, os com deficiência.

Desta forma, para garantir o êxito dos trabalhos na escola inclusiva, algumas condições devem ser consideradas: apoio de especialistas, unificando os dois sistemas e adaptando-os às necessidades de todos os alunos; potencialização das formas de intervenção, isto é, aplicação dos sistemas consultivos e de intervenção direta em sala de aula comum por meio do ensino cooperativo; adoção de uma nova organização escolar, propondo a colaboração, o ajuste mútuo, as formas interdisciplinares e o profissionalismo docente.

Estas condições poderiam garantir, ainda que timidamente, mudanças tão almejadas, no sentido proposto por Tardif (2003, p. 13) ao referir-se ao trabalho docente: "O professor trabalha com sujeitos e em função de um projeto: transformar os alunos, educá-los e instruí-los".

Desta forma, seria necessário considerar a base epistemológica da EE – multiparadigmática e multidisciplinar – para integrar os conhecimentos provenientes dos paradigmas positivistas (predizer), dos paradigmas subjetivos e interpretativos (compreender) e dos paradigmas construtivistas críticos (emancipar e desconstruir). Além disso, a base médico-psicológica da EE deveria passar por uma ressignificação, ampliando seu espectro para outras áreas do conhecimento como a Sociologia e a Antropologia, propondo uma educação progressiva que utilize um discurso reflexivo, que resolva problemas colaborativamente e possa desenvolver valores e destrezas adequadas à democracia participativa. Isso nos leva a repensar o valor das diferenças, com base no sentido proposto por Rodrigues (2001, p. 23):

> Se, por um lado, a diferença é encarada como positiva na perspectiva cultural, social, antropológica, criativa e mesmo biológica, assistimos, por outro, a enorme massificação e uniformização de gostos, de valores, de modas, de normas, de comportamentos e de normativos de capacidades, uma espécie de globalização dos padrões de comportamento pessoal e social. [...] Esse antagonismo tem, obviamente, enormes repercussões na forma como são encaradas as pessoas com necessidades especiais.

Isso implica a adoção de um currículo comum, com adaptações pertinentes às peculiaridades dos alunos, utilizando estratégias didáticas comuns, sempre que possível, valendo-se da aprendizagem cooperativa, substituindo a aprendizagem seqüenciada hierarquicamente por aprendizagem mais significativa e funcional, valorizando, assim, a diversidade dos alunos.

Em decorrência, podemo-nos arriscar a considerar o entendimento de que a profissionalização do professor está no centro das reformas do cenário educativo. Nesta perspectiva, tornar o ensino diferenciado é

> fazer que cada aprendiz vivencie, tão freqüentemente quanto possível, situações fecundas de aprendizagem. Para executar essa idéia tão simples é preciso mudar profundamente a escola. Acrescentemos de imediato que adaptar a ação pedagógica ao aprendiz não é, no entanto, nem renunciar a instruí-lo, nem abdicar dos objetivos essenciais. Diferenciar é, pois, lutar para que as desigualdades diante da escola atenuem-se, e, simultaneamente, para que o nível do ensino se eleve. (Perrenoud, 2001, p. 9)

Por fim, devemos levar em conta a importância do contexto, uma vez que o ensino se fundamenta na comunidade e atividade, é ecológico e holista, e considera a opinião dos alunos, propiciando a construção do conhecimento sob a forma de uma aventura do conjunto da classe e prescindindo do auxílio da família (Skrtic, Sailor e Gee, 1996).

Isso afeta tanto o pessoal administrativo quanto o docente, e implica ensejar inovações de maior vulto. São requeridas pessoas capazes de improvisar e responder com flexibilidade às novas demandas. E isso não pode ser resolvido tão-somente considerando por quanto tempo as pessoas desempenharam suas funções, como acontece freqüentemente em nosso sistema educacional.

Ante a (des)cuidada habilitação profissional do docente da educação e da educação especial que vem imputando marcas negativas na história de sua formação, urge reverter tal situação, de forma que garanta valores que incluam desde os incentivos aos professores para levar seus alunos – sejam estes mais ou menos especiais – a altos níveis de aprendizagem, até mecanismos e apoios que garantam a consolidação e o aprofundamento da capacidade profissional, da transcendência dentro do sistema educativo de aportes de seus melhores mestres, e o reconhecimento profissional e méritos, por parte da sociedade.

Há que se propiciar instâncias de capacitação e formação continuada que considerem o ensino de técnicas práticas e efetivas. Há que se atribuir ao professorado seu real papel como sujeito político na transformação de sua carreira profissional, por meio da valorização de sua trajetória, criatividade e conhecimento, além de condições dignas de trabalho.

Nesse sentido, instaura-se o desafio de pensar a formação do profissional de Educação Especial, tarefa que vem exigindo o envolvimento de profissionais de diferentes formações e âmbitos de atuação, em diversos foros, como, por exemplo, os GTs – Grupos de Trabalho constituídos por profissionais ligados às instituições de ensino superior, docentes e gestores da rede pública de ensino, nos vários níveis, oriundos de eventos científicos, com encontros periódicos, cujo compromisso se estende nas discussões e reflexões acerca das temáticas que representam. Assim, cumpre mencionar que, no exercício de sua prática como grupo formalmente constituído nos congressos sobre formação de educadores, o GT de Pedagogia vem ressaltando a importância de um trabalho conjunto entre as áreas da Educação e da Educação Especial.

A questão da Educação Especial também apareceu tematizada, sem contudo ser enfeixada, devendo merecer uma mais aprofundada discussão. Há no entanto consenso entre os grupos quanto ao lugar de formação desse profissional: o curso de pedagogia (Pereira, Lima e Placco, 1996, p. 50).

Em decorrência, profissionais da EE e da educação são instados a tecer uma rede composta por representantes de universidades públicas, particulares e confessionais, do estado de São Paulo; professores de educação especial da rede estadual de ensino; técnicos da Secretaria Estadual de Educação e pesquisadores da área. Nesse caminhar há, ainda, a presença de representantes – professores/pesquisadores – de outras áreas da educação especialmente em sua representação oficial, tais como: Associação Nacional de Formação de Profissionais da Educação (Anfope); Fórum Paulista de Pedagogia e Grupos de Trabalho (GT) – Pedagogia, Séries Iniciais, Educação Infantil, Educação de Jovens e Adultos. Esta trajetória tem sido marcada pela reflexão e discussão sobre o desenvolvimento de teorias pedagógicas e sociais, bem como mudanças acentuadas na legislação educacional que, conseqüentemente, acabam por imprimir certa tendenciosidade em relação aos cursos de formação de educadores.

Tem-se observado também que, apesar da natural, bem-vinda e salutar discordância, alguns pontos são unanimidade entre os participantes. Entre eles: o especialista em educação especial deve ser antes um professor, e sua formação acadêmica deve ocorrer no ensino superior, no âmbito dos cursos de pedagogia.

> O entendimento tomado aqui é o de que o profissional da educação deva ser em primeiro lugar um professor – embora sua perspectiva de ação não se esgote aí – como condição fundamental para a realização de seu fazer em qualquer outra instância ou campo de sua atuação. O curso deverá formar então o profissional da educação que tem, no fenômeno educativo ou na prática pedagógica intencional – ocorrida dentro ou fora do sistema escolar –, seu eixo fundamental de atuação. (Pereira, Lima e Placco, 1996, pp. 57-58)

Tais razões se justificam na medida em que se considera que o curso de pedagogia, comprometido com a qualidade social da educação, tem o objeto de formação desse profissional assentado nos processos de ensino e aprendizagem, cuja prática pedagógica é um dos componentes essenciais que permeiam esta formação. Tal componente evidencia o cientificismo da pedagogia como eixo norteador da formação do profissional da educação e estabelece uma articulação entre os aspectos teóricos e práticos, favorecendo, desta forma, as reais situações de aprendizagem, no atendimento a demandas específicas, como jovens e adultos, alunos com necessidades especiais, entre outras.

A prática pedagógica profissional como fonte permanente e privilegiada de reflexão e atuação propicia a análise do complexo movimento existente entre as construções teóricas e as atividades práticas, promovendo uma compreensão da natureza e da especificidade do conhecimento, desencadeando o desenvolvimento de um compromisso ético e político com uma sociedade democrática. Permanece o entendimento de que

> a discussão no campo da formação de professores volta-se para a superação da formação fragmentada, insuficiente, cujos resultados, pela falta de domínio tanto dos conteúdos básicos como dos específicos, deixam comprometidos o exercício das funções que especificam o trabalho do professor e o processo de socialização dos conhecimentos produzidos nas diferentes realidades, níveis de ensino e unidade escolar. (Angotti *et al.*, 2001, p. 65)

Sem dúvida, a proposta de uma escola inclusiva supõe uma verdadeira revolução nos sistemas tradicionais de formação docente, geral ou especial. Um sistema unificado de ensino nos obrigaria a abandonar esta clássica separação, para buscar uma integração entre os conhecimentos provenientes de ambos os sistemas. Para tanto, a formação do docente de educação tem de ser mais especializada para atender à diversidade do alunado, recomendando a inclusão de disciplinas ou conteúdos afins, nos diferentes cursos de formação que contemplem, ainda que minimamente, o campo da EE.

Assim, esta formação será mais efetiva a partir da relação colaborativa entre o sistema educacional, a universidade, os serviços sociais disponíveis em cada comunidade, a administração educacional, em todas as suas instâncias, e o setor privado, transformando o sistema educacional em um marco de desenvolvimento de práticas pedagógicas e investigação de sua ação. Seria desejável a eliminação progressiva dos limites entre a formação em educação (geral) e EE, além da distinção clássica entre formação inicial e continuada. Para tanto, há que se fomentar a colaboração entre o ensino público e os programas de formação universitária, com o objetivo de proceder à renovação dos paradigmas do ensino, de mestres e profissionais em exercício.

Diante do exposto, cumpre ressaltar que no âmbito do estado de São Paulo, no que compete à formação em EE e ao atendimento do aluno com necessidades educacionais especiais, quer nos serviços especializados, quer nas classes do ensino comum, em todos os níveis de escolaridade, enquanto Fórum de Educação Especial (Denari, 2003, pp. 65-72), as reflexões vêm se fundamentando:

1. na dificuldade de analisar criticamente diferentes realidades, postergando, às vezes, uma compreensão ampla e consistente do fenômeno e da prática educativos que ocorrem nos diferentes âmbitos e especialidades;
2. na necessidade de superação de entendimentos estereotipados ou de senso comum, primando pelo entendimento do processo de construção do conhecimento da pessoa inserida em seu contexto social e cultural;
3. na necessidade de incorporar o significado de pesquisa, condição essencial para uma ação mais produtiva, propondo respostas criativas e medidas mais eficazes que visem à superação da exclusão educacional, social e laboral, especialmente no que reporta à área da educação especial;
4. na necessidade de ampliar os domínios de ação do professor, encastelado em sala de aula, para a interação com os pais e a comunidade ampliada, valorizando as diferentes linguagens manifestas nas sociedades contemporâneas;
5. na necessidade de maior articulação do conhecimento sistematizado para analisar e compreender situações ou problemas presentes no cotidiano dos alunos com ou sem necessidades especiais nos diferentes níveis escolares, de forma que busque seu desvelamento e promova uma organização escolar que possa assegurar seus direitos de cidadania, estabelecendo assim diálogos com as demais áreas educacionais e ciências afins;

6. no entendimento de que a escola, especialmente a escola pública, reveste-se de importância capital e democrática de produção e disseminação do patrimônio cultural da humanidade, estabelecendo parcerias com a sociedade civil, com outras instituições, comprometendo-se com a ética profissional no exercício destas atividades;
7. na aceitação de que muitos processos educativos ocorrem de maneira informal, aprendidos ao longo da vida, perpassando o curso de pedagogia e prolongando-se por toda a vida profissional do professor, com potencialidades diversas (Knowles, Cole e Presswood, 1994);
8. na crença de que ensinar implica dimensões outras que não somente a técnica, mas dimensões afetivas, cognitivas, éticas e de desempenho, processo dinâmico que requer tempo e recursos para que os professores possam modificar suas práticas, tal como nos diz Mizukami *et al.*, 2002, p. 175): "As mudanças que os professores precisam realizar de forma a contemplar novas exigências sociais e de políticas públicas vão além do aprender novas técnicas, implicando revisões conceituais do processo educacional e instrucional e da própria prática".

Diante de todas estas preocupações, talvez seja possível compreender que a resolução das desigualdades e das diferenças ocorre concomitantemente à aceleração da profissionalização e do aumento das competências pedagógicas e didáticas do docente. Isso permitiria a ambos cooperar sobre uma base comum, racional, que os levaria à resolução de problemas conjuntamente. Este seria o passo inicial para uma mudança qualitativa, tanto na educação, quanto na educação especial.

Referências bibliográficas

ANGOTTI, Maristela *et al. O curso de pedagogia: reafirmando a história vivida e explicitando desafios.* Unesp/Pró-Reitoria de Graduação. VI CEPFE, Águas de Lindóia, 2001.

BRASIL. MINISTÉRIO DA EDUCAÇÃO. *Lei nº 9.394, de 23 de dezembro de 1996. Lei que fixa as Diretrizes e Bases da Educação Nacional.* Brasília, 1996.

BRASIL. CONSELHO NACIONAL DE EDUCAÇÃO. Resolução CEB nº 11/11/2001. *Diário Oficial da União*, Seção 1 (177) de 14/9/2001. Brasília, 2001.

BUENO, José G. S. *Educação especial brasileira: integração/segregação do aluno diferente.* São Paulo: Educ, 1993.

CARVALHO, Rosita E. *A nova LDB e a educação especial.* Rio de Janeiro: WVA, 1997.

DENARI, F. E. *et al. Desafios e perspectivas para a formação do professor na educação inclusiva por alunos com necessidades educativas especiais.* Unesp/Pró-Reitoria de Graduação. VI CEPFE, Águas de Lindóia, 2001.

DENARI, F. E. (coord.). *Formação de professores & política nacional de inclusão: das teorias e projetos às imagens e práticas.* Unesp/Pró-Reitoria de Graduação. VII CEPFE, Águas de Lindóia, 2003.

FERREIRA, Júlio R. *A exclusão da diferença.* Piracicaba: Editora da Unimep, 1994.

JANNUZZI, Gilberta M. S. *A luta pela educação do deficiente mental no Brasil.* 2. ed. Campinas: Autores Associados, 1992.

KNOWLES, J. G.; COLE, A. L. e PRESSWOOD, C. G. *Through preservice teachers' eyes: experiences through narrative and inquiry.* Nova York: McMillan College Publishing, 1994.

MAZZOTTA, Marcos J. S. *Educação especial no Brasil: história e políticas públicas.* São Paulo: Cortez, 1996.

_______. "Fundamentos de educação especial". São Paulo: Pioneira, 1982 (Série Cadernos de Educação, Biblioteca Pioneira de Ciências Sociais).

MINTO, César A. "Educação especial: da LDB aos Planos Nacionais de Educação do MEC e à proposta da sociedade civil". In: DENARI, F. E.; FERREIRA, M. C. C. e MANZINI, E. J. (eds.). *Revista Brasileira de Educação Especial*, v. 6, n. 1. Marília: Unesp e ABPEE, 2000.

MIZUKAMI. M. G. *et al. Formação de professores, práticas pedagógicas e escolas.* São Carlos: EDUFSCar, 2002.

NÓVOA, Antonio. "Formação de professores e profissão docente". In: NÓVOA, A. (coord.). *Os professores e sua formação.* Lisboa: Dom Quixote, 1997.

OLIVEIRA, Anna Augusta S. *Formação de professores em educação especial: o impasse das políticas públicas*. CD-Rom. Unesp/Pró-Reitoria de Graduação. VII CEPFE, Águas de Lindóia, 2003.

PEREIRA, Elisabete M. de A.; LIMA, Emília F. e PLACCO, Vera M. de S. *Desafios da formação: o curso de pedagogia frente às proposições da nova LDB*. Unesp/Pró-Reitoria de Graduação. IV CEPFE, Águas de São Pedro, 1996.

PERRENOUD, Philippe. *Pedagogia diferenciada: das intenções à ação*. Porto Alegre: Artmed, 2001.

PRIETO, Rosângela G. *Formação de professores em educação especial*. CD-Rom. Unesp/Pró-Reitoria de Graduação. VII CEPFE, Águas de Lindóia, 2003.

RODRIGUES, David. "A educação e a diferença". In: RODRIGUES, D. (org.). *Educação e diferença: valores e práticas para uma educação inclusiva*. Porto: Porto, 2001.

SÃO PAULO. Conselho Estadual de Educação. *Resolução de 3-5-2000*, DOE 4/5/2000, pp. 9-10, 2000.

SKRTIC, T.; SAILOR, W. e GEE, K. "Voice, collaboration and inclusion. Democratic themes in educational and social reforms initiatives". *Remedial and Special Education*, v. 17-3, pp. 142-147.

SOUZA, Cláudio B. Gomide. *A formação de educadores: a educação especial na LDB*. CD-Rom. Unesp/Pró-Reitoria de Graduação. VII CEPFE, Águas de Lindóia, 2003.

TARDIF, Maurice. *Saberes docentes & formação profissional*. Petrópolis: Vozes, 2003.

Inclusão social e a "escola reclamada"

ANTÓNIO M. MAGALHÃES
E STEPHEN R. STOER

*Professores da Faculdade de Psicologia
e de Ciências da Educação
da Universidade do Porto, Portugal*

Introdução

Neste artigo, procuraremos analisar o papel atribuído à escola como instância de inclusão social. É crucial para a clareza do argumento a ser desenvolvido que, de início, esclareçamos que não partimos do já vulgarizado conceito de "escola inclusiva", mas, antes, do de inclusão social. Em primeiro lugar, porque, como tem mostrado a investigação levada a cabo sobretudo por sociólogos, a escola não surgiu, no seu desenvolvimento histórico, tão central como se supunha para o projeto de inclusão social. De fato, o paradigma sociocultural de modernidade atribuía à escola um papel central de combate à exclusão, concebendo-a como o mecanismo social privilegiado para promover a mobilidade social dos indivíduos por meio do desenvolvimento destes. Todavia, como a origem da exclusão era perspectivada como sendo o produto das desigualdades econômicas, incluir, sob o ponto de vista da escola, era inevitavelmente "compensar" os *handicaps* socioculturais derivados do sistema de classes.

Em segundo lugar, porque, contemporaneamente, a própria inclusão social deixou de ser o objeto de uma engenharia política, desenvolvida sobretudo pelos dispositivos de bem-estar, tendo-se tornado uma arena de ação das pessoas – coletiva e individualmente consideradas. As razões para tal podem ser encontradas quer no contexto de um Estado crescentemente invadido pelas lógicas do mercado, quer na crescente reflexividade por parte dos indivíduos e dos grupos.

Por exemplo, os ciganos em Portugal têm uma voz cada vez mais audível no que diz respeito à sua inclusão. Esta voz já não nos parece ser a voz que se enquadra no modelo de ação política da engenharia política, muito evidente, nos referidos mecanismos de bem-estar, assumindo a forma de apelos para uma maior integração social deste grupo étnico numa cidadania abstrata, mas, em vez disto, uma voz de reclamação baseada em sua identidade sociocultural. Isto é, o seu objetivo é o de sua inclusão – não enquanto cidadãos que partilham características em comum com os outros nacionais, não enquanto objeto da ação, mais ou menos generosa, do Estado na promoção da sua cidadania, e sim enquanto ciganos.

Baseados nesses dois motivos, identificamos a emergência, na análise que fazemos do papel da instituição escolar nos processos de inclusão social, da perspectiva segundo a qual esta surge atualmente no desenvolvimento dos processos de inclusão social, e não o contrário. Quer dizer, a educação escolar aparece sobretudo como uma estratégia dos sujeitos e dos grupos nos processos em que se vão afirmando enquanto tal, e menos como algo que, do exterior, se lhes imporia como processo privilegiado de inclusão. A isso se acrescenta que não é possível separar os processos de inclusão social promovidos pela escola dos processos de exclusão que também nela têm origem. Por outras palavras, citando o sociólogo Basil Bernstein (1999), à medida que a sociedade invade a escola, muito mais do que o contrário, qualquer mudança na sociedade tem impactos mais ou menos diretos na escola. Assim, as instituições educativas surgem, simultaneamente, como instâncias de inclusão e de exclusão.

Por fim, sublinhe-se que a exclusão parece ter crescentemente uma natureza muito mais sociocultural do que econômica, fato que a distingue claramente da problemática da desigualdade. Paugam (1999), por exemplo, enfatiza o fato de que, na França, apesar de os indicadores de pobreza terem de alguma forma melhorado, os indicadores ligados à exclusão social não têm seguido os mesmos padrões; muito pelo contrário.

Este capítulo está organizado em três partes. Em um primeiro momento, procuraremos enfatizar o modo como a questão de inclusão/exclusão social é presentemente complexificada pelo advento do mercado – e das suas lógicas – como organizador social principal.

Num segundo momento, procuraremos retirar as conseqüências para a inclusão social da emergência de novos modelos de ontologia social, em que as relações entre as "diferenças" surgem reconfiguradas. Na parte final do capítulo, identificaremos as transformações com que a escola se debate, e que alguns referem sob a designação da "crise da escola", transformações essas resultantes da afirmação de novas formas de cidadania e do próprio espaço público.

O mercado e a inclusão social

É paradoxal que, no momento em que toda a ênfase parece ser colocada na questão da inclusão, na educação inclusiva e na chamada "sociedade inclusiva", a exclusão surja como sendo a norma. E isso parece ser verdade, a menos que se assuma como ponto de partida a idéia de que o mercado é a instância que, na emergente ontologia social,[1] define a inclusão, substituindo-se dessa forma as funções do Estado-nação e seu modelo de proteção social, sobretudo tal como se desenvolveu sob a égide do estado de bem-estar social. Se a inclusão for, efetivamente, definida a partir do mercado, pode ser vista como um dos discursos que permitem a esse mesmo mercado desterritorializar as relações sociais no nível do Estado-nação para as reterritorializar, depois, em um nível supranacional.

A razão para tal reside no fato de que os fluxos de capital deixaram de estar amarrados às regulações nacionais e, em sua lógica de cassino (no sentido em que pressupõe um retorno rápido do lucro derivado do investimento – ver também Harvey, 1989), reconfiguram as relações sociais, deslocalizando-as intensivamente sob a forma, como diz Santos (1995), de globalismos localizados e de lo-

1 Por ontologia social entendemos o modo como, nos diferentes contextos temporais, as relações sociais são vividas, concebidas e explicadas/compreendidas. De acordo com o senso comum das ciências sociais, dado tipo de ontologia social preside a organização dessas relações, ora como "fato social", ora como ordem social desejável (ver também Stoer, Magalhães e Rodrigues, 2004); quer dizer, em todos os casos, identifica-se o que é uma relação social e sua legitimidade.

calismos globalizados.[2] Assim, nesta perspectiva, pode dizer-se que em vez da promoção de instâncias, quer nacionais, quer internacionais, de regulação das práticas de exclusão, o mercado – no duplo sentido de "regime de verdade" e de modo de regulação hegemônico – foi criando um espaço global onde todos os indivíduos, independentemente das suas diferenças, parecem ser incluídos como consumidores. O paradoxo reside, é claro, no fato de a inclusão ser promovida com base nesta erradicação das diferenças, e não com base nessas mesmas diferenças.

Ser incluído, nesta lógica, é ser incluído como consumidor criando precisamente a ilusão de que é com base na sua diferença que é configurado como consumidor, isto é, porque o mercado, nos atuais contextos, se articula com uma forma de produção pós-fordista que se caracteriza precisamente pela diretiva *just in time* e pelo imperativo *just for you*, as diferenças dos indivíduos e dos grupos e as necessidades que derivam dessas diferenças e da sua afirmação (ser "verde", ser pelo "comércio justo", ser "naturista", ser "surfista" etc.) são transformadas em mercadorias elas próprias. Desta forma, e, repita-se, paradoxalmente, a inclusão das diferenças por meio do mercado é feita com base no esbatimento dessas diferenças pela sua identificação com consumo e consumidores.

Este processo de inclusão pela erradicação das diferenças é semelhante àquele levado a cabo pelos diferentes Estados-nação durante os séculos XVIII, XIX e XX, pois também nesse caso era aquilo que as pessoas possuíam em comum – território, linguagem, religião, grupo étnico, história – que se tornava o fator determinan-

---

2 Por localismo globalizado, Santos (1995) entende o redimensionamento de um fenômeno local para um nível global, sem que, com isso, os atores sociais nele envolvidos sejam integrados. O exemplo do samba, nascido nas favelas brasileiras, é ilustrativo de um "localismo globalizado", ou o do vinho do Porto, que, circulando como mercadoria, só em negativo evidencia as condições difíceis dos camponeses do Douro. Como globalismo localizado o autor refere fenômenos de circulação global de capital que articulam os locais. Como exemplo, pode adiantar-se as empresas transnacionais da indústria do turismo que transformam pela sua ação o "local" numa mercadoria (as pirâmides do Egito, Pisa...).

te para a definição daqueles que eram incluídos no espaço nacional, e, assim, aptos para o exercício da cidadania. Antes de o Estado-nação ser o organizador-chave da inclusão, a Igreja desempenhou esse mesmo papel com base, dessa feita, na comunidade da fé. A ontologia social das sociedades pré-modernas ocidentais fundava-se na idéia de que todos eram criaturas de Deus e, como tais, eram incluídos e organizados no *corpus* social.

Conseqüentemente, poderá argumentar-se que tanto a concepção medieval como a moderna de ontologia social definiam a inclusão baseando-a na exclusão – ou na tentativa de erradicação – da diferença. Tanto os infiéis como os sem-pátria (recordem-se o caso dos ciganos até muito recentemente em Portugal e o caso dos povos indígenas no Brasil) eram empurrados para as margens como sendo aqueles a quem não era possível considerar legítimos participantes na sociedade. Essa construção da inclusão com base naquilo que as pessoas partilham, no que têm em comum, conduziu inevitavelmente a diferentes formas de exclusão econômica, social, política e cultural.

Com o advento da sociedade do conhecimento, e o correspondente movimento do conhecimento do Estado-nação para o global/local, os trabalhadores são cada vez mais definidos não pelos empregos que têm, mas pelos conhecimentos/competências que conseguem acumular e eventualmente gerir. Quer dizer, a produção e a divulgação do conhecimento, que até os anos 1970 estavam centradas e sediadas nas universidades e nas instituições educativas nacionais, deixaram de assumir a cultura nacional como o seu âmbito e objetivo de desenvolvimento. O conhecimento, sobretudo quando traduzido em linguagem-máquina, articulou-se de uma forma sem precedentes com o sistema de produção, distribuição e consumo do capitalismo e globalizou-se. Isto é, circula sob a forma de *bytes* de informação e de conhecimento, como competências. Não se trata de negar que a industrialização e o capitalismo sempre utilizaram conhecimento e a ciência como fator produtivo e da organização do trabalho; o que se trata de enfatizar aqui é que, *de uma forma sem precedentes,* os processos de produção que estruturam o capitalismo transnacional são conhecimento-intensivos e não trabalho-intensivos.

É neste contexto que se compreende a forte pressão sobre os conhecimentos, sobretudo escolares, para que estes se construam em forma de competências. Quer dizer, à medida que as funções produtivas se vão articulando com a permanente inovação proporcionada quer pela circulação intensiva do conhecimento, quer pela emergência contínua de necessidades-mercadorias – e, nessa circunstância, se vão diluindo em conjuntos mais ou menos difusos, flexíveis e dinâmicos de fazeres e saberes-fazer –, os saberes ocupacionais e profissionais são reconfigurados como "competências" (Magalhães e Stoer, 2002).

É este conhecimento traduzido em competências que desencadeia, simultaneamente, a tentativa de o sistema educativo procurar atualizar sua estrutura curricular para responder às novas exigências de um mercado de trabalho, em via de reconfiguração, e às iniciativas das comunidades locais para recolocar a questão dos conhecimentos formadores do indivíduo (agora, como já se viu, menos centrados na escola), tanto para promover interesses de classe (por exemplo, a nova classe média), como para reencontrar um novo impulso emancipatório pela via da educação. Como se sabe, a escola pública manifesta sinais da sua redefinição por meio da lógica do mercado (Stoer e Magalhães, 2003; Barroso, 2004).

O que significa este reposicionamento do mercado no que diz respeito à redefinição da escola e como definidor da inclusão? O que pretendemos com o nosso argumento é pôr em causa a idéia segundo a qual a inclusão deve se desenvolver com base na lógica de que quem não é consumidor é excluído. De fato, é com base na diferença, e não na sua homogeneização (promovida quer pela Igreja, quer pelo Estado, quer ainda pelo mercado), que se pode encontrar uma alternativa para o desenvolvimento de uma sociedade eventualmente mais inclusiva. Em outras palavras, as identidades individuais e grupais, mesmo tendo em conta sua potencial incomensurabilidade, podem constituir, numa sociedade em que a produção se baseia cada vez mais no conhecimento e na informação, uma base para a organização da sociedade. Como adiante iremos argumentar, a reconfiguração da esfera pública poderá assumir-se como um espaço de regulação, um espaço em que a justiça redistributiva esteja ligada ao reconhecimento das diferenças e constitua uma geometria variável.

Para designar esta possibilidade, utilizaremos a metáfora, que fomos colher em Geertz (ver abaixo), do bazar do Kuwait. Nestes termos, a exclusão também se perfila, num aparente paradoxo, como direito. Trata-se do direito à diferença, sendo o processo de inclusão fundado precisamente nela. Como se verá na seção seguinte, este não é um "jogo de soma zero", como alguns anti-relativistas gostariam de proclamar, nem o beco sem saída de uma total incomensurabilidade, mas, antes, o reconhecimento da emergência de uma nova ontologia social que constrói a inclusão com base naquilo que as pessoas e os grupos têm de diferente.

O bazar do Kuwait e a reconfiguração do poder

Em outro de nossos trabalhos (Magalhães e Stoer, 2004), falamos de quatro modelos que estruturaram as relações com as diferenças nas sociedades ocidentais, nomeadamente: o modelo etnocêntrico, o da tolerância, o da generosidade e o relacional.[3]

---

3 Ao procurar compreender a inclusão/exclusão social, pode argumentar-se que há diferentes modos ou abordagens para conceituar e legitimar a diferença. O primeiro, e mais antigo, poderia ser designado como etnocêntrico, no sentido em que a alteridade é tematizada com base na segurança civilizacional do Ocidente. O segundo poderia ser designado o "modelo da tolerância". Este, apesar de partir da consciência que tem do "outro", exclui com base em um quadro cultural socialmente estruturado que define aquilo que pode ser, ou não, tolerado. O terceiro modelo baseia-se na consciência crítica do desenvolvimento na história da relação com a diferença. Como conseqüência dessa crítica, tornamo-nos responsáveis pelos efeitos negativos dessa relação. Designamos este modelo como "o modelo da generosidade". O quarto modelo não é, de fato, um modelo, mas uma abordagem relacional que, assumindo a referida consciência crítica do terceiro modelo, recusa a ver a diferença como derivando de qualquer centro ou fonte que não da própria relação que existe entre as diferenças em presença (Stoer, Magalhães e Rodrigues, 2004).

O último modelo, o "modelo" relacional, baseia-se numa perspectiva em que a assunção da "nossa" diferença redefine a própria relação. Isto é, ninguém mais ocupa a posição privilegiada, em termos sociológicos e epistemológicos, de determinar quem é o diferente. Por isso, se as diferenças são um processo de mútua definição e de determinação relacional, designamos esta perspectiva por meio da expressão "a diferença somos nós".

Num debate bastante conhecido entre o filósofo Richard Rorty e o antropólogo Clifford Geertz (Rorty, 2000; ver também Stoer e Magalhães, 2001) sobre a organização das sociedades modernas ocidentais, o segundo propõe a metáfora do "bazar do Kuwait" para dar conta da simultânea tendência para a fragmentação e a agregação dessas sociedades. Geertz fala concretamente sobre como, numa época de globalização, as comunidades locais se assemelham no seu conjunto crescentemente a uma enorme colagem, isto é, em cada uma das suas localidades, o mundo parece cada vez mais "um bazar do Kuwait do que um exclusivo clube inglês". Este exclusivo clube inglês, a nosso ver, representa a incomensurabilidade das diferenças locais/culturais: a "portuguesidade" dos portugueses, a "*englishness*" dos ingleses, o caráter árabe dos próprios árabes etc.

Retomando as idéias de "a diferença somos nós" e do "bazar do Kuwait" como possíveis elementos estruturadores de uma nova concepção das sociedades e das sociabilidades atuais, pretendemos aqui esboçar alguns pontos para explicar melhor o que está eventualmente em causa. Em primeiro lugar, queremos defender:

1. o bazar é um espaço público (político, social, cultural...) regulado e suscetível de regulação;
2. o espaço público possuiu e possui várias configurações nos diferentes horizontes do globo, mas a mais dominante é aquela que resulta da sua estruturação pelo Estado;
3. o "público" está deixando de ser definido principalmente a partir do Estado e das instituições por ele para tal mandatadas (a escola, o sistema de saúde, o sistema de justiça etc.), numa lógica que se poderá dizer "de cima para baixo", para

ser reconfigurado como tempos e espaços de afirmação quer do privado, quer das identidades, numa lógica que não será totalmente "de baixo para cima", mas largamente dependente das escolhas dos indivíduos e dos grupos (por exemplo, a exigência da integração de *gays* nas forças armadas, ou a exigência de cotas de representação para as mulheres);

4. a soberania que as "diferenças" reclamam do Estado não corresponde à dissolução deste enquanto agente de justiça (sobretudo distributiva), mas diz respeito à legitimidade de as diferenças regularem suas próprias vidas. "Eu pago impostos (dever), mas quero educar (direito) os meus filhos como bem acho que eles devem ser educados";
5. o Estado, no modelo do bazar, surge enquanto fiador da justiça redistributiva e simultaneamente como o fiador do reconhecimento das diferenças (ver Nancy Fraser, citada em Power e Gewirtz, 2001);
6. o bazar, o espaço público regulado, é um espaço em que a justiça redistributiva e a justiça ligada ao reconhecimento das diferenças constituem uma geometria variável: a variação depende do poder e do conflito entre as diferenças;
7. esta geometria variável é ao mesmo tempo consensual e arbitrária, portanto frágil;
8. esta fragilidade e instabilidade não são uma fase a ultrapassar, mas um estado permanente: a democracia já não é um "estádio", mas um fim em si mesmo (ou sem fim).

Em segundo lugar, o que está em pauta, e tendo em conta esta definição política do bazar que acabamos de fazer, é o fato de a assunção de "a diferença somos nós" colocar de forma acutilante a questão do poder, enfatizando que as diferenças se afirmam como um "campo de batalha ideológico" (Wallerstein, 1990), isto é, dialetizando as questões de discriminação, racismo ou exclusão com aquelas derivadas da desigualdade na distribuição da riqueza. Desligar os elementos da tríade "'poder cultural–afirmação da diferença–igualdade econômica" é cair nos engodos das estratégias políticas modernas fundadas no princípio segundo o qual a justiça social deriva (mais ou menos diretamente) da justiça econômica. Sabemos, hoje, que não é assim: a luta pela justiça social desencadeada pela afirmação das diferenças, nos movimentos sociais atuais, não surge separada das reivindicações de justiça econômica e vice-versa. Mais: esta surge freqüentemente reconfigurada por aquela.

Repensando a escola da modernidade e a modernidade da escola

A educação escolar parece encontrar-se nos países ocidentais num ponto crucial do seu desenvolvimento. Ao mesmo tempo que se universaliza e expande (existe agora, em Portugal, um projeto de uma escolaridade obrigatória de doze anos), fragiliza-se em sua legitimidade e em sua hegemonia enquanto instância de formação dos indivíduos. Esta coincidência entre a expansão e a crise de legitimidade da escola pública reflete uma situação paradoxal do campo: por um lado, a educação surge como um dos elementos cruciais nas políticas para o desenvolvimento, em nome da chamada "sociedade cognitiva", ao mesmo tempo que é reduzida ao mínimo denominador comum – a transmissão de conhecimentos.

Nos últimos anos, temos efetivamente assistido, por via sobretudo dos *mass media*, a pressões enormes sobre a escola para que esta "ensine de fato", isto é, liberte-se de muitas décadas de influência da "educação progressista" e inscreva-se no que alguns têm designado como o movimento *back to basics* (Magalhães e Stoer, 1998). Ao que se pode acrescentar outro aparente paradoxo, isto é, ao mesmo tempo que a formação e o ensino–aprendizagem se tornam centrais nas políticas dos diversos setores (aquilo a que Bernstein, 2001, chamou a "pedagogização da sociedade"), os pedagogos são marginalizados (Correia, 1994).

Os Estados-nação organizaram os sistemas educativos legitimados pelo modelo sociocultural da modernidade que apontava a escola como dispositivo social privilegiado para transformar os indivíduos em cidadãos, arrancando, assim, os "vassalos" aos grilhões da tirania da tradição feudal. Efetivamente, a escolarização tornou-se no Ocidente, sobretudo a partir do século XIX, a forma hegemônica de educação. Sua legitimidade e hegemonia, baseadas na pressuposta capacidade de proporcionar uma organização da sociedade mais justa e mais igualitária, fundaram-na como um direito "natural" e constitucionalmente atribuído aos cidadãos.

Em grande parte do mundo ocidental, e não só, a educação escolar, na forma de "escola para todos", quase que se universalizou e se tornou a pedra-de-toque dos discursos sobre o próprio desenvolvimento nacional. A equação *mais educação igual a mais desenvolvimento*, embora matizada ao longo dos últimos três séculos, acaba por ser a chave de interpretação da importância dada pelos diferentes Estados a seus sistemas educativos. Curiosamente, não é na fragilização deste pressuposto que a educação escolar parece fazer assentar a sua crise, mas, antes, na modificação de dois dos seus suportes centrais, isto é: [1) a natureza "pública" desta forma de escolarização está sendo colocada em pauta (ver acima); e [2) a atitude dos cidadãos, em relação aos quais ela foi pensada como um direito imediatamente atribuído, mostra importantes sinais de alteração.

Quanto à primeira modificação, pode defender-se que os efeitos do processo de mercantilização do campo de educação começam a minar a eficácia do princípio de igualdade de oportunidades no que diz respeito ao desenvolvimento de um sistema escolar capaz de promover a igualdade e a justiça social. Destaca-se o exemplo do Brasil, onde a classe média parece ter percebido que, enquanto estratégia de classe para escola, não vale a pena investir no ensino básico público. De fato, a privatização da educação, não só por meio da expansão do setor privado, mas também por medidas que vão introduzindo na escola pública a lógica do mercado – por exemplo, os famigerados *rankings* e o pagamento de serviços e produtos com o intuito de reduzir as despesas do Estado com a educação –, ameaça a escola como agência fundamental de redistribuição.

Quanto à segunda modificação, de forma cada vez mais visível a educação é reivindicada pelos indivíduos e pelos grupos no âmbito de uma reclamação de soberania. "Queremos retomar o direito de educar as nossas crianças de acordo com aquilo que nosso grupo pensa sobre a educação", dizem, por exemplo, os porta-vozes de algumas minorias étnicas que, sem dispensar a cidadania que lhes é atribuída, reivindicam formas mais ativas de participação. "Quero que o meu filho freqüente a escola X e o curso Y, porque são estes que melhores possibilidades lhe dão de obter uma posição confortável no mercado de trabalho. Não sei sequer se, em termos educacionais, são as 'melhores' escolas e cursos", dizem, por exemplo, os pais da nova classe média, preocupados com o atual desenho do mercado de trabalho.

A educação escolar reclamada pelos grupos e pelos indivíduos surge, assim, não delimitada pela estrutura política do Estado-nação moderno, mas por contextos mais complexos que vão desde as opções pessoais por dados estilos de vida até a transnacionalização da estrutura do mercado de trabalho, passando pela comunidade (tantas vezes reinventada). Entre o modelo da escola atribuída e o da escola reclamada, parece efetivamente abrir-se um complexo de possibilidades cuja discussão é extremamente urgente.

"A escola reclamada"

A recomposição do contrato social moderno e as formas emergentes de cidadania, a que nos temos referido como "cidadania reclamada" (Stoer e Magalhães, 2003), colocam dilemas sutis a todos aqueles que estão envolvidos, nos diversos níveis, na gestão política da educação, sobretudo da educação pública. E isso é verdade principalmente para aqueles que vêem na educação escolar uma forma privilegiada de mecanismo emancipatório, isto é, para aqueles que vêem nos sistemas educativos instrumentos que podem contribuir (mais ou menos) para a "libertação" e a autonomia dos indivíduos e dos grupos. Por outras palavras, a educação escolar foi conceituada como um direito/dever que é atribuído aos indivíduos nascidos em dado território (sempre nacional), direito/dever esse que é garantido, implementado e inspecionado pelo Estado, tudo se passando como se fosse este o desenhista do projeto e os cidadãos aqueles para quem o projeto educativo é desenhado.

O dilema consiste no fato de que o próprio projeto educativo é uma proposta do "Nós" para os "Eles", e todos os projetos partem, de uma forma ou de outra, da assunção otimista de que as suas premissas são justas e os seus fins desejáveis. Quando os "Eles" resistem ao projeto, não por dificuldades de teor pedagógico, mas por opção ("Nós não queremos 'vossa' educação!"), os políticos e os educadores – principalmente os mais "generosos" – ficam cada vez com mais freqüência esmagados sob o peso dessa resistência que é, portanto, uma recusa. É o caso da resistência que a etnia cigana tem desenvolvido em relação à escola portuguesa. A não ser a preço de considerar que se trata de uma incapacidade "genética" da comunidade cigana em concordar com códigos da escola pública, essa resistência pode ser lida como uma forma de recusa dos projetos educativos que estão sendo desenhados para as crianças e os jovens ciganos.

Como acima já se disse, a escola como meritocracia constituiu, pelo menos nos chamados países "centrais", talvez a mais importante política redistributiva da sociedade democrática. Mas, como política redistributiva, já há algum tempo parece ter ficado enleada nas suas próprias malhas e ter estancado o seu desenvolvimento. A sua renovação depende, pelo menos em parte, de sua capacidade de descentralização, da sua assunção de lógicas de desenvolvimento que não sejam restritas à lógica do território nacional. A educação escolar parece ser crescentemente colocada pelos atores sociais e culturais nos seus próprios estandartes. Isso significa que a escola, ela própria, também tem de se tornar "reclamada" e não simplesmente "atribuída".

A reclamação, enquanto tal, poderá parecer, pelos padrões correntes de cidadania, algo arrogante. A "arrogância" dessa reclamação desafia mesmo os mais generosos dos pedagogos, para não falar já nos menos generosos responsáveis políticos, pois acaba desnudando uma correlata arrogância – a de quem se atribui o saber de qual projeto educacional convém a pessoas de outras culturas, com outros estilos de vida ou com outro ideal de humanidade.

Ao ser reclamada pelas diferentes "diferenças", a escola também se pluraliza e diferencia. Esta diversificação, contudo, longe de pôr necessariamente em questão o caráter público da instituição escolar, até o pode aprofundar, já que a tradicional influência (desde a Revolução Francesa) do domínio econômico sobre a escola (por meio da origem social dos indivíduos) é, pelos menos em parte, reconfigurada pela colocação da questão dos direitos culturais dos indivíduos e dos grupos. Como podem o Estado e as suas instituições interiorizar (e aproveitar) esta nova situação da "escola reclamada"?

No segundo volume de sua já clássica trilogia (*A era da informação: economia, sociedade e cultura*), Manuel Castells (2003) analisa a mudança da natureza do Estado a partir do conceito de rede. Diz ele que, embora os Estados-nação continuem a existir, são, e serão cada vez mais, "nódulos de uma rede mais ampla de poder" (*ibidem*, p. 304), pois os Estados-nação têm perdido nas últimas décadas sua soberania ao mesmo tempo que têm mantido sua capacidade de tomar decisões por meio da conexão em redes fundadas em fluxos de informação e conhecimento. Contudo, o fato de os Estados-nação fazerem parte de uma rede de poderes (a União Européia, por exemplo), assim como de contrapoderes (os movimentos ecologistas como o Greenpeace, por exemplo), faz que sejam sempre dependentes de um sistema mais amplo de autoridade e influência.

Em um mundo globalizado, existe uma tendência de alguns Estados e nações se redefinirem com base numa identidade nacional (o caso das nações do Reino Unido, do Estado espanhol, da ex-Iugoslávia). Todavia, outro tipo de projeto identitário pode inspirar esse mesmo processo. Por exemplo, Mary Kaldor (1995) sugere que a Europa pode ser uma espécie de associação cosmopolita organizada em torno de temas, como os direitos humanos, o livre movimento de pessoas e bens, a defesa do meio ambiente etc.

Parece-nos importante atentar na reconfiguração dos Estados com base na perspectiva de Martin Carnoy (2001). Esse autor adianta a hipótese de o Estado se redefinir pela intervenção no nível da educação, funcionando esta já não como um sistema de seleção para colocar os indivíduos num mercado de trabalho estável e hierarquizado (vulgarmente designado como "fordista"), no qual os lugares que o constituem eram mais ou menos fixos, mas como um sistema de formação ao longo da vida em que o desenvolvimento das identidades ocupa um lugar central.

A educação para a ocupação de lugares bem definidos na estrutura ocupacional partia, direta ou indiretamente, da organização disciplinar do conhecimento e de sua contextualização escolar. A educação ao longo da vida de que fala Carnoy parece visar o apoio ao processo de desenvolvimento identitário dos indivíduos, baseando-se, portanto, em outro tipo de conhecimento, um conhecimento que torna as pessoas mais competentes para circular no mercado de trabalho reestruturado pelo capitalismo informacional, como lhe chama Castells (2003).

Este processo é indubitavelmente um processo de individualização/individuação,[4] em vários sentidos, como dizem Beck, Bonss e Lau (2003, p. 25):

> O sujeito já não pode ser concebido como o senhor do ambiente que o rodeia dentro de fronteiras claramente definidas. Sua ação racional já não constitui, nem garante, uma ordem social segura. Mas, paradoxalmente, o indivíduo permanece e pode tornar-se de uma forma sem precedentes um decisor fictício, o autor do seu *self* e da sua biografia. À medida que as carreiras se vão tornando imprevisíveis, maior importância é atribuída às narrativas fictícias que as impregnam de sentido, e mais essas biografias se tornam reconhecidas e esperadas. Tornam-se biografias de "auto-empregados" em todos os sentidos do termo.

É evidente que a assunção da "escola reclamada" não é um fenômeno romântico, no qual as identidades individuais e coletivas e

4 Beck (1992) faz a distinção entre individualização e individuação. A primeira refere-se ao processo pelo qual as determinações de ordem social condenam o indivíduo a suprir as suas próprias carências, ao passo que "individuação" designa o processo pelo qual o indivíduo se torna senhor (também no sentido de que não é o senhor total do processo) das suas próprias escolhas.

as culturas oprimidas reclamam a sua visibilidade social. As novas classes médias, por exemplo, reclamam uma escola que lhes permita manter uma posição de distinção e uma passagem confortável dos seus filhos para o mundo do trabalho. Aulas de reforço, escolas particulares, férias culturais, sofisticados aparelhos informáticos etc., pagos a peso de ouro, nada têm de romântico. Todavia, esta possibilidade de reclamação da escola a partir dos desígnios identitários dos indivíduos e dos grupos introduz importantes matizados aos projetos educativos atuais. Mesmo os grupos minoritários parecem ter aí interessantes campos de ação – ver, por exemplo, o projeto dos grupos *gays* para a abertura de uma escola em Nova York para pessoas com essa identidade sexual.

Ao mesmo tempo que o Estado em rede se consolida como estrutura política de base, este tipo de educação parece contribuir para uma redefinição do que é a dimensão pública da escola. A rede, fundada em fluxos de informação e conhecimento, ativa não só a privatização das necessidades educativas, como torna, de certo modo, mais públicas as necessidades educativas específicas dos diferentes grupos e das diversas identidades individuais.

Conclusão

Não se trata de fazer o elogio da fragmentação da educação em projetos incomensuráveis, mas de enfatizar o fato de a escola, e a educação em geral, estar sendo colocada nas diretrizes e nos projetos pessoais e grupais mais do que o contrário. O projeto da escola para todos, tal como foi desenhado no âmbito do projeto da modernidade e implementado de "cima para baixo" pelo aparelho estatal, parece efetivamente desenvolver-se de "baixo para cima" – quer dizer, a partir dos interesses, projetos e vontades dos indivíduos e dos grupos. Neste sentido, o "Estado em rede" e a "escola reclamada" são ao mesmo tempo um conjunto de ameaças e oportunidades. Ameaças, porque há risco da condenação dos cidadãos a tornarem-se definitivamente indivíduos (esvaziando, assim, qualquer política educativa e/ou social enquanto projeto de responsabilidade coletiva pela satisfação das necessidades individuais: o indivíduo é responsável pela sua educação, saúde, segurança etc.); oportunidades, porque permitem colocar a educação nos projetos "glocais" dos indivíduos e dos grupos.

Entre ameaças e oportunidades, não é uma quase-cidadania que parece emergir, mas uma concepção de "quase-sujeito"', como dizem Beck, Bonss e Lau (2003). Os direitos e os deveres que definem o cidadão não estão explicitamente contestados (é na retórica política dominante, em nome da cidadania e da luta contra o peso burocratizante do aparelho do Estado, que os usuários dos serviços de saúde são transformados em clientes). O que está acontecendo, a nosso ver, é que entre a individualização e a individuação se perfila outra figura molecular das atuais sociedades ocidentais, a de quase-sujeito que "é simultaneamente o resultado *e* o produtor das suas redes, situação, localização e forma" (*ibidem*, p. 25).

A "escola reclamada", assim, parece encontrar-se entre a pressão da universalidade da escola para todos, em que o conhecimento é organizado em termos de competências flexíveis e/ou transferíveis, e a particularidade das necessidades e dos projetos reflexivos dos cidadãos, portanto como um campo de importantes possibilidades de agência política.

Referências bibliográficas

BARROSO, João (org.). *A escola pública. Regulação, desregulação, privatização.* Porto: ASA, 2004.

BECK, Ulrich. *Risk society.* Londres: Sage, 1992.

BECK, Ulrich; BONSS, Wolfgang e LAU, Christoph. "The theory of reflexive modernization. problematic, hypotheses and research programme". *Theory, Culture & Society*, 20, 2, pp. 1-33, 2003.

BERNSTEIN, Basil. *Pedagogy, symbolic control and identity.* Londres: Taylor & Francis, 1996.

______. *Class, codes and control* (v. III). Londres: Routledge Kegan Paul, 1999.

______. "Das pedagogias aos conhecimentos". *Educação, Sociedade & Culturas*, 15, pp. 9-17, 2001.

CARNOY, Martin. "The role of the State in the new global economy". In: MULLER, J.; CLOETE, N. e BADAT, S. (orgs.). *Challenges of globalisation: South African debates with Manuel Castells*. Cidade do Cabo: Maskew Miller/Longman, 2001.

CASTELLS, Manuel. *A era da informação: economia, sociedade e cultura* (v. I, II e III). Lisboa: Fundação Calouste Gulbenkian, 2003.

CORREIA, José Alberto. "A educação em Portugal no limiar do século XXI: perspectivas de desenvolvimento futuro". *Educação, Sociedade & Culturas*, 2, pp. 7-30, 1994.

HARVEY, David. *The condition of postmodernity: an inquiry into the origins of cultural change*. Oxford: Basil Blackwell, 1989.

KALDOR, Mary. "European institutions, Nation-States and nationalism". In: ARCHIBUGI, D. e HELD, D. *Cosmopolitan democracy*. Cambridge: Polity Press, 1995.

MAGALHÃES, António M. e STOER, Stephen R. *Orgulhosamente filhos de Rousseau*. Porto: Profedições, 1998.

______. "A incomensurabilidade da diferença e o anti-anti-etnocentrismo". In: RODRIGUES, D. (org.). *Educação e diferença*. Porto: Porto, 2001.

______. *A escola para todos e a excelência académica*. Porto: Profedições, 2002.

______. "A reconfiguração do contrato social moderno. Novas cidadanias e educação". In: RODRIGUES, D. (org.). *Perspectivas sobre a inclusão*. Porto: Porto, 2003a.

______. "Educação, conhecimento e a sociedade em rede", *Educação, Cultura & Sociedade*, 24, 85, pp. 1179-1202, 2003b.

______. *A diferença somos nós*. Porto: Afrontamento, 2005.

PAUGAM, S. "O debate em torno de um conceito: pobreza, exclusão e desqualificação social – Resumindo o debate europeu". In: VÉRAS, M. V. B. (org.). *Por uma sociologia da exclusão social: o debate com Serge Paugam*. São Paulo: Educ, 1999.

POWER, Sally e GEWIRTZ, Sharon. "Reading education action zones". *Journal of Education Policy*, 16, 1, pp. 39-51, 2001.

RORTY, Richard. "Sobre o etnocentrismo: uma resposta a Clifford Geertz". *Educação, Sociedade & Culturas*, 13, pp. 213-224, 2000.

SANTOS, Boaventura de Sousa. *Toward a new common sense: law, science and politics in the paradigmatic transition*. Nova York: Routledge, 1995.

STOER, Stephen R.; MAGALHÃES, António M. e RODRIGUES, David. *Os lugares da exclusão social*. São Paulo: Cortez, 2004.

WALLERSTEIN, Immanuel. *Culture as the ideological battleground of the modern world system*. In: FEATHERSTONE, M. (org.). *Global culture*. Londres: Sage, 1990.

Educação especial, inclusão e política educacional: notas brasileiras

JÚLIO ROMERO FERREIRA

Doutor em Educação. Professor do Programa de Pós-Graduação em Educação da Universidade Metodista de Piracicaba – Unimep/SP

O olhar que o presente texto dirige para a educação inclusiva tem um caráter retrospectivo e problematizador. Retrospectivo na medida em que retoma os temas da educação especial presentes nas políticas públicas a partir da década de 1970, retomada julgada relevante para compreender a constituição do contexto atual na área no país. Problematizador na intenção de, ao realizar um balanço parcial das políticas desenvolvidas, apontar propostas e práticas que têm marcado o contraditório movimento associado à inserção das pessoas com necessidades educacionais especiais no espaço da escola pública brasileira, quer em nome da integração, quer em nome da inclusão. O texto tem ainda a opção de focalizar, no universo ampliado das necessidades educacionais especiais, a educação escolar das crianças e jovens com deficiência, buscando compreendê-la na história recente e nas questões de política e gestão da educação geral.

O trabalho está estruturado em quatro momentos: breve retomada das políticas públicas em educação especial no Brasil nas três últimas décadas; análise comparativa dos registros legais e políticos dos últimos anos com relação à definição do campo da educação especial e de seus alunos; exposição dos dados dos censos educacionais dos últimos anos referentes aos alunos com necessidades especiais; comentário sobre algumas questões presentes no debate atual sobre políticas de inclusão escolar.

Introdução

A educação especial brasileira concentrou-se, até os anos 1960, em iniciativas mais localizadas e, no âmbito escolar, bastante restritas às instituições especializadas, públicas ou, principalmente, privadas. As classes especiais já existiam em algumas redes públicas, mas não de forma expressiva, e acompanhavam, lentamente, a expansão do ensino primário e de seus problemas, tal como o crescente fracasso escolar nas séries iniciais.

A partir do final dos anos 1960, e de modo mais destacado nos anos 1970, as reformas educacionais alcançaram a área de educação especial sob a égide dos discursos da normalização e da integração. A educação especial constou como área prioritária nos planos setoriais de educação, após a Emenda Constitucional de 1978 e a Lei nº 5.692/71, de reforma do 1º e 2º graus, e foi contemplada com a edição de normas e planos políticos de âmbito nacional: as definições do Conselho Federal de Educação sobre a educação escolar dos excepcionais, as resoluções dos Conselhos Estaduais de Educação sobre diretrizes de educação especial, a criação dos setores de educação especial no sistemas de ensino, a criação das carreiras especializadas em educação especial na educação escolar (os professores dos excepcionais) e também no campo da reabilitação (a constituição das equipes de reabilitação/educação especial).

Nas denominadas pirâmides de integração, modelos de níveis de atendimento adequados às características dos alunos e organizados de modo que permitisse a mobilidade para espaços menos segregados, a escola e a classe especial eram indicadas como apropriadas apenas para alunos com deficiência severa, prevendo-se que a ampla maioria dos alunos considerados excepcionais tinha condições para (e deveria) ser atendida por meio de apoio aos trabalhos desenvolvidos nas classes comuns (ensino itinerante, salas de recursos e outros).

O discurso da integração e a pirâmide de serviços indicavam que 90% ou mais dos alunos considerados excepcionais deveriam ir para as classes comuns (apenas aos mais severamente comprometidos eram indicadas as classes e as escolas especiais – estas predominantemente desenvolvidas em nossa realidade como instituições privadas filantrópicas, de caráter multidisciplinar/multiprofissional, reunindo atividades de assistência, reabilitação, saúde e escolarização).

No Brasil, o contexto da época apresentava atuação preponderante das instituições especializadas, quer em termos de atendimento, quer em termos de influência na formulação de políticas setoriais do Estado. Em uma área que, apesar de passar a constar dos planos políticos, não era prioritária do ponto de vista das políticas sociais, o discurso sobre o ambiente menos restritivo e sobre o direito do convívio com os pares considerados normais acompanhou um movimento marcado, até recentemente, em termos de atendimento, pela expansão continuada das instituições filantrópicas e pela definição política e administrativa do espaço da classe especial, nas escolas regulares, como local apropriado – em relação à idéia de grupamento homogêneo e à disponibilidade de professores especializados – para abrigar os alunos considerados excepcionais ou, de algum modo, merecedores do "tratamento especial" de que falava a Lei nº 5.692/71.

Assim, o discurso da integração era marcado, contraditoriamente, por ser pronunciado desde os espaços da educação especial e pouco relacionado com o que seriam as ditas "iniciativas da escola regular". De outra parte, a visão da escola como mediação necessária e única para atingir a integração social, combinada com o enfoque tecnicista-funcionalista, transmitia uma percepção idealizada ou abstrata da educação escolar e das políticas e práticas educacionais. A expressão, comum à época, de uma "pedagogia terapêutica" talvez resumisse bem essa síntese entre a visão organicista e assistencialista, até então hegemônica, e o novo discurso da integração escolar. Só que essa escola regular convivia, na época, com uma profunda crise decorrente da ampliação do acesso às séries iniciais sem a contrapartida dos investimentos necessários.

De um lado, o caráter positivo da menção aos alunos com deficiência nas normas e documentos da educação pública; de outro, a ampliação de vagas concentrada nas instituições filantrópicas (em nome da integração possível) e, no âmbito da escola comum, dirigida à absorção, nas recém-criadas classes especiais para determinadas categorias de excepcionalidade, dos alunos egressos das classes comuns. Consolidaram-se, assim, dois espaços destacados que permaneceram hegemônicos até o final dos anos 1990: nas escolas comuns, públicas, as classes especiais para os alunos das séries iniciais, destinadas àqueles considerados deficientes mentais educáveis ou de inteligência limítrofe. Depois, com menor expressão, as salas de recursos para os deficientes sensoriais; salas essas que, como outros programas de apoio ou suporte para as classes comuns, têm constituído um espaço preservado e revalorizado nas propostas ditas inclusivas.

Nas escolas especiais, filantrópicas, os alunos considerados portadores de limitações mais evidentes e parte daqueles considerados portadores de deficiências leves: os "treináveis", os "dependentes" e uma parcela dos "educáveis" (encaminhados inclusive pelas escolas públicas regulares).

Enquanto nos países considerados referência para as políticas de integração a questão do acesso à educação como responsabilidade da escola pública já estava em grande parte encaminhada (e a questão do "ambiente menos restritivo" já se colocava a partir daí), o quadro brasileiro era de exclusão de qualquer modalidade de atendimento escolar. Em síntese: sob o discurso da integração, a ampliação do acesso deu-se de modo quase exclusivo nos espaços considerados menos apropriados para a integração escolar e social. E, nas escolas públicas regulares, de acordo com um critério questionável de "educabilidade" permitido pelas normas e com base em uma limitada justificativa da necessidade de um "trabalho de equipe", recusava-se a matrícula daquelas pessoas que mais necessitariam dos apoios considerados especializados.

As críticas que hoje se fazem à ideologia da integração cobram dela a visão de que o ensino especializado teria essa possibilidade, não antes existente, de capacitar os alunos considerados especiais para o convívio com os considerados normais, em uma escola e uma sociedade acolhedoras, já que mais aptos estariam. Tais críticas cobram, em parte, essa visão duplamente reducionista: da redução da problemática da deficiência ao âmbito da instituição escolar; e da redução da problemática educacional a certo "otimismo pedagógico especializado". Aliás, é também central a função reservada à instituição escolar nas propostas de educação inclusiva, embora com críticas centrais à visão especializada. Para Jannuzzi (2004), ambas as concepções sobre a educação do aluno com deficiência compartilham essa visão da escola como responsável primeira pela transformação do contexto social.

Nos anos 1980, dentro do processo de abertura democrática do país, destacaram-se dois movimentos diretamente relevantes para a área de educação especial: de um lado, nos estados em que a oposição foi vitoriosa, reformas educacionais da educação básica promoveram a revisão dos processos de organização, gestão e avaliação da escola pública, promovendo a criação dos ciclos e revendo o regime seriado que possibilitava a reprovação a cada série. Nesse contexto, de ampliação reforçada do acesso, de crítica às práticas de discriminação contra os alunos de baixa renda e de uma quebra, ainda que parcial, dos processos de homogeneização das turmas, criaram-se melhores condições para reduzir o fluxo de alunos das classes comuns para as classes especiais. E acumularam-se as críticas a essas classes, derivadas da revisão da postura ideológica no interior dos sistemas e do questionamento das formas de sua constituição e funcionamento com base nas pesquisas acadêmicas.

Outro momento significativo foi a mobilização em torno do processo da Constituinte, na segunda metade daquela década, até a aprovação da Constituição Federal em 1988. Naquele contexto de redemocratização, ganharam maior força e visibilidade as aspirações de grupos historicamente excluídos, entre eles o das pessoas com deficiência, cujas expectativas foram parcialmente contempladas em vários dispositivos constitucionais. Como aponta Jannuzzi (2004), já desde os anos 1950 os próprios deficientes começaram a se organizar e participar dos debates relacionados a seus problemas. E embora se argumente que sob o discurso da integração as pessoas com deficiência ficaram limitadas a uma posição passiva, adaptativa, pode-se entender que esse movimento significou também a conquista de espaços por elas, não apenas na perspectiva de "se adequarem aos modelos e soluções preestabelecidos mas, fundamentalmente, no sentido de reivindicarem respostas claras e objetivas da sociedade às suas necessidades" (Amaral, 1998, p. 54).

A década de 1990 trouxe um novo conjunto amplo de reformas estruturais e educacionais no país, inspiradas e encaminhadas por organismos internacionais e caracterizadas pelo discurso da Educação para Todos, pela focalização de investimentos no ensino fundamental e pela descentralização. Essas medidas implicaram a aceleração do processo de municipalização do ensino fundamental e a concentração de 60% dos recursos orçamentários da educação nesse nível de ensino, o que levou à expansão acentuada do acesso às séries iniciais. Tal processo de indução, associado aos programas desenvolvidos para conter a repetência (substituição do sistema seriado anual pelos ciclos), permitiu que se ampliassem as matrículas com a otimização dos recursos orçamentários, físicos e humanos já disponíveis. A focalização resultou também, pelo menos nos anos seguintes, na redução do nível de crescimento das vagas, principalmente nas redes municipais, na educação infantil e em modalidades como a educação de jovens e adultos e a educação especial.

Nesse período, cabe destacar a ampliação das referências à construção de uma escola inclusiva, das críticas aos modos consolidados de atuação da educação especial – principalmente nas escolas públicas –, e o desenvolvimento de experiências mais inovadoras de inserção educacional das pessoas com necessidades especiais nas redes municipais de ensino, sobretudo a partir da educação infantil. Ao final da década, após a aprovação da nova Lei de Diretrizes e Bases da Educação, vivia-se um claro momento de transição na área de educação especial, com novos papéis indicados para os serviços da área, porém, de todo modo, com a presença ampliada dos alunos com necessidades especiais nos diferentes espaços escolares.

O especial, o aluno, a escola

Na Constituição de 1988, o artigo 208 traz em sua formulação três referências que marcam e sintetizam, até certo grau, os pontos de discussão da área nos últimos anos (até antes da própria Constituição) que vão se reproduzir nos documentos subseqüentes (Ferreira e Glat, 2003; Glat e Ferreira, 2003).

A primeira referência – atendimento especializado – induz uma leitura de que a educação dos alunos a que se refere o artigo é responsabilidade exclusiva ou principal da área ou dos serviços de educação especial, podendo gerar atitudes de isolamento ou de falta de compromisso por parte da educação geral. Como salientou Mazzotta (1996), a vinculação necessária entre educando portador de deficiência e educação especial, estabelecendo uma relação direta entre ambos, constitui uma visão estática ou linear da questão.

A segunda referência – os portadores de deficiência – aponta para o problema de definir, no âmbito da legislação educacional, quem serão os alunos beneficiários dos serviços da educação especial (os portadores de necessidades educacionais especiais). O conceito de necessidades especiais, que busca tirar o foco das condições ditas deficientes e mostrar uma visão mais processual e educacional, pode dificultar a percepção de aspectos particulares da educação de pessoas com deficiência ou reforçar a associação entre os problemas rotineiros da escola e os serviços da educação especial.

Por fim, o termo "preferencialmente", reproduzido em todos os documentos e normas nos últimos anos. Aqui, vêm as questões acerca de como se configura e decide (e quem decide) tal preferência e sobre se rede regular de ensino é o mesmo que classe comum da escola regular. O debate sobre esse ponto foi também reforçado pela adesão do Brasil, em 2001, à Convenção Interamericana para a eliminação da discriminação contra as pessoas portadoras de deficiência, a qual admite a diferenciação das formas para assegurar a integração, mas garante a opção das pessoas com deficiência. Assim, não caberia uma legislação que condiciona o encaminhamento para os diferentes serviços às condições ou características pessoais dos alunos.

Com base nessas questões sobre quem é o aluno "especial" e qual a natureza do processo educacional a ele reservado, fez-se uma seleção de documentos e textos legais acerca do tema, buscando identificar neles como foram tratados os itens citados. Na área educacional, foram selecionadas as leis e documentos políticos mais destacados a partir da década de 1960 – inclusive porque a Lei de Diretrizes e Bases da Educação de 1961 apenas foi plenamente revogada com a edição da LDB de 1996 (tal como a Lei nº 5.692/71). Aqui foi também examinada a Declaração de Salamanca, como principal referência internacional. No âmbito da legislação mais ampla, do mesmo período, referente aos direitos das pessoas com deficiência, foram consideradas a Emenda Constitucional nº 2, de 1978, a Constituição de 1988 e a Lei nº 7.853/89 (bem como o Decreto que a regulamentou, em 1999).

Os destaques dos referidos documentos são apresentados no Quadro I, separados de acordo com a natureza das fontes consultadas e organizados segundo os itens: atendimento educacional (especializado), para quem (alunado), onde (lócus, espaço institucional).

Com base em dispositivos constitucionais ou outras normas de caráter mais amplo, dirigidos aos direitos das pessoas com deficiência (denominadas "os deficientes" em 1978, "os portadores de..." em 1988, "as pessoas portadoras de..." em 1989), desdobra-se a legislação educacional, dirigindo-se a uma população de alunos não constituída necessariamente apenas daqueles classificados como deficientes, mas que com eles compartilham, em tese, algumas demandas educacionais ditas especializadas ou adaptadas.

Habitualmente, os documentos gerais sobre a deficiência não se referem à área de condutas típicas ou problemas de conduta quando nomeiam quem é considerado deficiente ou quem, mesmo não sendo assim considerado, necessita de apoio especial. Na área educacional, a categoria tende a aparecer, não em todos os documentos, e separada do conjunto das deficiências.

Quanto ao conjunto das necessidades educacionais especiais, os documentos tendem a manter as referências tradicionais a deficiência, condutas típicas e superdotação, não estando ainda claro como as novas categorias da Resolução de 2001 do CNE serão entendidas ou explicitadas nas normas internas dos sistemas de ensino. De todo modo, é pouco provável que normas específicas da educação especial, mesmo ampliando o conceito de necessidades especiais, venham a abranger a ampla população da Declaração de Salamanca.

Sobre a definição da educação especial ("educação de excepcionais" em 1961, "tratamento especial" em 1971, "educação especial" em 1978) como modalidade de educação escolar, Bueno *et al.* (2003)

Quadro I - Referências documentais sobre o direito à educação das pessoas com deficiência.

Documento de referência	Atendimento educacional (especializado)	Para quem (alunado)	Onde (*locus*, espaço institucional)
Emenda Constitucional nº 12, de 1978	Educação especial gratuita	Os deficientes	-------
Constituição Federal de 1988	Atendimento educacional especializado	Portadores de deficiência	Preferencialmente na rede regular de ensino
Lei nº 7.853, de 1989 (Lei da integração)	Inclusão no sistema educacional da educação especial como modalidade educativa	Pessoas portadoras de deficiência	Inserção no sistema educacional das escolas privadas e públicas; Matrícula compulsória em cursos regulares – pessoas capazes de se integrar
Decreto nº 3.298, de 1999 (Regulamenta a Lei nº 7.853)	Educação especial: modalidade de educação escolar oferecida preferencialmente na rede regular de ensino para educandos com necessidades educacionais especiais, entre eles o portador de deficiência	Pessoas portadoras de deficiência: deficiência física, auditiva, visual, mental e múltipla	Programas de apoio para o aluno que está integrado no sistema regular ou em escolas especializadas, exclusivamente quando a educação das escolas comuns não puder satisfazer as necessidades educativas ou sociais do aluno ou quando necessário ao bem-estar do educando
Declaração de Salamanca - 1994	Escola integradora	Todas as crianças e jovens cujas necessidades decorrem de sua capacidade ou de suas dificuldades de aprendizagem: crianças com deficiência e crianças bem dotadas; crianças que vivem nas ruas e trabalham; crianças de populações distantes ou nômades; crianças de minorias lingüísticas, étnicas ou culturais, e crianças de outros grupos ou zonas desfavorecidos ou marginalizados	Ênfase nas classes comuns As boas escolas especiais já existentes como centros de referência e apoio Escolarização em escolas ou classes especiais de caráter permanente, exceção apenas recomendável nos casos pouco freqüentes nos quais se demonstre que a educação nas classes comuns não pode satisfazer as necessidades educativas ou sociais da criança, ou quando necessário para o bem-estar da criança ou de outras crianças. Exceção: educação de surdos e cegos-surdos mais conveniente em escolas ou classes especiais.

(continua)

(continuação)

Documento de referência	Atendimento educacional (especializado)	Para quem (alunado)	Onde (*locus*, espaço institucional)
LDBEN nº 4.024/61	Educação de excepcionais	Excepcionais	A educação dos excepcionais deve, no que for possível, enquadrar-se no sistema geral de educação
Lei nº 5.692/71 (Diretrizes para o 1º e 2º graus)	Tratamento especial	Alunos que apresentem deficiências físicas ou mentais, os que se encontrem em atraso considerável quanto à idade regular de matrícula e os superdotados	Conforme normas a serem fixadas pelos Conselhos de Educação
Política Nacional de Educação Especial - MEC/1994	Educação especial: processo que visa promover o desenvolvimento das potencialidades das pessoas portadoras de deficiência, condutas típicas ou de altas habilidades, e abrange os diferentes níveis e graus do sistema de ensino	Aquele que, por apresentar necessidades próprias e diferentes dos demais alunos no domínio das aprendizagens correspondentes à sua idade, requer recursos pedagógicos e metodologias educacionais específicos. Genericamente chamados de portadores de necessidades educacionais especiais, classificam-se em: portadores de deficiência (mental, visual, auditiva, física, múltipla), portadores de condutas típicas (problemas de conduta) e portadores de altas habilidades (superdotados)	Diretrizes: apoiar o sistema regular de ensino para a integração; estimular a parceria com ONGs especializadas
LDBEN nº 9.394/96	Atendimento educacional especializado gratuito	Educandos com necessidades especiais	Preferencialmente na rede regular de ensino Em classes, escolas ou serviços especializados, sempre que, em função das condições específicas dos alunos, não for possível sua integração nas classes comuns

(continua)

(continuação)

Documento de referência	Atendimento educacional (especializado)	Para quem (alunado)	Onde (*locus*, espaço institucional)
Diretrizes Nacionais para a Educação Especial - CNE/2001	Educação especial: modalidade da educação escolar – recursos e serviços para apoiar, complementar, suplementar e, em alguns casos, substituir os serviços educacionais comuns	Educandos com necessidades educacionais especiais: I - dificuldades acentuadas de aprendizagem ou limitações no processo de desenvolvimento que dificultem o acompanhamento das atividades curriculares; dois grupos: aquelas não vinculadas a uma causa orgânica específica e aquelas relacionadas a condições, disfunções, limitações ou deficiências; II - dificuldades de comunicação e sinalização diferenciadas dos demais alunos, demandando a utilização de linguagens e códigos aplicáveis; III - altas habilidades/superdotação, grande facilidade de aprendizagem que os leve a dominar rapidamente conceitos, procedimentos e atitudes.	O atendimento deve ser realizado em classes comuns, em qualquer etapa ou modalidade da educação básica Classes especiais: podem ser criadas extraordinariamente para atendimento em caráter transitório a alunos que apresentem dificuldades acentuadas de aprendizagem ou condições de comunicação e sinalização diferenciadas e demandem apoios intensos e contínuos Escolas especiais: para atender, em caráter extraordinário, alunos que requeiram atenção individualizada nas atividades de vida autônoma e social; recursos, ajudas e apoios intensos e contínuos; adaptações curriculares tão significativas que a escola comum não consiga prover

(continua)

(continuação)

Documento de referência	Atendimento educacional (especializado)	Para quem (alunado)	Onde (*locus*, espaço institucional)
Plano Nacional de Educação - 2001	Educação especial	Pessoas com necessidades especiais no campo da aprendizagem, originadas quer de deficiência física, sensorial, mental ou múltipla, quer de características como altas habilidades, superdotação ou talentos	Integração/inclusão no sistema regular de ensino, e, se isso não for possível em função das necessidades do educando, realizar o atendimento em classes e escolas especializadas Redimensionar, incrementando se necessário, as classes especiais, salas de recursos e outras alternativas... de forma que apoie a integração em classes comuns As escolas especiais devem ser enfatizadas quando as necessidades dos alunos assim o indicarem e devem ter seu regulamento ampliado para prestar apoio e orientação aos programas de integração, além do atendimento específico

chamam a atenção para o fato de ser esta a única modalidade que perpassa todos os níveis de ensino (do infantil ao superior) e as demais modalidades (educação a distância, educação de jovens e adultos, educação profissional, educação indígena), peculiaridade que pediria mais reflexões.

No que se refere ao espaço ou lócus da educação escolar desses alunos, percebe-se que se vai constituindo nos documentos, ao longo do tempo, a ênfase no ensino regular e, depois, nas classes comuns, sem quebrar a idéia da antiga pirâmide (diferentes serviços e apoios para alunos com características distintas). Assim é que a expressão "no que for possível", de 1961, referindo-se ao sistema geral de educação, evolui para o "preferencialmente" na rede regular de ensino dos últimos anos. Quanto à indicação de encaminhamento para classes ou escolas especiais, ela é feita em "caráter extraordinário", em função das necessidades do educando. Essa ênfase típica dos últimos anos é menos nítida no texto do Plano Nacional de Educação de 2001, que não denota uma visão restritiva da utilização de classes e escolas especiais. Nele, inclusive, prevê-se o incremento de classes especiais como estratégia para apoiar a integração em classes comuns – associação que não parece tão lógica, independentemente de se considerar que os sistemas de ensino possam precisar de classes ou escolas especiais caso efetivamente se dispuserem a dar atendimento educacional a todas as pessoas.

Em síntese, parece cruzar os documentos a idéia de atribuir ao campo da educação especial a responsabilidade maior pela educação do aluno com deficiência (ou com necessidades educacionais especiais), sendo a opção pelos serviços definida fundamentalmente com base nas condições ou características pessoais dos alunos, mesmo com o aumento da ênfase na classe comum, mesmo com a atualização das categorias e dos rótulos.

O acesso à escola: os números, as opções

A despeito do significativo aumento de matrículas em educação especial nos últimos anos, a área é marcada pelas carências de vagas, de recursos orçamentários, de instalações apropriadas, de docentes capacitados.

No Censo de 2003, foram registradas cerca de 500 mil matrículas de alunos com necessidades especiais no universo de cerca de 55 milhões de matrículas na educação básica. Esse percentual de cerca de 0,9% certamente está muito aquém da demanda que, se não é equivalente aos 10% citados em alguns documentos oficiais, sem dúvida não é próxima de 1%. O Censo Demográfico do IBGE, de 2000, estimou em 4,3% da população as crianças e jovens com deficiência na faixa de 0 a 17 anos.

Sobre recursos orçamentários, o exemplo da União: as despesas com educação especial corresponderam aos seguintes percentuais do total de despesas com educação: 0,4% em 2000, 0,3% em 2001, 2002 e 2003. Por esses números percebe-se a distância a percorrer, pelo menos no âmbito da União, para alcançar os 5% indicados no Plano Nacional de Educação.

Em 2002, apenas 3.612 dos 5.560 municípios brasileiros (65% do total) registraram matrículas de alunos com necessidades especiais, nas diferentes modalidades de serviços existentes. Em grande parte desses municípios com matrículas registradas, o atendimento é compartilhado com a Associação de Pais e Amigos dos Excepcionais (Apae) ou de responsabilidade exclusiva dela. A Associação, fundada na década de 1950, tinha em 1994 cerca de mil instituições; em 2004, já eram cerca de duas mil, atendendo aproximadamente 230 mil pessoas, mantendo atuação destacada no desenvolvimento de programas próprios, no planejamento e na implementação das políticas públicas (Ferreira, 2004).

O Censo de 2002 mostrou que os estados do Sul e do Sudeste apresentaram maior concentração em escolas e classes especiais (75 e 63%), em comparação com salas comuns com e sem apoio. Na mesma comparação, Nordeste, Centro-Oeste e Norte mostraram 50, 44 e 31%, respectivamente. Uma explicação para esses percentuais, ao menos parcial, estaria na concentração de escolas especiais filantrópicas nas duas primeiras regiões.

As tabelas que se seguem apresentam dados selecionados dos últimos censos educacionais sobre matrículas em educação especial no país, em escolas regulares e especiais.

A Tabela 1 traz quadro comparativo das matrículas de 1998 e 2003, segundo a dependência administrativa e a modalidade de atendimento.

TABELA 1 – Número de matrículas em educação especial no Brasil, em 1998 e 2003, segundo a dependência administrativa (estadual, municipal, privada) e a modalidade de atendimento (classe comum, escola/classe especial)

		1998		2003	
Dependência administrativa	Modalidade de atendimento	Matrículas	% (por dependência)	Matrículas	% (por dependência)
Estadual	Cl. comum	23.352	20,2	54.363	41,8
	Esc./cl.esp.	91.959	79,8	76.144	58,2
Municipal	Cl. comum	18.462	29,2	82.207	56,8
	Esc./cl.esp.	44.693	71,8	62.312	43,2
Privada	Cl. comum	2.083	1,3	7.925	3,5
	Esc./cl.esp.	155.879	98,7	219.810	96,5
Total Brasil	Cl. comum	43.897	13,0	144.495	28,7
	Esc./cl.esp.	292.531	87,0	358.266	71,3

Fonte: Censo Preliminar 2003 - MEC/Inep e Seesp
(não incluída a rede federal com cerca de 800 alunos)*

Os dados de 2003 confirmam a tendência dos últimos censos de pequeno crescimento de vagas nas redes estaduais no período (13%, com transferência de matrículas de classes e escolas especiais para as classes comuns), de crescimento destacado de vagas nas redes municipais (125% no período, ultrapassando em 2003 o número de alunos matriculados nas redes estaduais, respondendo por quase 60% das vagas nacionais em classes comuns) e de crescimento contínuo das matrículas nas escolas especiais privadas (aumento de 45% no período). Em síntese: aumento significativo do total de vagas no período (64%) e do acesso às classes comuns da escola regular, mantendo sem alterações expressivas a cota de participação das escolas especiais filantrópicas.

As tabelas restantes foram construídas com base nas Sinopses Estatísticas do Censo de 2003 e mostram pequenas diferenças de alguns dados com relação ao Censo Preliminar utilizado para elaborar a Tabela 1. Na Tabela 2, é mostrado o número de matrículas de acordo com o nível/modalidade de ensino e o tipo de serviço educacional.

TABELA 2 – Número de matrículas de alunos portadores de necessidades educativas especiais, em classes comuns com sala de recursos, classes comuns sem sala de recursos, escolas exclusivamente especializadas e classes especiais em escola regular, por nível/modalidade de atendimento, em 26/3/2003

Modalidade/Nível de atendimento	Classes comuns, com sala de recursos	Classes comuns, sem sala de recursos	Escolas exclusivamente especializadas	Classes especiais em escola regular	Total
Creche/Estimulação precoce	468	1.375	29.667	1.506	33.016
Pré-escola	2.711	7.732	48.851	4.696	63.990
Classe alfabetização	126	588	21.310	6.181	28.205
Fundamental	56.784	63.027	126.212	63.655	309.678
Médio	1.065	3.376	1.164	335	5.940
EJA/Supletivo	2.536	5.200	16.452	2.369	26.557
Ed. profissional	76	77	36.232	268	36.653
Total Brasil	63.766	81.375	279.888	79.010	504.039

Fonte: MEC/Inep, Sinopse, 2003.

Sessenta e um por cento dos alunos estavam matriculados no ensino fundamental, principalmente nas séries iniciais, pouco mais de um terço deles nas classes comuns, com ou sem apoio. No ensino médio, foram registradas apenas 5.940 matrículas em um universo de cerca de nove milhões de estudantes.

Nos demais níveis e modalidades, sabe-se que as matrículas são bastante concentradas nas escolas especiais, embora não tenha sido possível atualizar os dados apenas com a Sinopse de 2003. No Censo de 2002, as escolas especiais privadas detinham 80% das matrículas de educação especial em creches, 80% do atendimento em pré-escolas, 82% nas classes de aceleração, 84% no supletivo e o mesmo percentual na educação profissional. Ou seja: a expansão de matrículas das escolas públicas está bastante concentrada nas séries iniciais do ensino fundamental, sem progressão para o ensino médio e deixando para as crianças até 6 anos e para os jovens e adultos a opção entre as instituições filantrópicas e o não-atendimento.

Na Tabela 3, são apresentadas novamente as matrículas por tipo de serviço ou modalidade de atendimento, destacando as categorias de necessidades especiais atendidas em cada caso.

TABELA 3 – Número de matrículas de alunos portadores de necessidades educacionais especiais, em escolas exclusivamente especializadas ou classes especiais em escola regular, em classes comuns com sala de recursos e em classes comuns sem sala de recursos, por tipo de necessidade educacional especial, em 26/3/2003

Necessidades educacionais especiais/Modalidade	Escolas especializadas e classes especiais da rede regular	Classes comuns, com sala de recursos	Classes comuns, sem sala de recursos
Visual	9.464	3.951	10.770
Auditiva	36.242	8.772	11.010
Física	12.316	2.132	10.210
Mental	211.110	19.084	21.312
Múltipla	54.643	2.461	5.179
Altas hab./ superdotados	752	457	466
Port. condutas típicas	10.890	2.350	3.618
Outros	23.481	24.559	18.810
Total Brasil	358.898	63.766	81.375

Fonte: MEC/Inep, Sinopse, 2003.

Os alunos com deficiência física estão igualmente distribuídos entre as escolas/classes especiais e as classes comuns. Os alunos com deficiência visual estão mais presentes nas classes comuns. Os alunos com deficiência auditiva estão mais presentes nas classes e escolas especiais (duas vezes mais). Já os alunos com deficiência mental e múltipla, assim como aqueles com condutas típicas, estão claramente concentrados nas escolas e classes especiais. Chama a atenção a categoria "Outros", que corresponde a 13% do total das matrículas e a 40% das matrículas em classes comuns com sala de recursos. Seriam alunos não formalmente classificados nas categorias tradicionais? Não é possível elucidar a dúvida apenas com base na Sinopse.

A Tabela 4 refere-se exclusivamente às matrículas em escolas e classes especiais, informando a faixa etária dos alunos de acordo com os diferentes níveis/modalidades de ensino. Informação similar sobre as classes comuns não está disponível na Sinopse.

TABELA 4 – Número de matrículas de alunos portadores de necessidades educativas especiais, em escolas exclusivamente especializadas ou classes especiais em escola regular, por modalidade/nível de atendimento, segundo a faixa etária, em 26/3/2003

Modalidade/ Nível de ensino	Creche/ Estim. precoce	Pré-escola	Classe alfabet.	Ensino fundam.	Ensino médio	EJA/ Supletivo	Ed. profis.	Total
Faixa Etária								
0 a 3 anos	18.173	1.776	152	4	-	-	1	20.106
4 a 6 anos	6.856	20.206	1.339	936	-	22	20	29.379
7 a 14 anos	4.181	20.337	13.811	110.035	1	156	215	148.736
15 a 17 anos	767	4.673	4.695	33.015	297	4.642	6.349	54.438
+ de 17 anos	1.196	6.555	7.494	45.877	1.201	14.001	29.915	106.239
Total	31.173	53.547	27.491	189.867	1.499	18.821	36.500	358.898

Fonte: MEC/Inep, Sinopse, 2003.

Os dados da tabela acima permitem complementar a visão fornecida pela Tabela 2, quanto aos níveis/modalidades. Considerando a informação já apresentada da grande concentração das matrículas na faixa de 0 a 6 e após os 14 anos nas instituições especializadas, é possível depreender que, além da insatisfatória cobertura por nível de ensino, o problema é agravado pela precária cobertura na faixa de 0 a 6 anos. Quando se tomam as matrículas apenas por nível, não se percebe a distorção existente quando se considera a faixa etária; ou seja, dos alunos matriculados na pré-escola, cerca de 40% têm de 7 a 14 anos e 20% têm mais de 15 anos; e dos alunos matriculados no ensino fundamental quase 50% estão acima de 15 anos. Seria relevante compreender, nessa situação, como estão sendo organizados os níveis e modalidades nos serviços especializados.

Contexto, perspectivas, desafios

Neste quarto momento do trabalho, são analisadas algumas questões presentes no contexto atual e indicados outros desafios que tendem a continuar na agenda da área. Como introdução, são recuperados dois estudos realizados em âmbito nacional para mapear, em um caso, as normas regionais vigentes sobre educação especial; em outro, as propostas políticas e ações desenvolvidas nas diferentes regiões.

Em 2003, um grupo de pesquisadores (Bueno *et al.*, 2003) realizou pesquisa encomendada pelo Grupo de Trabalho em Educação Especial da Associação Nacional de Pesquisa e Pós-Graduação em Educação (Anped), para avaliar os documentos normativos em vigor e em discussão nos diferentes estados e regiões do país, na área de educação especial. O roteiro para análise das políticas estaduais visava identificar os fundamentos da política de cada estado (princípios e diretrizes) e a normatização de tal política, em termos de conceituação de educação especial e seus alunos, de abrangência, da estrutura de atendimento, dos serviços de apoio, dos professores e da educação profissional. Os documentos mais consultados foram pareceres dos Conselhos Estaduais de Educação e as correspondentes normas ou resoluções das secretarias.

O estudo constatou que todos os estados já haviam aprovado normas após a LDB de 1996, a maioria deles já incorporando indicações da Resolução de 2001 do CNE, mas vários ainda incluíam como referência documentos mais antigos, como a Política de Educação Especial de 1994. Verificou-se que: (1) com relação à estrutura organizacional de atendimento, há inúmeras alternativas, com ênfase no ensino regular; (2) não há distinção clara, na maioria das vezes, entre os serviços de apoio (salas de recursos e outros), nem integração entre os trabalhos do professor especializado e do professor da classe comum; (3) há referências recorrentes a flexibilização curricular, adaptações e terminalidade específica, mas sem muita clareza dos parâmetros e significado desses processos.

Em outro estudo realizado em 2003, solicitado pelo Banco Mundial no contexto da Oficina de Educação Inclusiva realizada em conjunto com a prefeitura do Rio de Janeiro, Glat e Ferreira analisaram o panorama da educação inclusiva no Brasil. Utilizaram como fontes de dados, entre outros, documentos vinculados às secretarias estaduais e municipais de educação e os relatos escritos de representantes dessas secretarias que participaram da Oficina (quinze estados, o Distrito Federal e doze capitais, seis das quais representando outros estados).

Em suas conclusões, o estudo aponta, sobre os suportes existentes para a educação inclusiva: (1) quanto às condições legais, um aparato satisfatório na esfera da União e ampla variabilidade nas esferas regionais – estados e municípios; (2) quanto às políticas públicas, registram-se projetos sociais sobre o tema, mas não se percebe maior articulação ou coerência entre as experiências de inclusão escolar e demais aspectos da administração pública; (3) quanto às práticas escolares inclusivas, a maioria das experiências indica que a inclusão é iniciativa e competência da área de educação especial, mantendo a idéia de sistemas paralelos; (4) quanto às condições de materialização, destaca-se como desafio a formação dos professores e gestores para o processo de inclusão, bem como as demais carências que marcam a escola pública básica no país.

A pauta de discussões em curso sobre legislação e política educacional mostra alguns aspectos relevantes para a educação especial (e, também, para a educação inclusiva). Estados e municípios têm discutido e aprovado os seus planos de educação, a partir do Plano Nacional de Educação de 2001 – um processo que poderá fornecer elementos para a compreensão mais ampla do quadro nacional, em termos de diagnóstico e perspectivas.

Quanto às diretrizes para a educação especial na educação básica, cabe lembrar que a Resolução de 02/2001 do CNE abordou o tema da organização dos sistemas de ensino, esperando manifestações posteriores do mesmo Conselho sobre a formação do professor. Num primeiro momento, diretrizes editadas em 2002 para a formação de professores da educação básica incluíram o tema das necessidades educacionais especiais nos conteúdos curriculares exigidos para todos os cursos no país. Entre os conhecimentos previstos para a constituição de competências do professor, estão os relacionados a "crianças, jovens e adultos, aí incluídas as especificidades dos alunos com necessidades educacionais especiais e as das comunidades indígenas". Até então, prevalecia uma recomendação do Ministério, de 1994, de introdução de conteúdos ou práticas sobre educação especial nos diversos cursos de nível superior, que não foi contemplada pela ampla maioria dos cursos, como demonstraram pesquisas a esse respeito.

Mais recentemente, foram finalmente aprovadas pelo CNE as diretrizes curriculares do curso de pedagogia, com ênfase no exercício na docência na educação infantil e nos anos iniciais do ensino fundamental. A questão das necessidades educacionais especiais é citada no rol de competências esperadas do futuro professor e nas possíveis atividades complementares desenvolvidas pelo curso. Assim, parece superado o modelo, ainda utilizado em algumas instituições de ensino superior, de formar o professor especializado em educação especial (ou alguma área específica desta) já na graduação inicial em pedagogia. De todo modo, espera-se do CNE a definição das diretrizes para a formação do professor especializado em educação especial, a qual deveria ocorrer após a definição da área de pedagogia, segundo informações do MEC.

Outra questão destacada nas discussões é a do financiamento da educação básica. A partir de 2004 entrou na pauta uma proposta de revisão do Fundo de Desenvolvimento do Ensino Fundamental (Fundef), de modo que lhe permite contemplar toda a educação básica, em seus diferentes níveis e modalidades. Pela proposta apresentada pelo MEC, ora em discussão no Congresso, seria mantido um fundo único para a educação básica (Fundeb), ampliando/redistribuindo os recursos do Fundef, para cobrir a educação infantil (de 0 a 6 ou de 4 a 6 anos), o ensino fundamental e o ensino médio. Segundo entendimento do MEC, a proposta permitiria assegurar a universalização do acesso e aumentar o piso salarial dos professores.

No que se refere aos salários dos professores, a desigualdade regional diminuiu com o Fundef, mas os níveis salariais ainda são muito baixos. Estudo realizado pela Unesco em 2002 mostrou o Brasil em antepenúltimo lugar no quesito remuneração dos professores do ensino básico, em um conjunto de 38 países desenvolvidos e em desenvolvimento.

Reforçando a linha de defesa da ampliação do financiamento para toda a educação básica, Cury (2002, p. 180) argumenta que "a qualidade da educação básica [...] não é exclusiva ou privativa de nenhuma de suas etapas e/ou modalidades". Ainda comentando sobre a focalização e o processo de centralização de concepção e descentralização da execução, critica o autor:

> [...] contudo, o repasse de responsabilidades entre os escalões de poderes públicos sem o devido sustentáculo financeiro acaba por significar a redução na capacidade de atendimento da demanda. No âmbito da educação básica, há sérios comprometimentos no interior da educação infantil e da educação de jovens e adultos. Esses comprometimentos conduzem a que os espaços que deveriam ser ocupados, por dever, pelo Poder Público, tornem-se apropriados pelo setor privado, especialmente por meio de parcerias, convênios ou terceirizações. (*Ibidem*)

Ainda quanto ao possível novo Fundo, há a expectativa com relação a uma possível inclusão das escolas especiais filantrópicas, revendo o princípio de reservá-lo apenas para o ensino público. Esse aceno foi feito por integrantes do Governo Federal no final de 2003, quando o presidente da República vetou essa alteração do Fundef proposta pelo Congresso Nacional e, mais tarde, editou medida provisória que alocava recursos de outras fontes para as instituições.

Apresentada uma parte do cenário, voltam as indagações sobre os desafios para buscar construir a inclusão em uma escola excludente e, mais até, construir uma escola inclusiva em uma sociedade excludente.

Como aspectos positivos do contexto atual, têm-se o inegável êxito conseguido na ampliação do acesso às séries iniciais do ensino fundamental nos últimos anos e, nela, a ampliação do acesso dos alunos com deficiência às escolas da rede pública.

Destaca-se, doutra parte, a evidência, atestada inclusive pelos organismos internacionais, de que a expansão quantitativa não se fez acompanhar por um crescimento do desempenho acadêmico dos alunos. Já em 1999, Ferraro mostrava como a ampliação do acesso ao ensino fundamental era acompanhada por processos de ampliação da exclusão dos alunos no interior da escola. Hoje, os exames de avaliação de desempenho acadêmico têm revelado que 40 a 50% dos alunos da 4ª série do ensino fundamental não sabem ler (necessidades educacionais especiais?). As políticas implementadas parecem ter dado conta, em grande medida, do acesso às séries iniciais, mas não visaram ou não obtiveram resultados relevantes em relação à continuidade e qualidade do processo educacional.

Quanto aos programas compensatórios no interior da escola, assiste-se ao surgimento de novas formas de organização após a criação dos ciclos. No estado de São Paulo, completou-se em 2001 a primeira etapa dos ciclos de quatro anos implantados em 1998. Estudos mostraram, no interior do estado, em 2002, que os egressos das classes especiais em processos de desativação foram matriculados em novas turmas compostas por eles e por egressos dos programas de recuperação de ciclo, em 5ªs séries distintas das demais e com funcionamento separado previsto para as séries subseqüentes.

No âmbito mais específico da educação especial, outras pesquisas demonstraram como as classes de apoio ou salas de recursos podem se tornar novas classes especiais, autônomas, reforçando outra vez os vínculos entre o fracasso escolar, a educação especial e a discriminação. Em 1998, comentando as classes especiais, Amaral apontava o problema da inclusão marginal, do excluir-se para incluir, mas incluindo de outro modo.

Outra indagação de difícil resposta questiona a possibilidade de construir uma escola inclusiva em uma sociedade excludente, em um país com a quarta ou quinta pior distribuição de renda no mundo e com mais de 50 milhões de habitantes abaixo da linha de pobreza. As atuais propostas de inclusão, como as anteriores de integração, mesmo em tempos de globalização, chegam a um país particular com uma história própria, peculiar, de políticas sociais; sem história de estado de bem-estar social e sem respostas dignas para as carências da população pobre e, nela, para as pessoas com deficiência.

Uma primeira e mais evidente hipótese é que, com as atuais relações sociais e políticas públicas vigentes, a exclusão social, especialmente dos grupos mais vulneráveis, tende a reforçar as políticas assistencialistas e privatizantes, dificultando e, até certo ponto, limitando de forma significativa as possibilidades da escola pública.

É possível quebrar em parte a grande dependência que as famílias e o poder público têm com relação às instituições filantrópicas, de modo que assegure a "preferência" pelo ensino regular e o fomento prioritário para as escolas públicas regulares, de que fala a LDB? Para as famílias pobres, a instituição é, em quase um terço dos municípios brasileiros, a opção disponível para o atendimento das necessidades de saúde, assistência e educação de seus filhos com deficiência. É previsível que a possibilidade de acesso à escola comum e a outros serviços públicos dependa da articulação de políticas sociais de educação, saúde, renda, emprego, seguridade, que revertam a perspectiva atual. No que se refere às pessoas com deficiência, mais especificamente, permanece o desafio para o poder público e, em parte, para a sociedade civil, de superar a visão de que a educação dessas pode estar bem resolvida apenas com o repasse da responsabilidade e de recursos financeiros – do Estado para as organizações não-governamentais.

Nossa escola especial típica recebe as múltiplas demandas da população deficiente e pobre, da infância à idade adulta, até porque não há equipamentos ou programas sociais públicos que atendam a essas necessidades. Essas escolas ou instituições têm se reorganizado e reavaliado a partir da LDB, até independentemente da questão da inclusão. A lei prevê apoio técnico-financeiro pelo poder público apenas para instituições com atuação exclusiva em educação especial. Além disso, é bastante clara na definição das atividades que podem ser consideradas de manutenção e desenvolvimento do ensino, passíveis portanto de apoio financeiro. Outro ponto indicado que vem sendo desdobrado nas diretrizes de estados e municípios é a exigência de que as instituições especializadas se organizem como escolas, por níveis de ensino, com requisitos para criação e funcionamento similares aos de uma escola comum.

Acresce que não só a educação mas também as áreas de saúde e assistência social têm sofrido alterações significativas nas formas de financiamento e na definição de responsabilidades da União, estados e municípios. Há, assim, uma fase de transição e um redesenho dos espaços da educação especial a serem possivelmente assumidos pelas diferentes instituições envolvidas; mudanças nas práticas por elas desenvolvidas e nas relações entre elas.

Assim é que, na avaliação e implementação das políticas públicas para a área, não basta considerar apenas o que acontece na rede pública. Há questões que mereceriam discussão, no novo cenário: como estão se dando as relações entre a educação especial e o ensino regular, entre as escolas regulares e as instituições especializadas?

A "escolarização" do trabalho da instituição especializada, a par de significar uma ampliação possível da qualidade do trabalho com seus alunos e de ampliar potencialmente as possibilidades de avaliação pelos sistemas públicos de ensino, não diminui sua possibilidade de trabalhar em uma perspectiva inclusiva? Em outras palavras, a transformação em escola não reduz a motivação para encaminhar os alunos para outras escolas?

No estudo das políticas localizadas nos municípios, é bastante provável que os pequenos municípios mantenham as redes de relações tradicionais entre o poder público e as organizações filantrópicas. Já nos municípios de porte médio e grande, o sistema de ensino público tem desenvolvido suas próprias redes de atendimento, já com base no acolhimento de parte das redes estaduais; e parece estar desenvolvendo propostas mais autônomas no interior da escola pública. Ao democratizar o acesso à escola pública, sob influência das políticas de inclusão, as redes públicas assumem de modo mais efetivo o compromisso com a inserção de alunos com necessidades especiais. Acresce que as próprias pessoas com deficiência e suas famílias têm procurado mais a escola pública, exigindo seus direitos. Aqui, é previsível que o setor público e o privado entrem em disputa pelos mesmos escassos recursos das secretarias de educação. Embora as filas de espera produzidas pela demanda reprimida sejam enormes, tanto para as escolas regulares quanto para as instituições, é pouco provável que surjam recursos orçamentários suficientes para atender a todos. O registro se faz não na intenção de avaliar o trabalho prestado pelas instituições, mas de apontar o desafio de assegurar, em tempos de escassez, o que promete o artigo 60 da LDB, de que o sistema público de ensino regular deve priorizar a expansão de seus próprios serviços, independentemente da continuidade do apoio financeiro às instituições filantrópicas. Prioridade que parece constituir um mínimo esperado de compromisso da escola pública. Desafio cuja relevância está nas palavras de Jannuzzi (2004, p. 21): "A escola tem papel importante e, mesmo com as condições adversas do contexto econômico-político-ideológico, tem função específica, que, exercida de forma competente, deve possibilitar a apropriação do saber por todos os cidadãos".

É nessa perspectiva que a proposta de educação inclusiva adquire maior relevância, por enfatizar as possibilidades de formação de todos e por dificultar que a escola pública básica se sinta confortável ao transferir sua responsabilidade para outros. A escola não se torna inclusiva ou democrática apenas porque amplia o acesso ou porque matricula alunos com deficiência em classes comuns. De outra parte, não há como esperar que ela se torne um espaço ideal, sem os alunos, para apenas depois os matricular.

Referências bibliográficas

AMARAL, Lígia. "Incluir para quê?" *Temas sobre Desenvolvimento,* 7(39), São Paulo: Memnon, 1998, pp. 52-55.

BUENO, José G. S. *et al. Políticas regionais de educação especial no Brasil.* Trabalho apresentado na XXVI Reunião Anual da Anped. Águas de Lindóia, 2003. (Disponível em http://www.anped.org.br)

CURY, Carlos R. J. "A educação básica no Brasil". *Educação e Sociedade*, 23(80). Campinas: Cedes, 2002, pp. 169-201.

FERRARO, Alceu R. "Diagnóstico da escolarização no Brasil". *Revista Brasileira de Educação*, 2(4). São Paulo: Anped, 1999, pp. 11-18.

FERREIRA, Júlio R. "Políticas públicas e universidade: uma avaliação dos 10 anos da Declaração de Salamanca". In: OMOTE, S. (org.). *Inclusão: intenção e realidade*. Marília: Unesp/Fundepe, 2004, pp. 11-36.

FERREIRA, Júlio R. e GLAT, Rosana. "Reformas educacionais pós-LDB: a inclusão do aluno com necessidades especiais no contexto da municipalização". In: SOUZA, D. B. e FARIA, L. C. M. (orgs.). *Desafios da educação municipal*. Rio de Janeiro: DP&A, 2003, pp. 372-390.

GLAT, Rosana e FERREIRA, Júlio R. *Panorama nacional da educação inclusiva no Brasil*. Relatório elaborado para a Oficina de Educação Inclusiva/Banco Mundial, 2003. Disponível em http://www.cnotinfor.pt.

JANNUZZI, Gilberta S. M. "Algumas concepções de educação do deficiente". *Revista Brasileira de Ciências do Esporte*, 25(3). Campinas: CBCE/Autores Associados, 2004, pp. 9-26.

MAZZOTTA, Marcos J. S. *Educação especial no Brasil: história e políticas públicas*. São Paulo: Cortez, 1996.

UNESCO. *Declaração de Salamanca e linha de ação sobre necessidades educativas especiais*. Brasília: Corde, 1994.

Leis e documentos citados, do Governo Federal, que podem ser obtidos nos *sites* do MEC (www.mec.gov.br) e da Corde (www.presidencia.gov.br/sedh/corde)

- Lei nº 4.024, de 20/12/1961, que fixa as Diretrizes e Bases da Educação Nacional.
- Lei nº 5.692, de 11/8/1971, que fixa as Diretrizes e Bases para o Ensino de 1º e 2º Graus.
- Emenda Constitucional nº 2, de 12/10/1978.
- Constituição da República Federativa do Brasil, de 5/10/1988.
- Lei nº 7.853, de 24/10/1989, que dispõe sobre o apoio às pessoas portadoras de deficiência, sua integração social, sobre a Coorde-

nadoria Nacional para Integração da Pessoa Portadora de Deficiência (Corde), institui a tutela jurisdicional de interesses coletivos ou difusos dessas pessoas, disciplina a atuação do Ministério Público, define crimes e dá outras providências.

- Política Nacional de Educação Especial, MEC/Seesp, 1994.
- Lei nº 9.394, de 20/12/1996, que estabelece as Diretrizes e Bases da Educação Nacional.
- Decreto nº 3.298, de 20/12/1999, que regulamenta a Lei nº 7.853/89.
- Lei nº 10.172, de 9/1/2001, que aprova o Plano Nacional de Educação.
- Resolução CNE/CEB, de 11/9/2001, que institui Diretrizes Nacionais para a Educação Especial na Educação Básica.
- Decreto nº 3.956, de 8/10/2001, que promulga a Convenção Interamericana para a eliminação de todas as formas de discriminação contra as pessoas portadoras de deficiência.
- Resolução CNE/CP, de 18/2/2002, que institui Diretrizes Curriculares Nacionais para a Formação de Professores da Educação Básica.
- Sinopses estatísticas da Educação Básica/Educação Especial, MEC/Inep, 2002 e 2003.
- Censo escolar, MEC/Inep, 2003.
- Parecer CNE/CP, de 13/12/2005, que institui Diretrizes Curriculares Nacionais para o Curso de Pedagogia.

O arco-íris e o fio da navalha – Problemas da educação em face das diferenças: um olhar crítico, uma proposta de análise[1]

Luiza Cortesão

Pesquisadora do Centro de Investigação e Intervenção Educativas da Faculdade de Psicologia e de Ciências da Educação da Universidade do Porto e professora emérita da mesma faculdade

1. Uma primeira versão deste texto foi apresentada, com o título "O arco-íris e o fio da navalha", no II Seminário Internacional de Educação, realizado na Universidade Estadual de Campinas, em julho de 2003.

Por que escolher duas metáforas como título deste texto? Não é difícil argumentar que as metáforas podem constituir uma referência a situações que parecem se adequar, simbolicamente, aos problemas que se pretende abordar, e que essa evocação, por si só, ajuda a clarificar esses mesmos problemas de um modo singularmente eficaz. Ora, como se sabe, o arco-íris surge, de tempos em tempos, num céu tempestuoso, carregado de umidade e contornado por nuvens negras que passam céleres, quando, inesperadamente, o sol brilha, mesmo que por breves instantes. O arco-íris pode então ser tomado como algo que simbolizará uma simultânea situação de preocupação e intranqüilidade, mas também de esperança.

Por exemplo, como se sabe também, o mesmo fenômeno foi usado, simbolicamente, nos textos bíblicos para indicar a aproximação do fim do dilúvio. E ainda se recorre, freqüentemente, à imagem do arco-íris quando com ela se pretende simbolizar uma situação em que a complexidade está mascarada sob uma aparente simplicidade. Isto porque o arco-íris revela a multiplicidade de cores que se oculta por detrás de algo aparentemente tão simples como, por exemplo, um puro raio de luz branca.

Ora, como se sabe também, as diferenças, especialmente as que decorrem da presença de culturas diversas – que, com freqüência, estão presentes em situações educativas –, são difíceis de entender, de atender adequadamente e mesmo, por vezes, de aceitar. Por outro lado, elas podem ser, simultaneamente, desafiadoras, interessantes e até fecundas, sobretudo se for possível perceber, em face do "outro-diferente", a incompletude da nossa própria cultura (Santos, 1995) e olhar criticamente a tendência etnocêntrica (tão habitual) de rotular como "menor" o que é, simplesmente, diferente.

Deparamo-nos, em educação, com situações que têm lugar, geralmente, em contextos complexos e fluidos, em que ocorrem alterações – situações e contextos esses que, por vezes, podem ser incompreensíveis e até mesmo frustrantes. Porém, outras vezes, ao enfrentar tudo isso, ao tentarmos decodificar esta complexidade, temos a antevisão de possibilidade de compreender o outro-diferente. E não só de compreender o outro-diferente mas até de melhor entendermos a nós próprios, de podermos estabelecer pontes de comunicação e nos enriquecer mutuamente. Assim sendo, as abordagens que procuramos fazer das questões de relacionamento entre culturas no campo da educação encontram no arco-íris um símbolo bastante adequado.

Por sua vez, o recurso à metáfora do fio da navalha poderá ajudar a acentuar a vertente da dificuldade, do risco que comporta cada passo dado, cada iniciativa tomada, que tanto pode nos ajudar a progredir em um caminho que consideramos importante percorrer, como, inadvertidamente, pode nos fazer tombar para um ou outro lado. Simboliza, portanto, o fio da navalha, o risco que representam o equilíbrio e a ousadia que são necessários para trabalhar "sem rede", em situações sujeitas a pressões várias (por exemplo, o risco de procurar estar, simultaneamente, "contra" e "com" o sistema). E alerta sobre os possíveis efeitos inesperados de cada decisão, mesmo que aparentemente pouco importante. Daí a urgência de decodificar significados e agir com precaução, no difícil percurso que se esboça sob a tensão criada entre preocupações, por vezes ideologicamente distintas, que com freqüência se confrontam em um mesmo contexto.

Com a associação das duas metáforas pretende-se, assim, simbolizar a simultânea importância, a complexidade, a urgência e os riscos que sempre acompanham os trabalhos educativos desenvolvidos em contextos multiculturais.

Mas, para além de tudo isso, o próprio fato de escolher para título duas metáforas constitui, em si mesmo, outra metáfora. É que se procura traduzir, também simbolicamente, opções metodológicas feitas a fim de proceder à abordagem do problema sobre o qual se quer refletir. De fato, se se admitir que uma metáfora pode ser rica, que pode dar uma ajuda significativa à abordagem de uma situação complexa, esta opção também revelará algo não só sobre o conteúdo, mas também sobre a forma que se escolhe para proceder a essa abordagem. Assim sendo, ela constitui, de certo modo, não só um indicador do interesse em discutir a possibilidade e os riscos inerentes a tentativas de construir pontes, como também da postura epistemológica adotada para o fazer. O recurso às metáforas do arco-íris e do fio da navalha anuncia, portanto, uma opção epistemológica que se afirma consciente das potencialidades de, como diria Ardoino (1992), proceder à abordagem de uma situação complexa por meio da complexidade.

No entanto, será ainda necessário clarificar (antes de abordar os problemas da educação em face das diferenças) de onde se partiu para poder ver a educação relacionada com as metáforas do arco-íris e do fio da navalha, embora se trate de um posicionamento bem conhecido e já muito defendido. Deste modo, o seu enunciado não irá, muito provavelmente, acrescentar nada de novo. Trata-se de esclarecer que se reconhece estar a educação enquadrada e submetida a constrangimentos que decorrem de determinantes macroestruturais de natureza econômica, política, social e cultural presentes e orientadores do contexto em que o processo educativo em análise se situa.

Mas é importante salientar que se admite, também, restar à educação um (estreito) espaço de autonomia cuja gestão poderá assumir, eventualmente, certo significado. É nesse sentido que se admite, também, poder-se, com facilidade, contribuir (mesmo que algumas vezes inconscientemente) para que a educação funcione como um simples mecanismo que colabora com o processo de reprodução social. Mas é por isso que ainda se admite como possível conseguir, por vezes, dar uma contribuição, mesmo que pequena, para a criação de alguns espaços de emancipação.

Considerações prévias

Na seqüência do que foi anteriormente referido, a abordagem de questões tão complexas, tão atravessadas por influências – como as relativas a problemas que se enfrentam no campo educativo, em situações de confronto entre culturas –, exige que se proceda a uma contextualização, mesmo que rápida. Esta contextualização, ao identificar e considerar em conjunto e em interação fatores múltiplos que estão em jogo, contribui também para justificar a afirmação (que, como já se referiu, é de Ardoino) de que se optou por abordar uma situação complexa por meio da complexidade. Assim, será feita somente uma breve referência a algumas características do contexto mais geral em que estes problemas têm lugar em Portugal, características essas que, acredita-se, têm influência nos aspectos que eles vão assumindo. Terá de se começar por recordar que se admite que:

- o confronto com algumas propostas da pós-modernidade acarreta, como se sabe, vários efeitos. Entre eles podemos mencionar o reflexo que se faz sentir no modo de abordar as questões da diversidade sociocultural, questões essas que vêm tendo, progressivamente, uma leitura mais matizada, mais sensível à complexidade. Assim, de algo que era referido quase exclusivamente a propósito de diferenças entre etnias, passou-se a fazer uma leitura que toma em consideração, por exemplo, diferenças entre classes sociais, nacionalidades, meio (rural/urbano etc.), questões de gênero, idade, diferenças relativas a indivíduos portadores de qualquer deficiência e até entre grupos profissionais, bem como hibridações que podem ocorrer entre estas diferentes categorias (McCarthy, 1988);
- a desigualdade e a exclusão, assim como o racismo e o sexismo, como explica Boaventura Sousa Santos (1995), são "formas de pertença hierarquizada". Essas formas articulam-se, harmonicamente, com o funcionamento do sistema mundial capitalista (Wallerstein, 1990). De fato, o estabelecimento dessa hierarquização favorece o enunciado de argumentos que visam legitimar a existência de desigualdades, por exemplo, de estatuto social, de direitos, de formas de tratamento, de condições de trabalho, de remuneração;
- a escola assume geralmente um papel que contribui para a reprodução social (Bourdieu, 1970), a não ser que opte por atuar

no quadro de uma vigilância crítica que lhe permita ter um papel mais emancipatório (Giroux, 1986; Freire, 2000).

Por outro lado, é preciso explicitar que, ainda no plano teórico mais geral, se considera que:

- nos situamos, atualmente, no quadro de um sistema mundial capitalista no qual prevalecem orientações que, embora hegemônicas e estruturadoras de relações e decisões tomadas a diferentes níveis (e portanto também da educação), apresentam já alguns sinais de crise (Wallerstein, 1990);
- Portugal se situa numa Europa em que, como se referiu já, predomina uma economia de orientação neoliberal, numa Europa que se constrói procurando encontrar uma (difícil) identidade comum, mas em que, quer no seu interior, quer entre seus vizinhos, se procuram afirmar, claramente, diversas identidades culturais, religiosas, mesmo nacionais;

Considerando os elementos que se acaba de referir, será finalmente importante salientar que, em relação ao contexto português, se admite que:

- embora certa heterogeneidade tenha estado sempre presente em Portugal continental, ela não era considerada muito visível (Cortesão e Stoer, 1996; Cortesão *et al.*, 2002);
- sobretudo a partir do momento em que se desencadearam os movimentos de independência dos povos coloniais, a enorme heterogeneidade que existia no Império Português foi sempre desvalorizada, por meio de diversas estratégias, que procuravam evidenciar a homogeneidade dos portugueses "do Minho a Timor" (Cortesão e Pacheco, 1991);
- Portugal que, há muito, se caracteriza como um país da diáspora, passou, bruscamente, a enfrentar no contexto mundial uma situação decorrente de ter se transformado, apesar dos proble-

mas que aqui também se sentem, em um país para onde muitos desejam emigrar. Acumula, hoje portanto, características, problemas e vantagens decorrentes, simultaneamente, de processos de emigração e imigração (Cortesão *et al.*, 2000);
o processo do estabelecimento da escola de massas e da escola inclusiva em Portugal, sendo relativamente recente, está ainda em consolidação. Apesar disso, já se evidenciam nele problemas relativos a uma crise do sistema educativo. Note-se que essa crise se faz sentir, também, em outros países nos quais tal consolidação se fez há muito. É a ocorrência da chamada "simultânea crise e consolidação da escola de massas" em Portugal (Stoer e Araújo, 1994).

Educação e diversidade

Algumas mudanças significativas vêm ocorrendo no sistema educativo português. Dentre estas mudanças poderá referir-se o alargamento da escolaridade obrigatória que está fazendo confluir, na escola, toda a heterogeneidade presente (mas não muito reconhecida) do tecido social português. Essa heterogeneidade decorre, principalmente, do afluxo, à escola, de grupos de alunos portugueses habitualmente bastante discriminados – como, por exemplo, os dos meios rurais e de zonas suburbanas mais ou menos degradadas, dos alunos com características pessoais que comprometem o seu desenvolvimento ou mesmo daqueles que se encontravam em situações quase evidentes de exclusão, como os ciganos.

Outro fenômeno que também contribuiu para a heterogeneização da população escolar foi, como já se referiu, o decorrente do processo de descolonização, com o afluxo de migrantes oriundos das ex-colônias cujos filhos foram, progressivamente, aparecendo nas instituições educativas, particularmente no ensino básico. Este fenômeno ocorreu, em primeiro lugar, na seqüência do próprio processo de descolonização, depois em conseqüência das guerras e das difíceis condições de sobrevivência existentes nas ex-colônias portuguesas. Mais recentemente, esse processo de heterogeneização se acentua com o significativo fluxo que se estabeleceu – agora não só de migrantes oriundos da África, mas também da Europa (sobretudo do Leste), da América do Sul e até da Ásia, processo esse que cada vez tem um reflexo mais intenso nas populações escolares.

Assim, num trabalho recente (Cortesão, Magalhães e Costa, 2003) e com base sobretudo em dados fornecidos pelo DAPP,[2] foi possível referenciar, no sistema educativo português não-universitário e no ano 1999/2000, a presença de 83.257 alunos migrantes. Pode mencionar-se, a título de exemplo, que no mesmo período foi registrada pelo DAPP a existência, no sistema educativo, de 18.392 alunos vindos de diferentes países da Europa, de 13.245 alunos angolanos e 10.063 cabo-verdianos. E acompanhando este afluxo de migrantes, que continua a fazer-se sentir, o DAPP assinalava já em 1999-2000 a presença de 93 línguas diferentes faladas nas escolas portuguesas.

Dessa forma, de uma instituição educativa que se assumia explicitamente como monocultural, a escola portuguesa está se transformando, rapidamente, em uma escola que se confronta com muitos grupos socioculturais. Este fato arrasta consigo todas as conseqüências que decorrem da convivência, em espaços limitados, de grupos com diversas culturas, detentores de maior ou menor poder e com diferentes estatutos sociais.

No dorso do arco-íris

Problemas de convivência entre diferentes na escola

O sistema educativo em Portugal tem uma longa e forte tradição de centralismo. As estruturas do Ministério da Educação eram, e ainda são – embora menos –, muito hierarquizadas. Em conse-

---

2. Departamento de Avaliação Prospectiva e Planejamento do Ministério da Educação de Portugal.

qüência, as decisões e orientações são habitualmente tomadas pelas cúpulas para, em seguida, ser comunicadas à periferia do sistema educativo, em que os professores eram (e ainda de certo modo são) solicitados a operacionalizá-las.

Todo este sistema se assentava no pressuposto da homogeneidade do público educativo, uma vez que não se questionava se as decisões se adequavam ou não aos diferentes públicos que se encontravam nas escolas. Pelo contrário, partia-se (e ainda se parte) do princípio de que as aprendizagens estabelecidas no currículo precisam ser cumpridas, e de que a avaliação permitirá identificar quem consegue ou não atingir as metas estabelecidas.

Apesar das mudanças que, em diferentes momentos, se tem procurado implementar no sistema educativo português, o caráter normativo não inclusivo e seletivo do currículo tem ainda uma presença muito forte, sobretudo no ensino secundário e até (embora menos) na fase final do ensino básico. Consciente ou inconscientemente, muitas escolas e professores são pouco sensíveis ao arco-íris sociocultural presente na população escolar. Prevalece uma representação monocultural da escola (Stoer, 1994), uma leitura do campo educativo informado por um "daltonismo cultural" (Cortesão e Stoer, 1996). Assim sendo, os educadores se confrontam, no cotidiano, com dificuldades de compreender e lidar com alunos tão diferentes, que não se enquadram, com facilidade, nas normas que regulavam (e ainda regulam) as situações geralmente muito tradicionais de ensino–aprendizagem.

Até há pouco tempo, o cone de base larga e superfície lateral bem inclinada que representava o número de matrículas nos diferentes anos de sistema educativo simbolizava bem o forte pendor seletivo do sistema, que encontrava uma legitimação de seu funcionamento nas teorias meritocráticas. Em conseqüência, um número elevado de alunos estava presente no 1º ano do ensino básico. Poucos alunos passavam para o ensino secundário e ainda menos o concluíam e chegavam às universidades.

É, no entanto, importante lembrar que algumas modificações têm sido mais recentemente introduzidas ou intensificadas, com reflexos mais ou menos sensíveis no funcionamento do sistema educativo. São exemplos: as preocupações com a inclusão de alunos com características pessoais que comprometem o seu desenvolvimento, certa descentralização na tomada de decisões educativas, propostas como a gestão flexível de currículos e o aparecimento da área de projeto, bem como a ocorrência de algumas tentativas de sensibilização de professores à educação multicultural.

No entanto, as mudanças no terreno são relativamente pequenas. Confrontadas com um público que, como já se referiu, mudou e que muitos descrevem, sobretudo na comunicação social, como violento, inculto, desinteressado, turbulento, mal preparado e incapaz de se esforçar, as escolas experimentam dificuldades sérias. Os professores sentem-se mal, maltratados pelo sistema e pelos alunos, e ainda desconsiderados socialmente. Muitos professores estão desmotivados, evidência da crise na escola.

É certo que a crise existia já desde há longos anos. Mas, embora até talvez mais grave, era uma crise silenciosa, produzida social e institucionalmente e ocultada. Traduzia-se, sobretudo, pela seleção social à entrada, que acontecia e se revelava também por meio do abandono durante o percurso escolar. Esta situação representa um processo institucional de progressiva exclusão escolar e social. Traduzia-se, portanto, pelo silêncio a que eram reduzidos os diferentes, pela forte normalização tida como necessária, pelas taxas elevadas de insucesso e, como já se referiu, sobretudo pelos altos índices de desistência da escola obrigatória. Mas a crise que existe, atualmente, é uma crise "sentida" pelos professores, pelas instituições escolares e também pelos alunos, a que a comunicação social dá muita visibilidade. Essa crise articula-se com fortes situações de insucesso traduzido em desinteresse, em problemas disciplinares, em abandono escolar e, sobretudo, em retenções.

Poder-se-ia admitir, também, que essa crise se articula com a ocorrência de certa mudança da localização do poder, uma vez que os professores sentem que, na relação pedagógica, o poder está escapando de suas mãos. Afirmam que dispõem de menos instrumentos formais para manter a disciplina que sentem ser necessária e que, por sua vez, os alunos são cada vez mais turbulentos. Eles evidenciam mais fortemente se estão ou não interessados nas aprendizagens que lhes propõem, e que alguma violência se faz sentir. Porém, o alto nível de reprovações mostra que está ainda garantida aos docentes uma larga margem de exercício do "poder de mandar" (Murphy, 1982) por meio da avaliação sumativa.[3]

Esta, no entanto, poderá corresponder também a um "poder de constranger" (Murphy, *ibidem*), que, como se sabe, é característico de situações em que o poder é exercido indiretamente, e a distância, por toda uma forma de organização socioeconômica cada vez mais informada por orientações neoliberais. Assim sendo, as reprovações podem constituir um indicador de que muito da antiga escola claramente reprodutora ainda persiste. Alguns, mais ou menos conscientemente, podem até desejar que exista, pois, deste modo, continua a ser funcional à permanência de modos de organização econômica que ainda continuam a ser hegemônicos e contam com a abundância de oferta de mão-de-obra não qualificada.

Ora, o que é curioso notar é que, atualmente, já não é tanto um cone que poderá representar o número de alunos que se encontram matriculados ao longo do sistema educativo (não-universitário). A figura encontrada hoje para representar as matrículas que existem ao longo desse sistema aproxima-se agora mais de um cilindro (Cortesão, Magalhães e Costa, 2003).

Numa primeira leitura, muito superficial, poderia até se admitir que estes dados indicariam que os problemas educativos estariam menores, e que a escola estaria menos seletiva com a diminuição do insucesso escolar. Porém, uma leitura um pouco mais atenta, apoiada por outros dados de que também se dispõe, aponta para uma interpretação diferente: por um lado, os estudos demográficos revelam que é preciso ter em conta a diminuição da taxa de natali-

3. Avaliação que, constituída com base em um sumário (portanto, em uma síntese) das produções e/ou dos percursos dos alunos, lhe atribui uma classificação. Esta é dada no final de uma etapa de trabalho e/ou decide se o aluno deve passar de ano ou ser reprovado.

dade que se faz sentir em Portugal, e se traduz também numa diminuição de entradas no sistema educativo; por outro lado, é preciso não esquecer que não só o cumprimento da escolaridade obrigatória se consolida progressivamente, "forçando" crianças e jovens a um período de escolarização mais prolongado, mas que, também, o número de reprovações permanece muito alto.

Da conjunção de todos estes fatos (e ainda em conseqüência da entrada de alguns alunos em anos mais ou menos adiantados do sistema educativo) resulta o tal "cilindro" que só aparentemente representaria uma diminuição do insucesso escolar (Cortesão, Magalhães e Costa, 2003) e, como se procurou evidenciar, está fortemente relacionado com as reprovações, que ocorrem com demasiada freqüência.

Diferentes leituras de um mesmo problema

O problema das reprovações parece assim assumir grande importância, mas – como é lógico esperar que ocorra no contexto a que se fez referência – ele é objeto de um leque de leituras e de propostas de remediação muito diversificadas. Desta variedade de leituras iremos somente abordar (de modo bastante redutor) as interpretações que mais divergem entre si.

Assim, alguns fazem um simultâneo apelo (algo contraditório) a propostas educativas que, fundamentalmente, orientavam a escola tradicional – mais exigência nas avaliações, medidas disciplinares mais duras, currículos com disciplinas bem compartimentadas, estímulos à competição etc. – e a uma resposta que entendem ser funcional às mais explícitas exigências do mercado de trabalho (ensino tecnológico, profissional, mesmo até à existência mais precoce de vias de ensino separadas).

Por exemplo, em um artigo de opinião publicado no jornal *Público* abordando esta polêmica, um conhecido crítico da educação propôs-se a enunciar trinta "idéias nefastas" que, segundo ele, estão presentes na escola portuguesa e, ainda em sua opinião, contribuem para os problemas com que ela se debate. E termina o artigo perguntando: "Quantas décadas mais teremos de sofrer com esta ideologia?" Ora, as "idéias nefastas" que ele advoga ser necessário erradicar constituem um claro apelo aos princípios orientadores da escola tradicional. Mas a estes acrescenta preocupações com a formação tecnológica que o contexto atual parece, de acordo com ele, exigir: por isso defende a adoção mais precoce da separação das vias de ensino, o aumento dos castigos escolares, o endurecimento da avaliação etc. E é assim também que, como exemplo de "idéias nefastas", refere, censurando, as "idéias" de que "a diferenciação vocacional e a capacidade e a especialização devem começar no fim do básico ou no princípio do secundário, por volta dos 15 anos" e que "os castigos escolares devem ser reduzidos ao mínimo ou substituídos por ações de recuperação", ou que "os chumbos são reduzidos ao mínimo excepcional ou mesmo eliminados" etc. (Barreto, 2001).

Outros, no entanto, defendem que o realmente necessário é operar mudanças significativas na escola. E defendem isso partindo da observação de que não só o contexto social e econômico mudou, mas também que a população discente da escola se alterou e diversificou. Os alunos agora pertencem a outra geração, que, como é natural, partilha freqüentemente interesses e comportamentos que divergem significativamente dos que eram antigamente, em geral, considerados importantes pelos adultos da classe média. Defendem ainda que, se uma mudança não for colocada em prática, a crise da escola se agravará mais: afinal, a dificuldade de fazer adquirir as aprendizagens curricularmente estabelecidas como importantes aumentará. Afirmam que se corre também o risco de a escola perder grande parte da sua população, população essa que antes era constituída por um público garantido, disponível, mesmo submisso.

As diferentes formas de interpretar este problema são também analisadas num interessante trabalho recente de Magalhães e Stoer (2002). Neste texto, os autores trabalham a possibilidade de considerar, em educação, duas posições extremas relativas a esta questão, caracterizando uma como essencialmente preocupada com a "performance", outra valorizando sobretudo a "pedagogia".

Mesmo antes de analisar mais demoradamente o que implica defender diferentes orientações educativas que visam atender à atual heterogeneidade sociocultural com que agora tem de trabalhar (e fazê-lo de um modo que a escola se torne significativa e útil para os alunos), já é bastante evidente a complexidade presente nesta situação.

Diferentes formas de atuar

Por quais posições optar diante de todo esse conjunto de problemas? Dever-se-á defender a tentativa de homogeneização e de seleção por meio de propostas monoculturais? Porque se comprova a existência de diferentes grupos socioculturais no processo educativo dever-se-ão diversificar metodologias para que muitos mais adquiram competências necessárias para sobreviver e competir no mercado de trabalho, que é a meta que se quer atingir (pedagogia das competências)? Dever-se-ão adotar práticas que se designaram sendo de um "multiculturalismo benigno" (Stoer, 2000) ou "condescendentes", que valorizam sobretudo manifestações exteriores da diferença? Será que se deverá estimular uma postura de análise crítica de situações criadas na relação entre diferentes (multiculturalismo crítico), ou então ir mais longe e, além da capacidade de analisar criticamente as situações, estimular a adoção de atitudes de denúncia e luta contra o racismo e/ou a xenofobia? (Cortesão *et al.*, 2000)

Muitos discursos atualmente feitos sobre educação começam, de fato, a levar em conta a necessidade de estar atento às diferenças. Mas, como se acaba de expor, o modo como essa atenção se concebe e traduz em práticas educativas pode variar.

Por exemplo, com freqüência se adotam – por vezes até de forma bem-intencionada – aquelas práticas educativas que Stephen Stoer designou como "benignas", sem se reconhecer muitos dos reais efeitos a que essas práticas podem induzir. Como se procura evidenciar na Figura 1, os efeitos obtidos (não previstos ou "perversos") podem ser significativamente diferentes dos que, inicialmente, se pretendia alcançar.

Figura 1 – Práticas educativas interculturais "benignas" ou "condescendentes".

	Possíveis efeitos previstos	Possíveis efeitos "perversos"
Atitude em face da diferença	Valorização de características socioculturais	Folclorização das diferenças
Efeitos no contexto	Maior afirmação social de grupos minoritários	Acentuação do "exotismo" da diferença
Efeitos na auto-imagem	Melhoria da auto-imagem pessoal e grupal	Inculcação da ideologia da incompetência
Processo de aprendizagem	Caráter lúdico, alegria no processo de aprendizagem que é valorizado	Menor preocupação com a aquisição de saberes curriculares
Finalidades	Aquisição de poder. Consciência dos direitos de cidadania	Isolamento, enfraquecimento, guetização

Caminhando no "fio da navalha"

Todo o conjunto de questões anteriormente formuladas, que são exemplo de opções possíveis de adotar em face desse problema, poderá revelar quanto a metáfora do arco-íris deverá ser aceita como adequada à abordagem deste tipo de problemas.

Mas as dificuldades e os riscos são também evidentes, bem como o são as potencialidades envolvidas neste tipo de orientações: surge assim o quadro em que irá se recorrer à metáfora do fio da navalha.

É que procurar somente adequar as propostas educativas às características dos grupos socioculturais com que se trabalha, tendo como preocupação dominante o desenvolvimento dos saberes culturais de origem, terá, muito provavelmente, como resultado que os alunos gostem mais da escola e as aprendizagens lhes sejam mais significativas. No entanto, poderá também correr-se o risco de, com este tipo de orientações, salientar o exotismo destes grupos e até se contribuir para sua guetização. Na verdade, admite-se que, se não se investir no esforço de contribuir para a aquisição de saberes socialmente considerados importantes para sobreviver no mercado de trabalho, talvez se consiga evitar, etnocentricamente, que não se aculturem e normalizem os alunos. Porém, neste caso, há ainda o risco de contribuir para a sua marginalização social. Como lidar com essa tensão decorrente do simultâneo desejo de não aculturar e da necessidade que socialmente se faz sentir, de normalizar? Estas são algumas das questões que Stoer e Magalhães, por exemplo, levantam e analisam, mais profundamente, quando discutem, no trabalho anteriormente referido, dificuldades de articulação entre a atenção à "performance" e/ou à "pedagogia" (Magalhães e Stoer, 2002).

E não podemos esquecer também, ao tentar a difícil articulação entre estas preocupações (articulação essa que se admite ser importante), que estão em jogo poderes que, de forma evidente, são muito distintos. Que espaço de ação tem a escola para poder implementar as propostas que sente serem pedagogicamente importantes, quando está estrangulada pelas várias estruturas que sobre ela atuam? (Cortesão, 2001) Restar-lhe-á alguma margem de manobra? E tem essa mesma escola o direito de abdicar, de não explorar até ao limite essa margem de manobra, mesmo que ela seja pequena? Tem a escola o direito de abandonar o projeto de contribuir para o desenvolvimento global dos alunos, e portanto também de estimular sua capacidade de análise crítica e de intervenção no contexto em que se está a viver?

Entre grupos minoritários e instituições educativas, a comunicação é, reconhecidamente, tão necessária quanto difícil: com diversificados interesses, conhecimentos e valores, freqüentemente bastante distintos daqueles que a instituição educativa considera aceitáveis, muitos alunos não reconhecem que lugar poderão ter na escola, não se interessam pelo que ela oferece, desistem e/ou ainda desafiam – às vezes até agridem – a instituição e os professores. Geralmente mencionam que o que os liga à escola é o convívio com os colegas, relacionamento esse que acontece em lugares próximos da escola ou nos corredores e/ou pátios da instituição que freqüentam (mas não nas aulas).

Para seu envolvimento (e desenvolvimento) no processo educativo, em trabalhos anteriores, vem sendo defendida a importância de contribuir para o que se designou por "bilingüismo cultural" (Stoer e Cortesão, 1999). Este, se adquirido, permitiria aos alunos o domínio de saberes e de uma linguagem que lhes abriria a possibilidade de adquirir alguma compreensão crítica do interesse por aprendizagens curriculares consideradas fundamentais – pois se admite que, ao facilitar seu domínio, se abriria uma possibilidade de os alunos virem a ter uma "vida decente" no quadro da sociedade dominante. Mas essa seria uma preocupação dominante desde que isso não fosse conseguido à custa de uma aculturação desvalorizadora das suas origens socioculturais. É nessa linha que, indo ainda mais longe, Paulo Freire propõe o conceito de "conscientização" (Cortesão, 2003) que inclui, para além da aquisição da consciência crítica, o estímulo da capacidade de ação em face de situações impostas de opressão.

Contudo, é preciso notar que, se a aquisição deste "bilingüismo" puder constituir, simbolicamente, uma preciosa ponte entre a cultura dominante e uma cultura minoritária, por outro lado, ele irá exigir dos grupos minoritários um esforço acrescido no processo da aprendizagem. Poderá, no entanto, constituir uma contribuição para que aconteça alguma comunicação (crítica?) entre alunos e a escola que freqüentam, assim como com a sociedade em que vivem? Essa é uma das expectativas que estimulam a progressão dos educadores no "fio da navalha".

Mas ainda é preciso notar que o bilingüismo cultural será uma conquista não apenas necessária aos alunos de grupos minoritários. Se a escola quer entender o contexto no qual se situa, para poder adequar seu trabalho a seus alunos; se quer se comunicar com os pais numa tentativa de conseguir que eles sejam "colaboradores" ou "parceiros" (Stoer e Cortesão, 1999); não o poderá fazer, porém, se recorrer somente a um nível de propostas e linguagens eruditas. Dessa forma, terá grandes dificuldades de comunicar e conseguir estabelecer um diálogo verdadeiro. Além disso, ao atuar desta maneira, a escola passa, implicitamente, a mensagem da existência de uma relação de poder que também não estimula o estabelecimento de parcerias entre os pais e a instituição.

Em síntese, e considerando simultaneamente potencialidades e dificuldades inerentes a trabalhar neste contexto, poderá admitir-se que parece importante:

1. não embarcar de ânimo leve em propostas educativas que visem somente à obtenção de uma "excelência acadêmica", cujas características não são, geralmente, discutidas e decodificadas (Perrenoud, 1984; Cortesão *et al.*, 2006);
2. estimular os alunos a desenvolver suas capacidades e conseguir se situar, criticamente, na sociedade (Freire, 1981, 2000; Stoer e Cortesão, 1999);
3. valorizar as culturas de origem e trazê-las à condição de saberes "escolarmente rentáveis" (Perrenoud, 1984);
4. procurar que escola e alunos partilhem de experiências de desenvolvimento de um bilingüismo cultural (Cortesão e Stoer, 1995);
5. não descuidar (embora a analise criticamente) da importância de adquirir a "excelência", sem a qual dificilmente se sobreviverá na sociedade dominante (Stoer e Cortesão, 1999; Magalhães e Stoer, 2002; Cortesão *et al.*, 2006).

Estes cinco enunciados, algo heterogêneos, representam, de fato, o conjunto de preocupações teóricas que têm constituído o quadro teórico em que nossos trabalhos sobre diversidade têm se apoiado.

Da importância de analisar as opções: uma proposta de quadro de análise

Porque se está a trabalhar no fio da navalha é preciso entender bem o caminho que se trilha. Tudo isso constitui, é certo, um projeto pedagógico ambicioso, contra-hegemônico e atravessado de contradições, simultaneamente difícil e minado que se tentou anunciar logo no título deste artigo – e, simbolicamente, poderá ser representado pelo "fio da navalha" no qual se tem tentado equilibrar todo o nosso trabalho.

Parece assim ser interessante tentar clarificar melhor o quadro teórico a que se acaba de fazer referência, no qual podemos situar este tipo de preocupações. Recordando que, como se afirmou, elas informam um projeto "atravessado de contradições" simultaneamente difícil e minado, poderá ser interessante procurar esboçar uma cartografia, em primeiro lugar, das diferentes posições que as práticas educativas podem assumir em face da diversidade. Em seguida será então possível propor outro desafio: o da tentativa de cartografar as cinco recomendações que se acabam de formular neste artigo e que, como já se disse, representam o quadro teórico em que se apóia nosso trabalho. Esse esboço constituirá, portanto, uma tentativa de clarificação das posições teóricas que se vêm assumindo nesse trabalho no contexto da educação em face da diversidade.

Para tal, recorreremos a um eixo de análise que se foi construindo com base na articulação e modificação do quadro de análise proposto por Burrell e Morgan com a outra análise (já referida anteriormente), e adiantada por Magalhães e Stoer quando estudaram o significado de "excelência acadêmica" (Magalhães e Stoer, 2002).

Em *Sociological paradigms and organisational analysis*, Burrell e Morgan consideram a existência de quatro paradigmas para análise da teoria social (interpretativo, funcionalista, estruturalista radical e humanista radical), que poderão situar-se em quadrantes limitados pela interação de dois eixos que representam, como explicam os autores, "dimensões-chave de análise, cada uma das quais pressupõe uma série de temas relacionados" (p. 21). O primeiro eixo apresenta um pólo que designam como o representativo da Sociologia da Mudança Radical e outro como o pólo da Sociologia da Regulação. Os autores admitem, assim, tratar-se de um eixo relativo "à posição acerca da natureza da sociedade em termos das dimensões regulação/mudança radical" (*ibidem*). Um segundo eixo será aquele que, ainda segundo os mesmos autores, se localizaria entre uma situação que valoriza o "subjetivo" e outra que é referida como "objetivo", e que os autores propõem como sendo "relativo a posições acerca da natureza da ciência que pode ser estudada em termos do que chamamos a dimensões subjetiva/objetiva" (*ibidem*). O quadro proposto por Burrell e Morgan está representado na Figura 2.

Figura 2

Se cruzarmos esta proposta com a idéia adiantada por Magalhães e Stoer, em que esses autores consideram a dimensão (mais adequada às problemáticas que se estão agora a tratar) que constitui um *continuum* entre a "pedagogia" e a "performance", teremos outro quadro em que os quatro quadrantes são limitados de modo diferente. Um primeiro, entre a Pedagogia e a Sociologia da Mudança Radical, outro entre a Sociologia da Mudança Radical e a Performance, um terceiro entre a Performance e a Sociologia da Regulação e, finalmente, um quarto entre a Sociologia da Regulação e a Pedagogia (ver Figura 3).

Cada vez mais, porém, se tem consciência de que, se um quadro de análise pode, eventualmente, contribuir para que se consiga clarificar um campo em que se trabalha, também se reconhece, de forma muito generalizada, que qualquer quadro, de certo modo, rigidifica, aprisiona as análises que se vão produzindo, já que não favorece a possibilidade de contemplar as complexidades, as ambigüidades e mesmo as contradições que sempre estão presentes em contextos e situações educativas e sociais.

Magalhães e Stoer chamam a atenção no seu trabalho para a tensão que pode existir entre situações em que predominam as

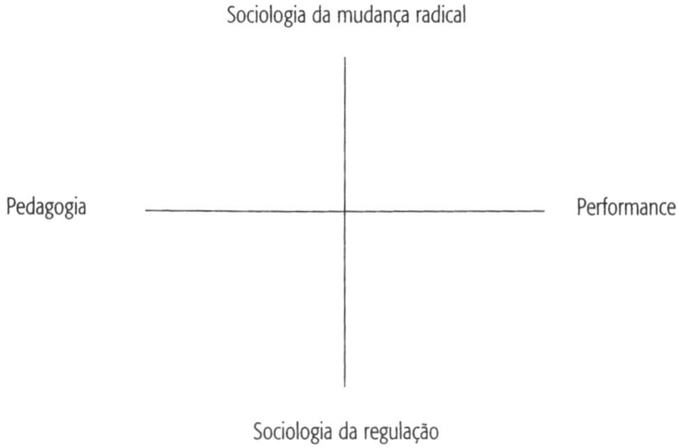

Figura 3

preocupações com a performance e aquelas em que é sobretudo valorizada a pedagogia. Assim sendo, o traço que, nesta proposta, une a pedagogia à performance assume, simbolicamente, o significado de um *continuum* que vai adquirindo significados diferentes no espaço que medeia as posições mais extremas. Pretende-se, portanto, alertar sobre o fato de que valorizar a existência deste *continuum* – ao longo do qual uma das preocupações se vai enfraquecendo à medida que a outra se vai afirmando – poderá diluir o risco de fazer uma proposta de uma análise dicotômica, que poderia facilmente ser atribuída a esta representação. O que se propõe é que o mesmo tipo de considerações seja feito a propósito do outro eixo inicialmente proposto por Burrell e Morgan. Admite-se que este irá progressivamente de um extremo em que, simbolicamente, se situaria um quadro sociológico no qual predominaria a preocupação com a regulação a outro em que a ênfase maior incidiria na valorização da importância da mudança social radical.

Sobretudo, é importante esclarecer que se propõe também, nesta representação, que os quadrantes, assim esboçados, deixariam ainda de ser espaços estanques, rigidamente limitados. Pretende-se, favorece-se mesmo, desse modo, a possibilidade de, nesse eixo, poder representar alguma das complexidades que informa as opções teóricas e práticas que vão se empreendendo na difícil atividade de caminhar no fio da navalha.

Testando o quadro de análise

Constituiria, então, um exercício interessante procurar situar nesse quadro algumas das posições que, reconhecidamente, são via de regra tomadas em face da diferença – por exemplo, aquelas que foram referidas anteriormente: monoculturalismo, pedagogia das competências, multiculturalismo benigno, multiculturalismo crítico, ação anti-racista. O que se obterá com este exercício parece desde já evidenciar que, se qualquer uma das formas de encarar a diferença pode ter, simbolicamente, uma representação mais forte em determinado quadrante, podem-se também identificar atuações variadas e/ou orientações teóricas em que esta posição se alonga, como que se contamina com outro tipo de preocupações. E é esta complexidade que se procura representar na Figura 4.

Figura 4

É assim que, finalmente, numa tentativa de clarificar as posições que se vêm assumindo nos trabalhos desenvolvidos em educação em face da diversidade, se propõe também outro exercício. Este consiste em tentar situar nesse eixo as cinco "recomendações" anteriormente formuladas.

É importante salientar que esses cinco pontos representam preocupações que, simultaneamente, vêm orientando nossos trabalhos (Cortesão e Stoer, 1996; Stoer e Cortesão, 1999; Cortesão, 2001). E o que se propõe, com este exercício, é uma tentativa de identificar se existe ou não uma total coincidência teórica entre todos eles.

O resultado dessa análise é o que está representado na Figura 5, o que parece revelar, afinal, que esses cinco pontos constituem uma constelação de pressupostos que se distribuem em áreas diferentes do quadro de análise.

Assim, esta distribuição traduz e apóia, simbolicamente, a idéia de que, num mesmo trabalho, poderão coexistir preocupações teóricas não totalmente coincidentes entre si. Na verdade, até se admite que dessa não-coincidência, desse eventual conflito, poderá resultar um enriquecimento na forma de caminhar no "fio da navalha".

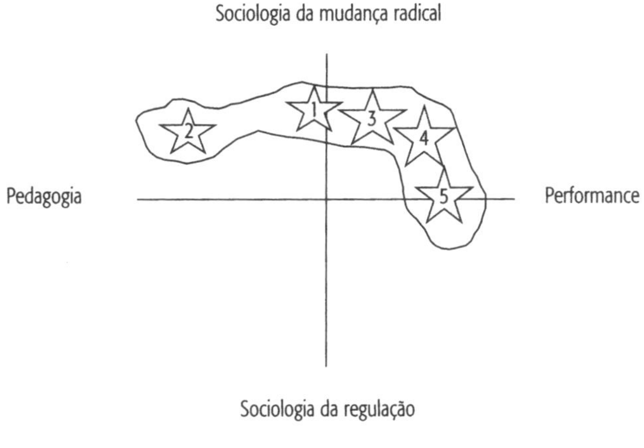

Figura 5

Em síntese, este exercício parece apontar que no padrão de uma preocupação com a mudança, nas análises a que anteriormente se fez referência e nas propostas que se defendem, tem se optado por um complexo quadro teórico no qual se tem procurado construir espaços – sempre ameaçados, é certo, mas espaços que possam, apesar de tudo, manter-se em uma difícil tensão entre a pedagogia e a performance.

Referências bibliográficas

ARDOINO, J. *L'implication.* Lyon: Voies Livres, 1992.

BARRETO, A. "Idéias nefastas para a educação". *Público*, 4 de março de 2001.

BOURDIEU, P. e PASSERON, J. C. *Reprodução, elementos para uma teoria do sistema de ensino.* Lisboa: Vega, 1970.

BURREL, G. e MORGAN, G. *Sociological paradigms and organisational analysis.* Londres: Heinemann, 1979.

CORTESÃO, L. *Ser professor: um ofício em vias de extinção? Reflexão sobre práticas educativas face à diversidade, no limiar do século XXI.* Porto: Afrontamento, 2001.

______. "Cruzando conceitos". In: RODRIGUES D. *Perspectivas sobre a inclusão: da educação à sociedade.* Porto: Porto, 2003.

CORTESÃO, L. e PACHECO, N. "Interculturalidade e realidade portuguesa". *Inovação*, ano 4, v. 2-3, pp. 33-44, 1991.

CORTESÃO, L. e STOER, S. *Projecto Percursos e Sinergias no Campo da Educação Multicultural, relatório final.* Porto, CIIE, FPCE-UP, 1995.

______. "Interculturalidade e a educação escolar: dispositivos pedagógicos e a construção da ponte entre culturas". *Inovação*, 9, pp. 35-51, 1996.

CORTESÃO, L. *et al. Nos bastidores da formação: contributo para o conhecimento actual da formação de adultos para a diversidade em Portugal.* Lisboa: Celta, 2000a.

______. *Na floresta dos materiais. Catálogo analítico de materiais de formação para a diversidade.* Oeiras: Celta, 2000b.

______. *Relatório Final do Projecto Exacet.* Porto: Faculdade de Psicologia e Ciências da Educação da Universidade do Porto, 2006.

CORTESÃO, L.; MAGALHÃES, A. e COSTA, A. *Contribution to an analytical study of discrimination issues in education.* European Monitoring Centre, Observatório Europeu do Racismo e Xenofobia, 2003.

FREIRE, P. *Pedagogia do oprimido.* 10. ed. São Paulo: Paz e Terra, 1981.

______. *Pedagogia da indignação.* São Paulo: Unesp, 2000.

______. *Ação cultural para a liberdade e outros escritos.* São Paulo: Paz e Terra, 2001.

GIROUX, H. *Teoria crítica e resistência em educação: para além das teorias da reprodução.* Petrópolis: Vozes, 1986.

MAGALHÃES, A. e STOER, S. *A escola para todos e a excelência académica.* Porto: Profedições, 2002.

MCCARTHY. "Rethinking liberal and radical perspectives on racial inequality in schooling: making the case for nonsynchrony". *Harvard Educational Review,* 58, 3, pp. 265-279, 1988.

MURPHY, R. "Power and autonomy in the sociology of education". *Theory and Society,* v. 1, pp. 179-203, 1982.

PERRENOUD, P. *La fabrication social de l'excellence scolaire dans l'enseignent primaire: du curriculum aux pratiques de formation.* Genebra: Droz, 1984.

SANTOS, Boaventura S. "A construção multicultural da igualdade da diferença". Palestra proferida no VII Congresso Brasileiro da Sociologia, Instituto de Filosofia e Ciências Sociais, Universidade Federal do Rio de Janeiro (xerox), 1995.

______. "Por uma concepção multicultural de direitos humanos". *Revista Crítica de Ciências Sociais,* n. 48, jun. 1997.

STOER, S. "Construindo a escola democrática através do 'Campo de recontextualização pedagógica'", *Educação, Sociedade & Culturas,* n. 1, 1994.

______. "Educação e o combate ao pluralismo cultural benigno". In: AZEVEDO, J. C. *et al.* (orgs.). *Utopia e democracia na educação cidadã.* Porto Alegre: Editora da Universidade, 2000.

STOER, S. e ARAÚJO, H. *Escola e aprendizagem para o trabalho num país da semi periferia europeia.* Lisboa: Escher, 2000.

STOER, S. e CORTESÃO, L. "The reconstruction of the home/school relations: Portuguese conceptions of the 'responsible parent'". *International Studies in Sociology of Education*, v. 9, n. 1, 1999.

______. *Levantando a pedra, da pedagogia inter-multicultural às políticas educativas numa época de transnacionalização*. Porto: Afrontamento, 1999.

STOER, S. e MAGALHÃES, A. *Orgulhosamente filhos de Rousseau*. Porto: Profedições, 1998.

WALLERSTEIN, I. "Culture as the ideological battleground of modern world system". In: Featherstone, M. (org.). *Global culture*. Londres: Sage, 1990.

Participação social e cidadania ativa das crianças

MANUEL JACINTO SARMENTO
NATÁLIA FERNANDES
CATARINA TOMÁS

Professores do Instituto de Estudos da Criança da Universidade do Minho, Portugal

A (re)institucionalização da infância contemporânea e as tensões inerentes à cidadania das crianças

A representação histórica da infância que se tornou dominante nos últimos 250 anos caracteriza este grupo etário não a partir de um conjunto de características que o autonomizam pela diferença das suas formas de compreensão e de ação no mundo (isto é, pelas culturas da infância), nem pela especificidade das condições materiais de existência das populações mais jovens, mas pelas marcas de uma ausência múltipla e diversificada. A construção moderna da infância correspondeu a um trabalho de separação do mundo dos adultos e de institucionalização das crianças, sobretudo por meio da constituição de creches e da escola pública (Ariès, 1973; Ramirez, 1991), que encontra sua justificação simbólica na pretensa incompletude do processo de desenvolvimento biopsicológico da geração mais jovem. Isso promoveu um conjunto de exclusões do espaço-tempo da vida em sociedade.

As crianças foram modernamente tematizadas a partir de uma negatividade constituinte: supostamente, criança é o que não vota, o que não é responsável pelos seus atos (e, por isso, é inimputável), o que não pode eleger nem ser eleito (e, por isso, é desapossado de todo o poder), o que não se encontra verdadeiramente inserto na sociedade (e, por isso, é objeto de processos de "socialização"), o que não se pode casar, nem constituir família, o que não pode trabalhar nem exercer uma atividade econômica, o que não sabe nem pensa adequadamente (e, por isso, necessita encontrar quem o submeta a processos de instrução), o que não tem valores morais (e, por isso, carece de ser disciplinado e conduzido moralmente). Assim como *infância* é etimologicamente a idade da não-fala (e, por extensão metonímica, a da impossibilidade prática de um discurso legítimo), e *aluno* é o que não tem luz (e, por extensão metafórica, o desprovido da claridade do pensamento racional), *criança* é o que está em processo de criação – e portanto, por extensão metafórica e metonímica, o ser incompleto, em passagem para o futuro, num processo de heteronomia inerente à condição de transitoriedade. Este processo de representação simbólica da infância é constitutivo da sua própria história, particularmente na Europa (Ariès, 1986; Becchi e Julia, 1998). Aliás, um olhar sobre práticas culturais e sociais de outras formações sociais no Oriente e no hemisfério sul, ou de grupos étnicos minoritários na Europa, revela representações da infância que não se caracterizam pela exclusão das crianças da vida coletiva e, inclusive, incluem as crianças em práticas sociais comumente consideradas adultas, em especial no que diz respeito ao trabalho, ao casamento e à participação cívica (Silva, Macedo e Nunes, 2001).

A representação social moderna da infância arrastou historicamente como conseqüência a institucionalização de processos de disciplinamento da infância (Foucault, 1993), que são inerentes à criação da ordem social dominante.

É certo que a modernidade introduziu importantes progressos na proteção das crianças, e que o desenvolvimento das políticas para a infância, sustentadas numa representação social da alteridade da infância como negatividade constitutiva, introduziu uma melhoria muito substancial, ainda que parcial, das condições de vida da generalidade das crianças. São incomensuráveis os progressos verificados nos últimos séculos no que diz respeito a indicadores como as taxas de mortalidade infantil, a libertação de formas opressivas e ignominiosas de trabalho, e ainda de acesso e usufruto à informação e à cultura escrita. É igualmente certo que, desde o dealbar da modernidade, se desenvolveu um discurso (que vai de Rousseau ao Movimento da Escola Nova e à pedagogia libertária), por vezes poderoso, de defesa da autonomia das crianças como seres plenos em sua individualidade e como seres sociais, com uma crítica, muitas vezes radical, das formas institucionalizadas em que se formatou a vida cotidiana das crianças na modernidade.

Não obstante, é forçoso reconhecer que a constituição moderna da infância se edificou em torno de processos de "administração simbólica" (Sarmento, 2001) que produziram efeitos orientados para a uniformização da representação social da infância, com perda da noção da diversidade das formas de vida e das desigualdades de acesso aos bens sociais, para a imposição de modos paternalistas de organização social e regulação dos cotidianos – seja no interior do espaço doméstico, seja no âmbito das organizações e instituições sociais –, para o desapossamento de modos de intervenção e a desqualificação da voz das crianças na configuração dos seus modos de vida e para a colonização adultocentrada dos modos de expressão e de pensamento das crianças.

Os efeitos conjugados da uniformização, paternalismo, desapossamento e colonização resultam da ação de múltiplas instâncias reguladoras.

Desde cedo, a constituição do *discurso científico e pericial* sobre as crianças, durante décadas, legitimou a idéia da transitoriedade e da dependência. Neste domínio, a psicologia do desenvolvimento tem sido a mais consistente promotora de uma representação social da infância sustentada na incompletude, na incompetência e na imperfeição das formas de pensamento, legitimando não apenas o controle adulto mas a assimetria radical de poderes intergeracionais na condução da vida das crianças (para uma crítica à pedagogia do desenvolvimento: Burman, 1994).

Além disso, a *instituição educativa* consolidou-se em torno de um "ofício de aluno" (Perrenoud, 1995) – expandido como "ofício de criança" nos níveis mais elementares da educação básica, nomeadamente na educação da infância (Chamboredon e Prévot, 1982) –, que formatou os processos de aprendizagem em torno do ideal de um "aluno médio", a quem se ensina "como se todos fossem um só", para seguir o ideal de Comênio (pai da pedagogia), ignorando não apenas a diversidade cultural como a variabilidade dos processos epistemológicos e o trabalho intersubjetivo, realizada pela e na linguagem, de construção dos conhecimentos e dos sentidos do mundo e da vida.

A *justiça*, por seu turno, edificou-se em torno de "um direito de menores", que, ao mesmo tempo que salvaguarda a especificidade das crianças, inibe ou limita o direito de defesa e de audição em múltiplas áreas e circunstâncias.

A *família e o espaço doméstico* constituem-se tanto num local de guarda e proteção das crianças quanto num território aparentemente inviolável de exercício de um poder paternalista, no qual se exprimem no silêncio – com mais freqüência do que se supõe – práticas de abusos e de maus-tratos (Almeida *et al.*, 1999).

O *espaço produtivo* tem se caracterizado progressivamente pelo alargamento da influência dos produtos culturais para a infância, com o desenvolvimento da indústria dos jogos, em formato informático ou não, dos vídeos, dos programas televisivos, da literatura, especialmente das histórias em quadrinhos e dos mangás, dos brinquedos, da moda, do material escolar etc., com uma fortíssima expansão em todo o mundo. Isso visa conformar o imaginário e o desejo das crianças a padrões e formas pré-estruturadas, no âmbito de uma cultura *para* a infância que, sendo gerada pelo mercado e vivendo dos seus interesses e contradições, se estabelece gerando a colonização dos modos de vida das criança, ao mesmo tempo que se desenvolvem novas desigualdades no acesso a produtos e marcas (Steinberg e Kincheloe, 1997; Scheper-Hughes e Sargent, 1998).

Finalmente, no que tange às *políticas públicas*, a conceituação da infância oscila classicamente entre as concepções liberais e familiaristas, que consideram a infância uma questão gerível exclusivamente no interior da família – com a variante neoliberal, de grande atualidade no presente, que consiste em delegar na família o poder de escolha no mercado de serviços e instituições às respostas consideradas desejáveis para a viabilização dos seus deveres educativos, por meio da privatização crescente de serviços públicos e da transferência de competências e recursos do Estado para o setor privado –, e as políticas protecionistas, conduzidas predominantemente na ausência de voz das crianças, com reforço do poder adulto e da subordinação das crianças. A implicação da provisão na proteção das crianças reforça relações de poder desiguais (Mayall, 2002, p. 21) e estabelece dispositivos de dominação que, freqüentemente, correspondem a modos de inclusão sob uma forma de exclusão (Santos, 1999) – isto é, que em termos imediatos resultam na satisfação de efetivas necessidades das crianças, mas reforçam sua condição de grupo geracional dependente e privado de efetivo poder decisional, mesmo que mitigado.

Numa passagem da obra *Cem anos de solidão* (1996, p. 20), do escritor colombiano e Prêmio Nobel de Literatura Gabriel García-Márquez, podemos encontrar refletida a visão da infância a que referimos:

> Úrsula não se tornou a lembrar da intensidade desse olhar até o dia em que o pequeno Aureliano, aos 3 anos, entrou na cozinha no momento em que ela tirava do fogão e punha em cima da mesa uma panela de caldo fervente. Perplexo, à porta, o garoto disse: "Vai cair". A panela estava bem posta no meio da mesa, mas assim que a criança pronunciou aquelas palavras, iniciou um movimento imparável até à beira, como impulsionada por um dinamismo interior, e despedaçou-se no chão. Úrsula, alarmada, contou o episódio ao marido, mas este interpretou-o como um fenômeno natural. Foi sempre assim, alheio à existência dos filhos, em parte por considerar a infância como um período de insuficiência mental e, em parte, porque estava demasiado absorvido nas suas próprias especulações quiméricas.

Rejeitar a intensidade do olhar da infância significa compreendê-la dentro de parâmetros de um estatuto minoritário, como um período no qual os indivíduos requerem proteção, porque sabem menos, têm menos maturidade e menos força em comparação com os adultos. A tradução real desta concepção nas atitudes, nos discursos e nas práticas sociais exprime-se no desmerecimento ante aquilo que as crianças dizem ou fazem. Com efeito, parece que as práticas sociais dos adultos em face da infância permanecem dominadas pelo que podemos sintetizar por Paradigma de Propriedade; Paradigma da Proteção e do Controle; Paradigma da Periculosidade (Tomás e Soares, 2004).

Nessas circunstâncias, a afirmação da cidadania da infância, visível e permanentemente mobilizada no discurso pedagógico contemporâneo e erigida em metáfora reguladora em boa parte do discurso político do final do século passado e início deste século, afigura-se como um paradoxo. Com efeito, cidadania da infância é algo proclamado na Convenção dos Direitos da Criança, desenvolve-se pelo resgate da visão da criança como ator social e, portanto, como um sujeito portador de direitos, e implica necessariamente o reconhecimento da capacidade de influenciar a vida coletiva. E, no entanto, as condições sociais/estruturais e simbólicas da cidadania estão muito longe de se encontrar reunidas...

O desenvolvimento da concepção de cidadania da infância é também inerente a uma mudança de perspectiva no campo interdisciplinar dos estudos da criança. A investigação das crianças a partir do seu próprio campo, o reconhecimento crítico da alteridade da infância (a par do esclarecimento dos diversos sentidos em que essa alteridade se exprime, no quadro de um reconhecimento das crianças como os múltiplos-outro, ante os adultos, por efeito da variedade de condições sociais e das diferenças de subgrupo etário, de gênero, étnicas, raciais, de localização no espaço-mundo etc.) e ainda o balanço crítico das perspectivas teóricas que construíram o objeto infância como a projeção do adulto em miniatura ou como o adulto imperfeito em devir produziram mudanças teóricas importantes, nomeadamente no campo da sociologia. Por exemplo, com a tematização da infância como categoria social do tipo geracional (Qvortrup, 1991) e das crianças como atores sociais plenos que realizam processos de reprodução interpretativa da ordem social por meio das culturas da infância (Corsaro, 1997), nas ciências da educação, com a redescoberta da construção social do aluno (Gimeno-Sacristán, 2003) e a tematização do campo educativo a partir do ponto de vista das crianças (Montandon, 1997), mesmo na psicologia, com a comprovação da autonomia infantil na construção conceptual (Bruner, 1996; Harris, 2002) etc. Esta mudança de perspectiva – outros a designariam como mudança paradigmática (James, Jenks e Prout, 1998) – tem o seu correlato na reivindicação para as crianças do estatuto de cidadania.

Por todo o mundo, repetem-se as iniciativas públicas e das ONGs pela garantia das condições de cidadania da infância. Não obstante, a persistência das condições que geraram na modernidade – nos planos político-social e simbólico – a "menorização" das crianças possui um enorme impacto, fazendo deste tempo complexo de "transição paradigmática" (Santos, 2000) um lugar híbrido de reconstrução das imagens sociais da infância, por sobreposição e múltipla refração de umas sobre as outras, e de reinstitucionalização social (Sarmento, 2004). O conceito de cidadania da infância ganha, assim, uma ambivalência e uma polissemia que são inerentes às condições sociais da sua produção e reprodução na sociedade, e, em última análise, resulta das contradições da estrutura social na contemporaneidade.

Crianças e infância no contexto da "nova ordem social": uma realidade ambivalente

Quando se discutem as mudanças que ocorreram nas últimas décadas, é consensual a idéia de que houve uma profunda mudança das e nas sociedades, nomeadamente pela influência decisiva da globalização. Nas últimas décadas, produziu-se uma aceleração das mudanças nos mecanismos fundamentais de reprodução do sistema capitalista, o que provocou profundas tensões e ambigüidade; se, por um lado, há maior proximidade vivenciada pelos indivíduos, devido sobretudo aos avanços tecnológicos na área das comunicações, paradoxalmente o mundo parece ter-se tornado mais complexo, porque a sociedade se apresenta mais desigual e heterogênea. A desigualdade marca sobretudo os grupos sociais mais débeis, que continuam a ser excluídos e ocultados das arenas de ação e dos centros de decisão. O grupo social geracional das crianças insere-se neste quadro de desigualdade, exclusão e impossibilidade de protagonismo (Rizzini, 2001).

Nos cenários da globalização hegemônica, a situação de ambigüidade e complexidade paradoxal é a que melhor ilustra a condição social da infância. Apesar de todas as transformações positivas nas condições de vida das crianças, decorrentes dos variados progressos da modernidade – nomeadamente no atendimento materno-infantil, na promoção de processos de escolarização e educação para todos e para todas, na evolução do repertório de documentos normativos de explicitação de direitos e garantias, na abertura de espaços para abrigo e acolhimento, para o lazer e mesmo para a participação infantil –, persistem os fatores de desigualdade social, baseados em condições estruturais e representações sociais, culturais, simbólicas e ideológicas subjacentes à idade/geração (Tomás e Soares, 2004).

Talvez o retrato mais completo e atual desta realidade seja encontrado nos relatórios que as ONGs têm apresentado sobre a situação da infância em nível global, nomeadamente *The progress of the nations* (1996) e *The state of the world's children* (Unicef, 2000; 2003). Estes relatórios têm afirmado que se fez mais pela infância nos últimos cinqüenta anos do que nos quinhentos precedentes. Contudo, também afirmam que a situação das crianças em termos globais é complexa porque, se na maioria dos indicadores a situação de fato melhorou, em outras frentes a situação chegou mesmo a regredir. Teremos, no entanto, de lembrar que mesmo os países centrais disponibilizaram apenas entre 12 e 14% dos seus orçamentos para os serviços sociais básicos (Annan, 2001, pp. 3-6), o que é claramente insuficiente para garantir os serviços mínimos de saúde, educação, água potável e saneamento básico: "Comparando com aquilo que o mundo gasta em armamento ou bens de luxo, os recursos necessários para garantir as necessidades básicas das crianças são modestos" (*ibidem*, p. 6).

E ainda, muitos compromissos permanecem descumpridos, não porque os direitos básicos de provisão das crianças sejam demasiado ambiciosos, inatingíveis ou tecnicamente impossíveis de aplicar, mas porque a agenda da infância não é ainda considerada uma prioridade política, econômica e social. Por isso mesmo, o investimento tarda e escasseia, conduzindo ao dramatismo de cifras como 11 milhões de crianças que morrem diariamente com menos de 5 anos e 150 milhões que se encontram em situação de desnutrição, pela ausência de direitos básicos de provisão – como o são os direitos a cuidados básicos de saúde. Além disso, conduz ao inquietante número de 120 milhões de crianças que não vão à escola (53% das quais são meninas); ao aumento alarmante dos infectados pelo HIV/Aids (sobretudo na África subsaariana), que vitimou milhões de crianças e deixou muitas outras infectadas e/ou órfãs.

Para o secretário-geral das Nações Unidas, a pobreza crônica continua a constituir um dos principais obstáculos para garantir os direitos das crianças, considerando que em um tempo de prosperidade global sem precedentes a persistência de tamanha pobreza é imperdoável (Annan, 2001, p. 5).

Se é verdade que dispomos atualmente de melhores recursos materiais, tecnológicos e intelectuais, também é verdade que o fosso e a desigualdade entre países centrais e países periféricos aumentaram nas últimas décadas. "Entre 1960 e 1995, a disparidade do rendimento *per capita* entre países industrializados e países em vias de desenvolvimento mais que triplicou" (*ibidem*).

É necessário, então, que os líderes mundiais reequacionem suas prioridades em termos de redistribuição dos recursos e dos rendimentos. É igualmente necessário que se transforme a ausência de visão e de compromisso numa real e efetiva promoção dos Direitos das Crianças, de forma que lhes assegure um futuro melhor.

É neste quadro, pois, que se situa o debate sobre a cidadania da infância.

Cidadania e participação social

Segundo Roche (1999, p. 483), o argumento que defende a inclusão das crianças no projeto de cidadania terá necessariamente de desenvolver um reordenamento simbólico e prático do que é uma criança, um adulto e um cidadão. A indispensabilidade deste reordenamento simbólico e prático terá, antes de mais nada, de incorporar os contributos dados pelas investigações que têm vindo a demonstrar a complexidade e heterogeneidade do grupo social da infância.

É também essencial que, nas tentativas teóricas e práticas de co-construção (porque implica o esforço conjunto de crianças e adultos) da cidadania da infância, se repense o próprio conceito de cidadania, uma vez que as fórmulas tradicionais, os princípios clássicos que apoiavam os velhos conceitos de cidadão e cidadania perdem cada vez mais legitimidade e acuidade. Não é possível considerar o debate da cidadania sem incorporá-lo à análise mais vasta das novas formas de organização social e familiar, das alterações na estrutura das desigualdades sociais, e das mudanças nas relações de gênero, nas relações intergeracionais e mesmo nas relações entre pares. Estas novas marcas contribuem para uma enorme diversidade de viver em sociedade, implicam a redefinição de novos papéis, novos espaços e novas vozes no exercício da cidadania. Do mesmo modo, permitem revelar condições de restrição de direitos, que, aparentemente, apareciam garantidos pela norma jurídica.

É, com efeito, no domínio do exercício real de direitos de participação social que a questão da cidadania necessita ser colocada. A ênfase nesta afirmação torna-se indispensável, considerando que, subliminarmente, emergem conceitos reinterpretativos da cidadania que a submetem a concepções neoconservadoras, autoritárias e disciplinadoras, ao reduzir a idéia da participação pública à submissão aos deveres de convergência com a norma social.

Como alternativa, sustentamos uma concepção de cidadania ativa e crítica, que concebe as crianças e jovens como agentes sociais imprescindíveis e participativos na sociedade, dotados de competência de intervenção (Hutchby e Moran-Ellis, 1998) – o que implica não só o reconhecimento formal de direitos mas também as condições do seu exercício por meio de uma plena participação e de um real protagonismo em todas as esferas da vida social.

Nesta conformidade, sustentamos que a cidadania da infância implica o preenchimento de condições estruturais, relativas à organização do conjunto da sociedade, para o alargamento dos direitos das crianças, instituições *para* as crianças que sejam também instituições *das* crianças e a generalização de uma cultura que permita a inclusão democrática das crianças em todos os domínios da vida social e pessoal.

Não há cidadania sem cidade. São por isso deletérias todas as considerações que pretendam promover a cidadania das crianças sem simultaneamente priorizar a satisfação das necessidades básicas e salvaguardar os direitos de proteção e provisão. Os direitos fundamentais das crianças são, antes de mais nada, direitos sociais, extensíveis, conseqüentemente, ao conjunto da sociedade. Contrariamente à utopia centenária da "cidade das crianças", a realidade histórica do século que passou comprovou dramaticamente que é, antes de tudo, a cidade dos homens que constrói a possibilidade ou a impossibilidade da sustentação do "melhor interesse" para as crianças.

Se considerarmos as inconsistências da realização dos direitos das crianças, além da sua proclamação retórica, reconheceremos que é na garantia das condições fundamentais da existência e na ruptura com as relações estruturais da sociedade que promovem a desigualdade e a exclusão que se joga o essencial da cidadania da infância. Por outras palavras, a cidadania da infância é, primeiramente, *cidadania tout court*. Nesse sentido, o movimento pela cidadania da infância (se considerarmos como "movimento" o esforço teórico e prático de extensão dos direitos da criança em toda a plenitude, promovido quer no campo científico, quer no campo da intervenção social por ONGs, técnicos, profissionais e outros atores sociais, e ainda por iniciativas coletivas das próprias crianças) insere-se no conjunto das ações que visam uma globalização alternativa, anti-hegemônica, de reorganização social.

Porém, a cidadania tem contextos concretos de emergência. Os sistemas de ação social concreta nos quais as crianças se inserem (creches, escolas, ateliês de tempos livres, clubes, instituições de acolhimento temporário ou permanente etc.), regulados pelos adultos, constituem ora espaços de subordinação, ora espaços de expressão autônoma das crianças. A construção dos direitos participativos das crianças nos seus contextos de ação compõe um ponto nodal da afirmação do reconhecimento da sua competência social. Nesse sentido, *ouvir a voz das crianças* no interior das instituições não constitui apenas um princípio metodológico da ação adulta, mas uma condição política, por meio da qual se estabelece um diálogo intergeracional de partilha de poderes.

A expressão dessa partilha necessita encontrar fórmulas que ultrapassem os mecanismos formais de decisão, instituídos nas organizações democráticas modernas, de modo que se adeqüe a uma participação das crianças moldada a seus diferentes grupos etários. As assembléias, os inquéritos, os jogos de papéis, o recolhimento de opiniões por meios não-verbais, pictográficos etc. são dispositivos de constituição de organizações e instituições democráticas *com* e *das* crianças. Em suma, a *cidadania organizacional* é um elemento determinante para a viabilização da participação das crianças como núcleo de seus direitos sociais.

Finalmente, a cidadania infantil configura-se na transformação das condições sociais e culturais em que se plasmou a idéia moderna da infância. A criação de um espaço–tempo democrático para as crianças implica-se no domínio das interações sociais, atravessa o espaço estrutural doméstico e familiar e articula-se com as relações intergeracionais, em todos os domínios da vida social, sustentadas no reconhecimento de uma diferença não menorizante. Nesse sentido, a cidadania enraíza-se em elementos simbólicos e representacionais, que se articulam com as atitudes e os desempenhos interativos, fora da regulação política ou normativa. As transformações sociais aqui implicadas são homólogas das mudanças exigíveis nas relações não discriminatórias de gênero, de etnia/raça e de orientação sexual. O que se encontra em causa é uma *cidadania íntima* (Plummer, citado em Nogueira e Silva, 2001, p. 96), pela qual se fundem a esfera pública e a privada e na qual a possibilidade de relações humanas marcadas pela eqüidade nos respectivos modos de vida ganha raízes.

A cidadania da infância (política, organizacional e íntima) é, em suma, a possibilidade de uma utopia coletivamente construída, na qual se resgataria a intensidade do olhar da infância, de que falava Gabriel García-Márquez, para com ele se reconstruir uma visão renovada da sociedade.

Escolaridade, cidadania e inclusão

Como temos assinalado, a cidadania da infância entronca-se de modo muito profundo nas formas de estruturação do processo escolar. A escola, aliás, constitui o *lócus* por excelência da garantia (ou não) da possibilidade de concretização da cidadania política – na medida em que nela se concretizam as aspirações participativas das crianças e suas competências políticas, como proponentes interessados na regulação do seu modo de vida (Rayoux, 2003) –, da cidadania organizacional, pela mobilização da sua vontade ativa na realização do processo escolar, e da cidadania íntima, pela concretização de relações intergeracionais não subordinativas e respeitadoras das identidades individuais.

Cerca de dois séculos e meio depois da criação da escola pública, e mais de duzentos anos depois das primeiras proclamações da intenção de universalização da educação, o *acesso* à educação não está ainda garantido para todos e para todas, especialmente nos países periféricos, ou para populações e grupos sociais em países centrais ou semiperiféricos – é o caso de crianças imigrantes africanas e asiáticas em vários países da Europa. Também não o está em segmentos dos sistemas educativos (a universalização da educação pré-escolar em Portugal está ainda longe de estar garantida, e apenas na última década se verificaram efetivos esforços no alargamento da freqüência dos jardins-de-infância para as crianças portuguesas), ou ainda para certos grupos específicos de crianças, designadamente as portadoras de necessidades educativas especiais.

Deste modo, a concretização da escola como *lócus* de cidadania depende prioritariamente da sua efetiva abrangência e da universalidade da sua freqüência. Porém, contrariamente à tradição do pensamento republicano – designamos por isso o conjunto de orientações ideológicas e doutrinárias originadas no projeto utópico da transformação social por meio da "revolução tranqüila" operada por efeito da democratização do acesso à educação, projeto este prosseguido sob várias modalidades e expressões em muitos países do mundo, nomeadamente os promotores da escola pública da III República francesa, os socialistas fabianos no mundo anglo-saxônico e, em Portugal, os pedagogos e políticos da 1ª República, mas com expressão alargada ainda hoje no senso comum educacional –, o acesso à escola não é, em si mesmo, a garantia de acesso à cidadania da infância.

Como temos enfatizado, o modo de estruturação das condições de vida das crianças nos seus contextos de inserção é central à possibilidade efetiva do exercício dos seus direitos políticos e sociais. Assim, contrariamente à idéia da escola como espaço de transição para uma vida plena, o que se passa no seu interior não é de modo algum despiciendo. Não é no futuro prometido mas no presente construído no interior das instituições escolares que se jogam os direitos sociais das crianças.

A escola encontra-se no centro deste processo no seu presente em múltiplos planos.

Como *escola pública*, pelo cumprimento do projeto de modernidade, nunca realizado plenamente, de instância de regulação de direitos sociais, de entidade promotora da igualdade de oportunidades e de instituição promotora das bases (lingüísticas, simbólicas e científicas) sobre as quais se possa estabelecer o diálogo intercultural. É neste plano, em larga medida, que faz sentido a denúncia do projeto neoliberal de desestruturação da escola pública, de reinstalação de vias duais de progresso escolar e acesso à mobilidade social, e de reconstituição das elites sociais (Burbules e Torres, 2000).

Como *organização social*, no seu modelo de funcionamento, na estrutura organizacional, nas relações entre os seus membros, na "tecnologia" pedagógica que adota, nos procedimentos de ensino e avaliação, nos dispositivos e nas práticas de administração e gestão. É neste plano que assenta a crítica "interna" da escola, ou seja, aos modos como ela contribui organizacionalmente para excluir, sob a aparência da inclusão (Barroso, 2003).

Como *contexto de inserção de crianças e jovens*, como instância reguladora de relações intra e intergeracionais, espaço de intermediação de culturas (também) geracionalmente diferenciadas e local de agenciamentos múltiplos, nos quais os atores sociais desenvolvem processos de identificação e individualização. É neste plano que se tem desenvolvido a reflexão sociológica sobre a escola como espaço de configuração do "ofício de aluno" e, por projeção do efeito de institucionalização, do "ofício de criança" (Perrenoud, 1995; Sirota, 1994; Sarmento, 2000).

As condições atuais de funcionamento da escola (nos planos político, organizacional e institucional) são vistas "sob a forma de uma crise contínua" (Dubet, 2001, p. 103). Essa crise é decorrente de processos de recomposição social, que se exprimem nos principais dilemas da sociedade contemporânea, transmutados para os dilemas educacionais. Não é aqui possível desenvolver as características e implicações dessas transmutações (ver Dubet, 2002, pp. 87-129). Interessa-nos, sobretudo, sublinhar as dimensões simbólicas que isso assume no estatuto social.

O desapossamento da criança do poder sobre si própria e a sua subordinação à administração simbólica disciplinadora fazem parte do projeto institucional da escola. O que se encontra em causa, ante o "declínio institucional", é a emergência de tensões que tendem a estruturar as escolas como espaços tensos, "turbulentos" e de ajustamentos estratégicos entre os atores sociais. Nesse quadro, quer o conservadorismo neodisciplinador, expresso no apelo ao *back to basics* da escola disciplinadora, quer a proclamação milenarista do fim da educação não são mais do que expressões algo epigonais da vontade de regresso aos "bons velhos tempos" que na verdade nunca existiram, e muito menos foram bons.

Similarmente, a fuga romântica para a frente expressa no cruzamento mais ou menos decorativo de práticas culturais e sociais diferenciadas, fora dos quadros da sua inteligibilidade recíproca e das implicações sociais da estruturação dos espaços dialógicos possíveis, não faz senão ocultar as relações políticas e simbólicas subjacentes à possibilidade real da sua superação.

O que se encontra em causa é, simultaneamente, o mais simples e mais radicalmente comprometedor do trabalho político e pedagógico: a organização das escolas como lugares de afirmação das crianças enquanto alunos que são sujeitos sociais e sujeitos sociais que se desempenham coletivamente na escola como alunos. Isso implica – como liminarmente esclarece Dubet (2001) – o trabalho complexo da articulação do mérito, da igualdade e do respeito. Ora, "o respeito indexa a diferença cultural sobre o sentido que ela possa ter para o indivíduo. Para os alunos, esta diferença não é um direito cultural, é um atributo da autonomia individual" (*ibidem*, p. 116). A educação inclusiva passa seguramente por aqui.

Referências bibliográficas

ALMEIDA, A. N. *et al.* "Sombras e marcas: os maus-tratos às crianças na família". *Análise Social*, v. XXXIV, n. 150, pp. 91-121, 1999.

ANNAN, Kofi A. *We the children. Meeting the promises of the world summit for children.* Nova York: Unicef, 2001.

ARIÈS, P. *L'enfant et la vie familiale sous l'Ancien Régime*, Paris: Seuil, 1973.

______. "La infancia". *Revista de Educación*, n. 281, pp. 5-17, 1986.

BARROSO, João. "Factores organizacionais da exclusão escolar. A inclusão exclusiva". In: RODRIGUES, D. *Perspectivas sobre a inclusão.* Porto: Porto, 2003.

BECCHI, D'Egle e JULIA, Dominique (orgs.). *Histoire de l'enfance en Occident* (2 v.). Paris: Seuil, 1998.

BRUNER, J. *The culture of education.* Cambridge: Harvard University Press, 1996.

BURBULES, N. e TORRES, C. A. (orgs.). *Globalization and education. Critical perspectives.* Nova York: Routledge, 2000.

BURMAN, Erica. *Deconstructing development psychology.* Nova York: Plenum, 1994.

CHAMBOREDON, J. C. e PRÉVOT, J. "O ofício de criança". In: GRÁCIO, S. e STOER, S. *Sociologia da educação II. Antologia. A construção social das práticas educativas.* Lisboa: Livros Horizonte, 1982.

CORSARO, W. A. *The sociology of childhood.* Londres: Pine Forge Press, 1997.

DUBET, François. "Les 'différences' à l'école : entre l'égalité et la performance". In: WIERVIORKA, M. e OHANA, J. (orgs.). *La différence culturelle: Une reformulation des débats.* Colloque de Cerisy. Paris: Balland, 2001.

______. *Le déclin de l'institution.* Paris: Seuil: 2002.

FOUCAULT, Michel. *Vigiar e punir.* Petrópolis: Vozes, 1993.

GARCÍA-MÁRQUEZ, Gabriel. *Cem anos de solidão.* Lisboa: Dom Quixote, 1996.

GIMENO-SACRISTÁN, J. *El alumno como invención.* Madri: Morata, 2003.

HARRIS, Paul. "Penser à ce qui aurait pu arriver si..." *Enfance,* v. 54 (Le monde fictif de l'enfant), 2002, pp. 223-239.

HUTCHBY, I. e MORAN-ELLIS, J. *Children and social competence: arenas of action.* Londres: Falmer Press, 1998.

JAMES, Allison; JENKS, Chris e PROUT, Alan. *Theorizing childhood.* Cambridge: Polity Press, 1998.

MAYALL, B. *Towards a sociology for childhood. Thinking from children's lives.* Buckingham: Open University Press, 2002.

MONTANDON, Cléopatre. *L'éducation du point de vue des enfants.* Paris: L'Harmattan, 1997.

NOGUEIRA, C. e SILVA, I. *Cidadania: construção de novas práticas em contexto educativo.* Porto: ASA, 2001.

PERRENOUD, P. *Ofício de aluno e sentido do trabalho escolar.* Porto: Porto, 1995.

PRINGLE, M. K. *A criança.* Lisboa: Instituto de Estudos e Acção Familiar, 1983.

QVORTRUP, Jens. *Childhood as a social phenomenon – An introduction to a series of national reports.* Eurosocial, Report 36/1991. Viena: Vienne European Centre: 1991.

RAMIREZ, Francisco O. "Reconstitución de la infancia. Extensión de la condición de persona y ciudadano". *Revista de Educación,* 194, 1991, pp. 197-220.

RAYOUX, Patrick. "Les univers politiques dês élèves: entre rempli e engagement". In: XYPAS, C. (org.). *Les citoyennetés scolaires (de la maternelle au licée).* Paris: PUF, 2003.

RIZZINI, I. "Crianças, adolescentes e suas bases familiares". In: SOUSA, M. G. e RIZZINI, I. (orgs.). *Desenhos de família. Criando os filhos: a família goianiense e os elos parentais.* Goiânia: Cânone, 2001.

ROCHE, J. "Children: rights, participation and citizenship". *Childhood*, n. 4, 1999, pp. 475-493.

SANTOS, B. S. *Reinventar a democracia.* Lisboa: Gradiva, 1999.

______. *A crítica da razão indolente. Contra o desperdício da experiência.* Porto: Afrontamento, 2000.

SARMENTO, Manuel Jacinto. "Os ofícios da criança". In: VÁRIOS AUTORES. *Os mundos sociais e culturais da infância* (v. II). Braga: Instituto de Estudos da Criança da Universidade do Minho, 2000, pp. 125-145.

______. "Infância, exclusão social e educação para a cidadania activa". *Movimento* (Revista da Faculdade da Universidade Federal Fluminense, Brasil), n. 3, maio 2001, pp. 53-74.

______. "As culturas da infância nas encruzilhadas da segunda modernidade". In: SARMENTO, M. J. e CERISARA, A. B. (orgs.). *Crianças e miúdos. Perspectivas sócio-pedagógicas da infância e educação.* Porto: Asa, 2004.

SCHEPER-HUGHES, Nancy e SARGENT, Carolyn (orgs.). *Small wars. The cultural politics of childhood.* Berkeley: University of California Press, 1998.

SILVA, A. L.; MACEDO, A. V. L. S. e NUNES, A. *Crianças indígenas. Ensaios antropológicos.* São Paulo: Global, 2001.

SIROTA, Regine. "L'enfant dans la sociologie de l'éducation: un fantôme ressuscité?" *Revue de L'Institut de Sociologie del'Université Livre de Bruxelles*, v. 1-2, 1994, pp. 147-163.

STEINBERG, Shirley R. e KINCHELOE, Joe L. (orgs.). *Kinderculture. The corporate construction of childhood.* Boulder: Westview Press, 1997.

TOMÁS, C. e SOARES, N. F. "Infância, protagonismo e cidadania: contributos para uma análise sociológica da cidadania da infância". *Revista Fórum Sociológico.* IEDS/UNL, n.º 11/12, 349-361, 2004.

UNICEF. *The progress of nations.* Nova York: P&LA, 1996.

A formação de professores na educação inclusiva: construindo a base de todo o processo

SORAIA NAPOLEÃO FREITAS

Professora da Universidade Federal de Santa Maria (RS)

Refletir sobre a inclusão do aluno com necessidades educacionais especiais no ensino regular leva-nos inevitavelmente a repensar a relação entre a formação do professor e as práticas pedagógicas atuais.

Nesse sentido, a elaboração desta reflexão é uma tentativa pessoal de analisar o que tem sido o núcleo central de minhas preocupações e experiência profissional: a formação de professores para atuar em um paradigma de educação que busca a equiparação de oportunidades e a qualidade nos serviços oferecidos a todos os alunos.

Percorrendo os diferentes períodos da história universal, desde os mais remotos tempos, evidenciam-se teorias e práticas segregadoras, inclusive quanto ao acesso ao saber. Poucos podiam participar dos espaços sociais nos quais se produziam e transmitiam conhecimentos. A pedagogia da exclusão tem origens remotas, condizentes com o modo como são construídas as condições de existência da humanidade em determinado momento histórico. Um longo caminho tem sido percorrido entre a exclusão e a inclusão escolar/social. É evidente que as orientações que se apresentam sobre o paradigma de inclusão devem ser baseadas na evolução de conceitos anteriores e nos progressos científicos e tecnológicos, pertinentes à educação geral. Neste contexto, devemos priorizar a valorização da dimensão humana de cada sujeito, do sujeito cidadão, com seus direitos fundamentais e deveres garantidos.

O processo de inclusão educacional, analisado à luz da abordagem histórico-cultural, permite-nos apropriar novos significados em relação às pessoas com deficiência em espaços segregados: por carregarem consigo o estigma da incapacidade mental, física e sensorial, tais pessoas têm vivido a impossibilidade de acesso ao conhecimento historicamente produzido no contexto da educação geral, sendo relegadas a escolas ou instituições segregacionistas, em função de suas peculiaridades físicas, mentais e sensoriais.

Nesse sentido, a base teórica de Vygotsky redimensiona a concepção de deficiência e de inclusão educacional, ao postular que os processos psicológicos superiores têm sua origem em processos sociais em uma constituição mútua entre fenômenos interpessoais e intrapessoais. Encontra-se nesta abordagem, "é *na* e *pela* interação social que o homem se constitui enquanto sujeito" (Góes, 1996, p. 21) – portanto, é na relação entre o sujeito e o objeto a ser conhecido, necessariamente mediado por outro sujeito –, a gênese da construção do conhecimento.

Tal concepção de que a aprendizagem resulta das interações sociais possibilita a ruptura de pressupostos que concebem as pessoas com deficiência como pessoas incapazes de aprender em espaços não segregados.

Podemos ver, ainda, que a preocupação com todos os alunos não é recente. Se retomarmos a obra de João Amós Comênio (1592–1670), *Didática magna*[1] (1957, p. 33), veremos que sua defesa no "Tratado da Arte Universal de Ensinar Tudo a Todos" traz a preocupação em relação às pessoas com deficiência, que constituiu grande novidade no século XVII, mas permanece como referência e nos permite fazer uma leitura atual da referida didática.

No Capítulo IX da *Didática magna* (*ibidem*, p. 140), toda a juventude, de ambos os sexos, deve ser enviada às escolas, e alguns, sobretudo os estúpidos e os débeis por natureza, devem ser muito ajudados:

> [...] com efeito, quanto mais alguém é de natureza lenta ou rude, tanto mais tem necessidade de ser ajudado, para que, quando possível, se liberte da sua debilidade e da sua estupidez brutal. Não é pos-

---

1 *Didática magna* é o primeiro tratado sistemático de pedagogia, de didática e até de sociologia escolar. O reconhecimento de sua obra leva Comênio à condição de Pai da Pedagogia.

> sível encontrar um espírito tão infeliz, a que a cultura não possa trazer alguma melhoria. [...] Consta, de resto, pela experiência, que certos indivíduos, por natureza muito lenta, depois de terem seguido o curso dos estudos, passaram à frente de outros mais bem dotados. [...] Além disso, gostamos de ter nos pomares, não apenas árvores que produzem frutos precoces, mas também árvores que produzem frutos de meia estação, e frutos serôdios, porque cada coisa é boa no seu tempo [...] e, embora tarde, acaba por mostrar, em determinada altura, que não existia em vão. Por que é que, então, no jardim das letras, apenas queremos tolerar as inteligências de uma só espécie, as precoces e ágeis? Ninguém, por conseguinte, seja excluído, a não ser a quem Deus negou a sensibilidade e a inteligência.

Ao retomarmos o estudo da obra de Comênio, "Tratado da Arte Universal de Ensinar Tudo a Todos", a educação inclusiva não deveria ser tomada como preocupação da educação. A atenção educacional para com as pessoas com deficiência foi considerada novidade para o século XVII, e só na metade do século XX é incorporada pelas políticas públicas e tornada obrigatória, tanto para as preocupações dos cursos de formação de professores, quanto para a educação geral e a educação especial.

Educação para todos: o ideal das políticas públicas inclusivas

É no entrelaçamento entre a educação geral, a educação especial e a proposta de educação para todos, em suas dimensões relacionadas às políticas públicas, à formação de professores e às práticas pedagógicas, que se inicia a discussão em torno dos desafios, das possibilidades e das ações para que o processo de inclusão educacional da pessoa com necessidades educacionais especiais seja implementado. O especial e o comum são vistos como dois problemas distintos que "vêm disputando o mesmo espaço, o mesmo lugar físico: a escola pública" (Kassar, 1995, p. 27).

Neste sentido, Ferreira (1999, p. 21) considera que a educação especial vive um importante momento, em um contexto favorável para ampliar reformas na educação geral, com novas questões referentes a assegurar uma educação de qualidade aos alunos com necessidades educacionais especiais. A referência às questões mais gerais da educação (municipalização do ensino fundamental, formação do professor, organização e flexibilização das formas de organização curricular) é necessária, não apenas pela perspectiva da inclusão escolar "mas principalmente pela perspectiva de que aquilo que denominamos educação especial se constrói e reconstrói a partir das práticas da escola comum".

Jacobo (1999, p. 127) salienta, em relação ao sujeito "especial", que, por ser ele assim considerado, quando a escola o inclui no mundo educativo regular, imediatamente se levantam vozes inconformadas exigindo sua exclusão encobertas por uma racionalidade educativa que propõe treinamento e reabilitação particular para tais sujeitos. Essa argumentação "pseudocientífica" proclamada na especificidade da diferença implica uma exclusão inconsciente da diferença.

Esta atitude leva os alunos que apresentam dificuldades em aprender com métodos tradicionais de ensino a ser percebidos como deficientes e incapazes. Na suposição equivocada de que podem ser ajudados, costumam ser encaminhados para a educação especial. "No imaginário coletivo, há uma relação clara de que o aluno 'normal' vai para a educação geral e, para a educação especial, os PNEE, para que sejam atendidos ou reabilitados" (Carvalho, 1998, p. 144). A chamada "educação inclusiva" decorre dessa constatação. Ela veio revelar que a educação no mundo todo vem excluindo cada vez mais alunos, ao invés de incluir. Segundo dados citados por Mrech (1998), no Brasil, atualmente, há mais de 5,7 milhões de portadores de deficiência excluídos do ensino regular. Diante da escassa integração entre educação geral[2] e especial, insere-se o discurso da educação inclusiva apregoado pelas políticas pú-

2 Educação em geral refere-se, aqui, ao contexto geral no qual se realiza a prática educativa que envolve desde a formação e a atuação dos professores, até a estrutura organizativa da escola e as políticas de apoio à ação docente.

blicas educacionais, mas distantes das preocupações da formação de professores.

Sabemos que refletir sobre a educação para todos implica pensar nas relações entre os alicerces da educação geral e da especial, com a formação geral e especial dos professores. A educação das necessidades educacionais especiais, no contexto do ensino regular, permite, tanto aos professores já atuantes quanto aos que estão em formação, rever os referenciais teórico-metodológicos que se alicerçaram na distinção entre educação especial e geral, uma vez que, conforme Mazzota (1998, p. 48) enfatiza, a educação dos alunos com necessidades educacionais tem os mesmos objetivos da educação de qualquer cidadão.

> Algumas modificações são, às vezes, requeridas na organização e no funcionamento da educação escolar para que tais alunos usufruam dos recursos escolares de que necessitam para o alcance daqueles objetivos. Em razão disso, são organizados auxílios e serviços educacionais especiais para apoiar, suplementar e, em alguns casos, substituir o ensino regular, como forma de assegurar o ensino para esse alunado. [...] As necessidades educacionais especiais são definidas e identificadas na relação concreta entre o educando e a educação escolar. Assim, os recursos educacionais especiais requeridos na situação de ensino–aprendizagem é que se configuram como "Educação Especial" e não devem ser reduzidos a uma outra modalidade administrativo-pedagógica como escola especial.

As práticas pedagógicas na educação de alunos com necessidades educacionais especiais estão sujeitas às influências do pensamento de que as pessoas com deficiência têm "dificuldade de aprender", em razão de considerá-las portadoras de limitações orgânicas. Assim, corre-se o risco de perpetuar a divisão especial-regular, buscada nas condições orgânicas da população escolar: os mais lesados, sejam deficientes sensoriais, físicos ou mentais, não reuniriam condições de inclusão para ser incorporados pela educação regular.

Cada vez mais a luta pelos Direitos Humanos se fortalece a fim de acabar com as práticas discriminatórias na busca por um mundo mais democrático, em que haja igualdade de direitos. Para este tipo de sociedade que tanto se almeja, emerge assim a necessidade da prática "inclusiva".

> Conforme mencionado na Declaração de Salamanca, é necessário reconhecer que: inclusão e participação são essenciais à dignidade humana e ao gozo e exercício dos direitos humanos. No campo de educação, tal se reflete no desenvolvimento de estratégias que procuram proporcionar uma equalização genuína de oportunidades. A experiência em muitos países demonstra que a integração das crianças e dos jovens com necessidades educacionais especiais é mais eficazmente alcançada em escolas inclusivas que servem a todas as crianças de uma comunidade. (Unesco, 1994, p. 61)

Há na educação inclusiva a introdução de outro olhar. Uma maneira nova de se ver, ver os outros e ver a educação. Para incluir todas as pessoas, a sociedade deve ser modificada com base no entendimento de que é ela que precisa ser capaz de atender às necessidades de seus membros. Assim sendo, inclusão significa a modificação da sociedade como pré-requisito para a pessoa com necessidades especiais buscar seu desenvolvimento e exercer sua cidadania. Torna-se necessário preparar a escola para incluir nela o aluno PNEE, a fim de que os benefícios sejam múltiplos para todos os envolvidos com a educação: os alunos, os professores e a sociedade em geral.

O princípio fundamental da escola ou ensino inclusivo é que todos os alunos, sempre que possível, devem aprender juntos – independentemente de suas dificuldades ou talentos, deficiências, origem socioeconômica ou cultural em escolas e salas de aula provedoras, nas quais todas as necessidades são satisfeitas. Stainback (1999, p. 25) afirma que, "para conseguir realizar o ensino inclusivo, os professores em geral e especializados, bem como os recursos, devem aliar-se em um esforço unificado ao consistente".

Incluir e garantir uma educação de qualidade para todos é, hoje, o fator mais importante na redefinição dos currículos escolares, desafiando a coragem das escolas em assumir um sistema educacional "especial" para todos os alunos. É neste contexto que as atuais políticas públicas de educação se inserem.

Formação dos professores: a base do processo de inclusão

Uma análise crítica sobre as práticas pedagógicas desenvolvidas atualmente com alunos que possuem necessidades educacionais especiais nas salas de aula do ensino comum permite-nos concluir que a formação do professor para a educação geral muito pouco tem contribuído para a educação desses alunos. Diante dessa realidade, faz-se mister perguntar: como um currículo, em um curso de licenciatura, pode contribuir para responder à necessidade de formação do professor para a educação inclusiva? Qual a importância ocupada pela educação inclusiva nos programas de formação de professores? Em que medida a educação inclusiva, com seus desafios e possibilidades, está presente nos conteúdos dos cursos de formação?

É consensual a afirmação de que a formação de que dispõem os professores hoje no Brasil não contribui suficientemente para que seus alunos se desenvolvam como pessoas, tenham sucesso nas aprendizagens escolares e, principalmente, participem como cidadãos detentores de direitos e deveres na chamada sociedade do conhecimento.

> Não se trata de responsabilizar pessoalmente os professores pela insuficiência das aprendizagens dos alunos, mas de considerar que muitas evidências vêm revelando que a formação de que dispõem não tem sido suficiente para garantir o desenvolvimento das capacidades imprescindíveis para que crianças e jovens não só conquistem sucesso escolar, mas, principalmente, capacidade pessoal que lhes permita plena participação social num mundo cada vez mais exigente sob todos os aspectos. (Referenciais para a formação de professores. MEC, 1998, v. 1, p. 17)

Uma reflexão sobre a situação atual da formação de professores aponta para a necessidade de que ela se insira no movimento de profissionalização fundamentado na concepção de competência profissional. O desenvolvimento dessa competência exige metodologias pautadas na articulação teoria–prática, na resolução de situações-problema e na reflexão sobre a atuação profissional. Nesse contexto, a atuação do professor tem como dimensão principal a docência, mas não se restringe a ela, incluindo também a participação em projetos educativos, a produção de conhecimento.

A situação que se configura em razão do processo de internacionalização da economia e de supremacia dos interesses do mercado e do capital sobre os interesses humanos tem contribuído para a constituição de valores e sentimentos nada construtivos, como o individualismo, a intolerância, a exclusão... o que põe em pauta questões éticas complexas, sem respostas prontas nem soluções fáceis.

Esse contexto coloca enormes desafios para a sociedade e, como não poderia deixar de ser, também para a educação escolar, responsável por criar condições para que todas as pessoas desenvolvam suas capacidades e aprendam os conteúdos necessários para construir instrumentos de compreensão da realidade. Em decorrência, essas pessoas estarão preparadas para participar de relações sociais cada vez mais amplas e diversificadas, condições fundamentais para o exercício da cidadania.

A formação do professor de modo geral (educador especial ou educador da classe comum) deve incluir programas/conteúdos que desenvolvam competências de um profissional intelectual para atuar em situações singulares.

Portanto, a formação é aqui entendida

> como processo contínuo e permanente de desenvolvimento, o que pede do professor disponibilidade para a aprendizagem; da formação que o ensine a aprender; e do sistema escolar no qual ele se insere como profissional, condições para continuar aprendendo. (Tardif, 2002 p. 177)

Talvez, influenciado pela experiência de seu próprio processo escolar, e pelas representações sociais das práticas escolares, quem inicia um curso de formação já traz consigo uma idéia preconcebida de aluno. Na maioria das vezes, o professor idealiza um aluno, sem se dar conta de que trabalhar com a diversidade é algo intrínseco à natureza da atuação docente e de que não faz sentido pensá-la como uma condição excepcional.

Freqüentemente, os cursos de formação não trabalham tais questões e acabam por reforçar os estereótipos ao tomar como referência um "aluno-padrão" idealizado. Em conseqüência disso, muitos professores que ingressam na profissão com essas visões estereotipadas levam bastante tempo para desfazê-las. Outros não as superam nunca, realizando uma prática que acaba por contribuir para a produção do enorme contingente de excluídos da e na escola.

Romper com essas representações, discutir as questões relativas à função social da escola e à importância de seu trabalho, considerar a diversidade e a heterogeneidade dos alunos e a complexidade da prática pedagógica são dimensões essenciais a serem garantidas na formação do professor. Para tanto, cabe aos formadores possibilitar que todo professor aprenda a investigar, sistematizar e produzir conhecimento, por meio de leituras diversificadas, trabalhos escritos, emprego de recursos tecnológicos, análise de materiais didáticos, especialmente livros, vídeos, jogos e brinquedos a serem utilizados com os alunos. A construção progressiva desses procedimentos contribui para o desenvolvimento pessoal, potencializa a atuação pedagógica e favorece um exercício profissional mais autônomo, o que representa uma grande conquista para os futuros professores, e também para os alunos.

Importa, neste momento histórico de **educação para todos**, que a formação seja de um professor comprometido com sua função social de educar todos os alunos. Nesse sentido, Cartolano (1998, p. 30) ressalta que:

> Assim, como homens do seu tempo, os educadores de hoje não podem esquivar-se dessa realidade social e, muito menos, perder de

> vista a viabilidade histórica de um projeto de transformação do real. Uma boa formação teórica e prática, básica e comum a todos, independente da clientela para a qual ensinarão no futuro, lhes garantirá uma leitura crítica não só da educação e das propostas de mudanças neste campo, mas também uma consciência clara das determinações sociais, políticas e econômicas nelas presentes. Isso significa, por exemplo, saber analisar e criticar propostas oficiais ou institucionais da educação – a fim de reconhecer sua pertinência, ou não, às condições históricas existentes.

Percebe-se então a extrema importância, no atual cenário da educação inclusiva, de assinalarmos a questão da formação de professores como um dos fatores que norteiam os objetivos traçados nesse processo educativo. A própria LDB nº 9.394/96, em seu artigo 59, inciso III, coloca a discussão da formação do professor, no desafio de entender seu papel como co-participante em uma proposta de educação inclusiva, quando alude a "professores com especialização adequada em nível médio ou superior, para o atendimento especializado, bem como professores do ensino regular capacitados para a integração desses educandos nas classes comuns" (*ibidem*, p. 23).

Nesse contexto, ressalta-se que a formação de professores e a qualificação do ensino para crianças com necessidades educacionais especiais, na perspectiva da construção efetiva de uma educação inclusiva, envolvem dois tipos de formação profissional:

1. dos professores do ensino regular, com vistas a um mínimo de formação, já que a expectativa é da inclusão dos alunos com "necessidades educativas especiais";
2. dos professores especializados nas diferentes "necessidades educativas especiais", quer seja para o atendimento direto a essa população, quer seja para o apoio ao trabalho realizado por professores de classes regulares que integrem esses alunos (Bueno, 1998, p. 7).

Ainda dentro dessa perspectiva, segundo documento produzido pela Secretaria de Educação Especial do MEC *apud* Carvalho

(1998, p. 153), a formação de professores para a educação inclusiva perpassa pelos seguintes aspectos:

1. Formação de professores no nível médio e superior
   Inclusão de teoria e prática que possibilite a este profissional desenvolver processo de ensino compatível com as características específicas dos alunos PNEE.
2. Formação de professores para educação especial
   Habilitação, posterior ao curso de formação (seja ele de nível médio ou superior), para o acompanhamento do trabalho pedagógico do professor de ensino regular com alunos com necessidades especiais (temporariamente, até que os professores da educação regular tenham formação suficiente para trabalho autônomo) e para o atendimento de alunos que possam ser incorporados pelo ensino regular (deficientes mentais e com deficiências físico-neurológicas severas).
3. Formação do professor
   Obrigatoriedade da formação de professores que possam se responsabilizar pela área de educação especial, nos cursos de formação do professor da educação básica.

Tal documento (Brasil, 1998b) sugere ainda a inclusão de uma disciplina sobre a educação especial nos cursos de magistério, pedagogia e licenciaturas e a inserção, nas demais disciplinas, de temas que contemplem as características, peculiaridades, necessidades e possibilidades de aprendizagem dos alunos com necessidades educacionais especiais.

Ressalta-se no entanto que, ainda que o MEC recomende a inclusão de disciplinas e/ou temas acerca das necessidades educacionais especiais de determinados alunos, tal propósito "pode redundar em práticas exatamente contrárias aos fundamentos da educação inclusiva: a distinção abstrata entre crianças que possuem condições para se inserirem no ensino regular e as que não possuem" (Bueno, 1998, p. 11), se não fizer parte de uma política efetiva de diminuição do fracasso escolar e de uma educação inclusiva expressa em princípios, fundamentos e prática, e no envolvimento de toda uma estrutura organizativa da escola.

A formação do professor deve ocorrer na ótica da educação inclusiva, como formação de especialista, mas também como parte integrante da formação geral dos profissionais da educação, a quem cabe atuar a fim de reestruturar suas práticas pedagógicas para o processo de inclusão educacional.

Para efetivar a inclusão é preciso, portanto, transformar a escola regular em sua estrutura organizativa, começando por desconstruir práticas segregacionistas, o que implica questionar concepções e valores, abandonando modelos que discriminem pessoas PNEE, ou qualquer aluno. Entendida desta forma, a inclusão significa um avanço educacional com importantes repercussões políticas e sociais, visto que não se trata de adequar, mas de transformar a realidade das práticas educacionais em função de um valor universal que é o do desenvolvimento do ser humano.

Ao pensar em uma política educacional transformadora, a fim de oferecer uma escola inclusiva, aberta a todos, e de tal qualidade que possibilite a construção individual de todos os seus acadêmicos, é necessário fazer dois questionamentos.

O primeiro é o de como se dá o conhecimento no ser humano, independentemente de sua diversidade, ou seja, de sua deficiência. Busca-se uma resposta em uma perspectiva socioconstrutivista, baseada em Vygotsky (1983), acreditando que a transformação do indivíduo se processa não por uma dotação biológica inata nem por ações isoladas sobre os objetos do mundo, mas pela dinâmica social característica de cada modelo histórico, por intermédio das relações inter e intrapessoais que se estabelecem reciprocamente. A internalização do conhecimento socialmente construído e sua reelaboração individual são mediadas pela linguagem, signo por excelência para Vygotsky (*ibidem*), pois modificam as ações da pessoa pela transformação que introduz tanto em suas relações consigo, quanto nas relações com as demais pessoas. É o constante entrelaçar da história social com a história individual.

Nessa perspectiva, as interações dialógicas constituem espaço privilegiado onde se processa o conhecimento. A comunicação é um processo dinâmico, por meio do qual a fala de uma pessoa sempre provoca uma resposta de seu interlocutor; resposta que, em um processo contínuo, exige dos componentes de uma interação dialógica a reestruturação de seus pensamentos com base nas experiências vivenciadas e no modo como explicitá-los, dependendo dos enunciados feitos na situação. Assim, cada interação é única. O conteúdo poderá aparecer em outras interações, porém nunca se repetirá da mesma forma, pelo caráter dinâmico das relações interpessoais, marcadas pela experiência de cada interlocutor, na interação de vozes que explicitam os valores culturais e ideológicos entre seus membros.

Por um lado, o homem é constituído socialmente e, quanto maior a diversidade dos componentes em uma interação social, mais rica a formação do pensamento produzido por essas pessoas; por outro lado, considera-se que cada pessoa é singular.

O segundo questionamento é o das estratégias, dos caminhos que devem ser adotados em uma escola inclusiva, para que os alunos, com suas necessidades específicas, tenham as mesmas condições de construir seu saber e desenvolver suas funções psíquicas superiores, comuns a todos os seres humanos.

É fundamental, na formação inicial e, principalmente, na continuada, proporcionar aos professores das escolas regulares os conhecimentos básicos para uma prática inclusiva.

Em seus estudos, Carvalho (1998) aponta como uma questão urgente a revisão dos currículos dos cursos de formação de professores, e menciona a importância de rever as cargas horárias destinadas aos estudos sobre aprendizagens e sobre o desenvolvimento humano.

O desenvolvimento profissional inter-relacionado com o conhecimento sobre desenvolvimento organizacional, sobre ensino e sobre o professor e sua formação fica implícito nas abordagens referentes à formação de professores para a escola inclusiva. Esse recorte respalda a articulação dos conhecimentos e competências dos professores com a reestruturação da escola em uma proposta coletiva que almeja alcançar um ensino de qualidade para todos os alunos.

Segundo Perrenoud (1993, p. 54), a competência é definida como uma capacidade de agir de forma eficaz, em determinadas situações, respaldada sempre em conhecimentos, mas sem limitar-se a elas. A prática é que oferece um conjunto de esquemas que formam uma competência. Sob esse viés, são competências do professor: criar ou utilizar meios diversificados de ensino, adotar um planejamento de caráter flexível, ser capaz de improvisar, implementar e explicitar um novo contrato didático, entre outros. "Constroem-se as competências exercitando-se em situações complexas." O que possibilita ao profissional nortear essa atuação improvisada de conhecimentos essenciais à competência é a prática reflexiva, sendo essa considerada um elemento fundamental da formação profissional, uma vez que, conforme Bolzan (2001, p. 16), o professor reflexivo aprende com base na análise e na interpretação de sua própria atividade, constrói, de forma pessoal, seu conhecimento emergente institucionalizado. Durante o processo de reflexão, o professor, muitas vezes, deixa emergir seus esquemas implícitos ou mesmo suas construções teóricas, formuladas desde a formação acadêmica, tentando aproximá-las de sua problemática atual.

Essa linha de pensamento, na qual o professor, diante da reflexão na e sobre a ação em sala de aula, refaz sua prática, demonstra uma significativa competência à escola inclusiva, pois a reflexão é o elemento desencadeador para um trabalho eficaz no ambiente de sala de aula, mediante o qual o professor promove experiências em que os alunos demonstram-se participativos e ativos.

O paradigma inclusivo, ao exigir do professor do ensino regular uma especialização para seu atuar ante as peculiaridades deparadas na sala de aula, também se mostra atento para que o educador especial amplie suas perspectivas. Em decorrência, Bueno (1998, p. 12) elucida que:

> Se construirmos uma trajetória de formação de professores que coloque em prática estes princípios, com certeza estaremos contribuindo, dentro do nosso âmbito de ação, para a ampliação efetiva das oportunidades educacionais a toda e qualquer criança, com necessidades educativas especiais ou não.

Hoje, um dos grandes desafios dos cursos que formam professores é a elaboração de um currículo que venha desenvolver nos acadêmicos competências, habilidades e conhecimentos para que possam atuar em uma escola realmente inclusiva, acessível a todos, independentemente das diferenças que apresentarem, dando-lhes as mesmas possibilidades de realização humana e social. "Todo indivíduo é cognitivamente modificável, mesmo que identificado como portador de dificuldades de aprendizagem ou de disfunções cognitivas e que normalmente é alheio na maioria dos casos" (Fonseca, 1987).

Inovar significa ter uma atitude aberta à mudança, baseada na reflexão crítica da própria tarefa, descobrindo novos caminhos que melhorem a qualidade do ensino e buscando a solução mais adequada a situações novas. Este desafio pressupõe uma mudança na tradição pedagógica e um papel diferente do professor, que terá de ser capaz de analisar situações, identificar problemas e procurar soluções. Entendemos que o processo inovador não pode reduzir-se a uma mera mudança de posicionamentos, precisando-se que estes sejam modificados na prática. Muitas das inovações propostas perdem-se antes de chegar às salas de aula, fazendo que a mudança educacional pareça ser uma eterna utopia, embora certa utopia faça parte da própria idéia de inovação.

O futuro professor tem de estar preparado teoricamente, saber aplicar na prática a teoria conhecida, analisando as situações e melhorando-as, adaptando os pressupostos teóricos à sua própria realidade e reorientando-os, em função dos dados que tal realidade lhe oferece.

Essa concepção de educação como formação humana que se dá em uma pluralidade de espaços sociais amplia a visão dos processos educativos e conseqüentemente alarga o leque dos educadores. Vem confirmar que o modelo tradicional de educação baseado no autoritarismo, no tecnicismo deve ser eliminado do espaço educacional (hoje ainda se encontram esses princípios nas práticas pedagógicas). Enfatiza ainda a importância de lutar por uma proposta político-educacional que contemple seriamente as questões curriculares e a formação de professores, buscando uma educação na qual os sujeitos se desenvolvam de maneira autônoma e crítica, sendo capazes de compreender e transformar a realidade em que atuam.

A história da educação revela que os currículos, até pouco tempo, eram organizados de forma "hierárquica", com o objetivo de garantir, dentro das instituições de ensino, que os alunos se enquadrassem em determinada classe social. Isso pode ser observado na divisão de turmas destinadas ao recebimento de aprendizagem acadêmica (oferecida como acesso à formação superior) e à aprendizagem profissionalizante (destinada aos alunos oriundos das classes subalternas).

A fim de desempenhar bem o papel de professor nesse novo contexto, a postura diante dos alunos tem de mudar. De dono absoluto do saber, o educador passa a ser intermediário entre o conhecimento acumulado e o interesse e a necessidade do aluno. Segundo Perrenoud (1999), do ponto de vista das competências em jogo, o professor que trabalha com alunos incluídos na escola regular deverá, com o tempo, apropriar-se de uma parte dos saberes dos professores especializados ou dos professores de apoio, mesmo que nem todos exerçam essa função permanentemente. Para o autor, não são suficientes competências em didática e em avaliação, mas também capacidades relacionais que permitam enfrentar qualquer desafio.

Ante o exposto, passamos a apontar alguns conhecimentos que devem ser construídos pelos professores durante o curso de formação (*Formação de professores para educação inclusiva/integradora*, MEC/Seesp, 1998): Mecanismos funcionais de cognição das pessoas com deficiência; Consciência de suas próprias condições, conhecimentos pedagógicos e metacognitivos; Desenvolvimento da capacidade de auto-regular e de tomar consciência das etapas do processo de ensino–aprendizagem; Coerência entre sua maneira de ser e ensinar, entre teoria e prática; Capacidade de ministrar aulas sobre um mesmo conteúdo curricular a alunos de diferentes níveis de compreensão e desempenho acadêmico; Respeito ao ritmo de aprendizagem de cada aluno; Utilização flexível dos instrumentos de avaliação de desempenho escolar, adequando-os às necessidades dos alunos.

Emerge, então, uma grande preocupação dos professores em sua prática pedagógica, respaldada na Pedagogia da Diversidade:[3] que recursos pedagógicos utilizar para possibilitar às crianças PNEE as mesmas condições de participação?

A educação atual, conforme Ferre (2001), faz uma correlação entre as idéias de identidade, diferenças e diversidade, extraindo o que elas pretendem significar e o que produzem uns e outros. A parte do cenário educacional que projetou os sujeitos denominados "alunado deficiente",[4] "especial", "diferente do majoritário", "eficiente", "normal", "homogêneo", como objetos de seu discurso teórico e prático, hoje, apesar das diferentes formas de resistência quanto a seu conceito, sua prática e necessidade, acabou retratando esses alunos como iguais, mas com necessidades educativas especiais.

Enfim, podemos observar que todas as tendências e proposições formativas nos colocam diante de um espectro amplo e diversificado de realidades, cujo objetivo comum será formar os futuros profissionais a fim de que sejam capazes de oferecer respostas às necessidades tanto dos sujeitos PNEE como dos considerados "normais".

Com base na complexidade do ato educativo, consideramos que são necessários modelos de formação não categoriais, cujos conteúdos estejam orientados para as exigências do conhecimento disciplinar e interdisciplinar da educação especial, tanto em sua dimensão teórica como prática, promovendo e facilitando o uso de metodologias e estratégias didáticas, que gerem modos de pensamento e ação próprios a profissionais críticos-reflexivos capazes de trabalhar individual e coletivamente com outros profissionais.

Assim, tudo parece indicar que uma boa formação profissional, aliada a um contexto educacional que favoreça o espírito de equipe, o trabalho em colaboração, a construção coletiva, o exercício res-

---

3 Nascida a par e em conseqüência das reivindicações que, a partir dos anos 1960 e 1970, produziram os chamados grupos marginais, minoritários ou majoritários – já que entre eles se contavam mulheres, jovens, deficientes, homossexuais, doentes mentais, negros, índios, imigrantes... (Ferre, 2001).

4 Os termos que se encontram entre aspas ("") são nomenclaturas utilizadas pela autora.

ponsável de autonomia profissional e adequadas condições de trabalho, é um ingrediente sem o qual não se alcançará a qualidade pretendida na educação; é, na verdade, direitos dos profissionais da educação.

A própria natureza da função de professor, como um profissional que atua nas relações humanas, aliada à sua tarefa de gestor da sala de aula, coloca-o em uma situação de envolvimento pessoal nas relações que estabelece com seus alunos e seus pares. Mais precisamente na situação de docência, o professor (educador especial/educador da classe comum) precisa administrar um conjunto de relações interpessoais marcadas por conteúdos afetivos os mais diversos, que atingem tanto a ele quanto a seus alunos.

O necessário compromisso com o sucesso da aprendizagem de todos os alunos exige que o professor (des)considere suas diferenças culturais, sociais e pessoais e, sob hipótese alguma, as reafirme como causa de desigualdade ou exclusão.

O acolhimento do professor aos alunos não pode ser confundido com piedade. Deve ser, ao contrário, um cuidado que se expresse em atitudes do tipo: "Ele pode aprender e eu posso fazer algo para isso". "Todos os alunos precisam ouvir de seus professores: você pode!!!" (Tardif, 2002, p. 58). O que não precisa necessariamente ser expresso por palavras, mas por atitude de ajuda efetiva.

Tudo isso configura um conjunto de relações e circunstâncias complexas e variadas, que demandam ações também diversificadas. Essa complexidade educacional é sempre singular e contextual, isto é, ocorre sempre em situações específicas, já que os alunos são todos diferentes uns dos outros.

Referências bibliográficas

BOLZAN, D. P. V. A. *Construção do conhecimento pedagógico compartilhado: Um estudo de narrativas de professores do ensino fundamental.* Tese (Doutorado) – Universidade Federal do Rio Grande do Sul, Porto Alegre, 2001.

BRASIL. *Lei de Diretrizes e Bases da Educação Nacional n.º 9.394*, de 20 de dezembro de 1996.

______. Secretaria de Educação Especial. *Conjunto de materiais para capacitação de professores.* Brasília: MEC/Seesp,1998a.

______. Ministério da Educação. *Formação de professores para a educação inclusiva/integradora.* Brasília: MEC/Seesp, 1998b.

______. *Referenciais para a formação de professores.* MEC, 1998c.

BUENO, J. G. S. *Educação especial brasileira: integração/segregação do aluno diferente.* São Paulo: Educ, 1998.

______. "A educação inclusiva e as novas exigências para a formação de professores: algumas considerações". In: BICUDO, M. A e SILVA JÚNIOR, C. A. (orgs.). *Formação do educador e avaliação educacional* – Volume 1. São Paulo: Unesp, 1999.

CARTOLANO, M. T. P. "Formação do educador no curso de pedagogia: a educação especial". *Cadernos Cedes,* v. 19, 1998, pp. 29-40.

CARVALHO, R. E. *A nova LDB e a educação especial.* Rio de Janeiro: WVA, 1998.

CENTRO DE EDUCAÇÃO DA UNIVERSIDADE FEDERAL DE SANTA MARIA. *Projeto político-pedagógico do curso de Educação Especial.* 2003.

COMÊNIO, J. A. *Didática magna: tratado da arte universal de ensinar tudo a todos.* 3. ed. Lisboa: Gulbenkian, 1957.

FERRE, N. P. de L. "Identidade, diferença e diversidade: manter viva a pergunta". In: LARROSA, J. e SKLIAR C. (orgs.). *Habitantes de Babel: políticas e poéticas da diferença.* Belo Horizonte: Autêntica, 2001, pp. 195-214.

FERREIRA, M. C. C. "Construindo um projeto político-pedagógico para a formação de educadores no contexto da educação especial". In: BICUDO, M. A. e SILVA JÚNIOR, C. A. (orgs.). *Formação do educador e avaliação educacional* – Volume 1. São Paulo: Unesp, 1999.

FONSECA, V. *Educação especial.* Porto Alegre: Artes Médicas, 1987.

GÓES, M. C. R. *Linguagem, surdez e educação.* Campinas: Autores Associados, 1996.

JACOBO, B. "Consideraciones generales a la educación especial". *Revista Contexto e Educação,* n.º 55, jul./set. 1999, pp. 125-139.

KASSAR, M. *Ciência e senso comum no cotidiano das classes especiais.* Campinas: Papirus, 1995.

MAZZOTTA, M. *Educação especial no Brasil: história e políticas públicas.* São Paulo: Cortez, 1998.

MRECH, L. "O que é educação inclusiva?" *Revista Integração,* ano 8, nº 20, 1998.

PERRENOUD, Philippe. *Práticas pedagógicas, profissão docente e formação. Perspectivas sociológicas.* Lisboa: Dom Quixote, 1993.

______. *Construir as competências desde a escola.* Porto Alegre: Artes Médicas, 1999.

STAINBACK, S. e STAINBACK, W. *Um guia para educadores.* Porto Alegre: Artes Médicas, 1999.

TARDIF, Maurice. *Saberes docentes e formação profissional.* Petrópolis: Vozes, 2002.

UNESCO. *Declaração de Salamanca e linha de ação: necessidades educativas especiais.* Unesco: Salamanca, 1994.

VYGOTSKY. L. S. *Fundamentos de defectología.* Havana: Pueblo y Educación, 1983.

O direito de ser, sendo diferente, na escola

MARIA TERESA EGLÉR MANTOAN

Pedagoga, doutora em Educação e coordenadora do Laboratório de Estudos e Pesquisas em Ensino e Diversidade (Leped) da Universidade Estadual de Campinas – Unicamp (SP)

Um preâmbulo necessário

Lançar olhares sobre a escola é antes de tudo uma experiência que não se resume a descrevê-la, conforme a vemos, seja de relance, seja atentamente. Trata-se de uma atividade ao mesmo tempo perceptiva e interpretativa, que, por ser assim, é reveladora e transformadora do que vemos.

O exercício de pensar sobre a escola, olhando-a na frente e no verso, é sempre instigante e surpreendente, porque queremos saber cada vez mais o que ela esconde, quando se deixa entrever. Nada mais perturbador do que enveredar nessa busca de sentido.

Mais uma vez a liberdade do pensar deve ser nossa aliada.

Sou uma observadora que não se contenta com olhares despretensiosos, porém fujo dos preconceitos e vou por aí, pois vivo na escola e faço dela um lugar de ser, de viver e de crescer.

Não quero trazer para este texto apenas um olhar viciado de uma escola que todos conhecem, que tantos criticam. Penso que olhar para um objeto vivo, complexo, repleto de detalhes e tão humano é uma aventura surpreendente e muitas vezes invasiva.

Quero conhecê-la mais e melhor, mantendo entre nós uma relação de intimidade e respeito. Só assim me permito retraçá-la do meu jeito.

Nesse retraçado, a intenção é garantir aos alunos o óbvio – o direito à educação. Estou certa de que assegurar esse direito não é somente pugnar por ele, mas, principalmente, reconhecer o que a educação representa para todos os alunos, indistintamente. Trata-se de compreender esse direito humano e fundamental como uma prerrogativa da condição cidadã, que implica uma vida comunitária cada vez mais próxima dos ideais democráticos de convívio social, liberdade e participação nas decisões políticas.

Por esse motivo e por tantos outros, não faço acordo em relação a esse direito, que deve ser requerido, garantido e provido pela escola, sem que qualquer razão possa ser usada para restringi-lo a alguns alunos apenas.

Ao compreendermos o papel da escola na formação que se exige do cidadão para tornar-se um membro efetivo da sociedade, não há como deixar de rever, primeiramente, com um olhar fundo e atual, o que essa instituição tem representado e, depois, com um olhar para frente, a fim de verificar o que ela poderá ser para dar conta de seu compromisso maior: educar para a liberdade, para a expressão máxima da capacidade de cada um e para a cooperação e o entendimento entre as pessoas. Todavia, em ambos os casos, com uma visão crítica, questionadora, pois é preciso estar atento, vigilante e ao mesmo tempo aberto para aprender e ensinar.

O que podemos aprender de uma crise educacional como a que vivemos hoje em relação ao que é essencial para a educação, ao seu mote, à sua essência? Não me refiro a uma busca desenfreada de soluções mirabolantes, pois para tirar lições dessa crise há que, simplesmente, se reencontrar a escola naquilo que ela representa para as crianças e repensar o que elas representam para uma sociedade, hoje e amanhã.

Como nos ensinou Arendt (1997), a criança é a possibilidade de que esse amanhã seja melhor, desde que não a abandonemos e a excluamos, com tudo que ela nos traz de novo e surpreendente, na originalidade de seu ser e na singularidade imprevista de seu viver.

A escola é a instituição por intermédio da qual a criança se introduz no mundo público, e daí o papel do Estado em relação a todas elas. À família cabe o dever de garantir à criança o que é típico do domínio privado do lar, e ao Estado cabe garantir o direito indispensável da criança à educação escolar, pois é ela que faz a transição entre essas duas vidas.

Embora haja, infelizmente, na maioria de nossas escolas, uma divisão entre crianças que têm e não têm condições de freqüentar suas salas de aula, a introdução ao mundo público não explicita quem deve ou não ser inserido nele. Igualar ou apagar as diferenças é tornar a crise educacional cada vez mais aguda, ainda que geralmente a escola pense o contrário, em sua busca da homogeneidade e do mérito que tanto contradizem os princípios de uma sociedade verdadeiramente democrática. Esse nivelamento tem sido não apenas consumado pela autoridade do Estado, como também pela família e por meio da autoridade do professor, da escola e seus membros, inclusive dos próprios alunos.

Também é certo que esse nivelamento está enraizado nas políticas públicas, pois traz grandes vantagens, quando se quer avaliar o nível de desempenho escolar dos alunos, para responder a exigências internacionais, para garantir financiamentos e um lugar mais acima na lista das nações mais desenvolvidas em educação.

Separar os menos dotados, os que trazem problemas de aprendizagem, os que não se ajustam ao que as escolas definem como alunos-"modelo" que, além de aprender, apesar da escola, trazem boa pontuação à avaliação institucional, é um expediente atual e aceito, sem resistências, até mesmo pelas famílias e pelos alunos. Mostra-se útil aos que ainda não compreenderam o que é primordial na escola: a experiência com as diferenças, mas sem exclusões, diferenciações, restrições de qualquer natureza e sempre reconhecendo-as e valorizando-as como essenciais à construção identitária.

Pautada para atender esse aluno idealizado e por um projeto educacional elitista, meritocrático e homogeneizador, a escola vem produzindo situações de exclusão que, injustamente, prejudicam a trajetória educacional de muitos estudantes.

Meu olhar sobre a inclusão escolar tem a ver com tudo isso – minha proximidade com as escolas, o direito de todos à educação e os embates provocados pela garantia desse direito, diante da organização política e pedagógica excludente do nosso ensino.

Problemas conceituais, desrespeito a preceitos constitucionais, interpretações tendenciosas de nossa legislação educacional e preconceitos distorcem o sentido da inclusão escolar, reduzindo-a unicamente à inserção de alunos com deficiência no ensino regular, e desconsideram os benefícios que essa inovação educacional propicia à educação dos alunos em geral.

Com isso, não evoluem as iniciativas que visam à adoção de posições/medidas inovadoras para a escolarização de todos os alunos, nas escolas comuns de ensino regular, assim como as que se referem aos serviços educacionais especializados – ensino especial.

Esse quadro situacional perpetua desmandos e transgressões ao direito à educação e à não-discriminação que algumas escolas e redes de ensino estão praticando, por falta de um controle efetivo dos pais, das autoridades de ensino e da justiça em geral. Por outro lado, temos avançado, do ponto de vista legal, e há novos caminhos pedagógicos que nos permitem retraçar a trajetória de nossas escolas, norteados pela inclusão.

Um olhar sobre a escola que temos

Uma análise do ensino fundamental, que se caracteriza como a etapa da escolaridade obrigatória para todos, é importante para entendermos a razão de tanta dificuldade e perplexidade diante da inclusão, especialmente quando o inserido é um aluno com deficiência.

Os alunos do ensino fundamental estão organizados por séries escolares, o currículo é estruturado por disciplinas e seu conteúdo é selecionado pelas coordenações pedagógicas, pelos livros didáticos, enfim, por uma "inteligência" que define os saberes úteis e a seqüência em que devem ser ensinados nas escolas.

Sabemos que o ensino básico como um todo (educação infantil, ensino fundamental e ensino médio) é prisioneiro da transmissão dos conhecimentos acadêmicos e os alunos de sua reprodução, nas aulas e nas provas. A divisão do currículo em disciplinas como a matemática, a língua portuguesa etc. fragmenta e especializa os saberes e faz de cada matéria escolar um fim em si mesmo e não um dos meios de que dispomos para esclarecer o mundo em que vivemos e entender melhor a nós mesmos.

O tempo de aprender é o das séries escolares, porque é necessário hierarquizar a complexidade do conhecimento, seqüenciar as etapas de sua aprendizagem, mesmo sendo este o básico, o elementar do saber. Uma escala de valores também é atribuída às disciplinas, em que a matemática reina absoluta, como a mais importante e poderosa, enquanto as artes, a educação física quase sempre estão lá para trás. O conhecimento transmitido pelos professores corresponde a verdades prontas, absolutas, imutáveis, e reprovam-se os alunos que tentam vencer a subordinação intelectual.

Com esse perfil organizacional, podemos imaginar o impacto da inclusão na maioria das escolas, especialmente quando se entende que incluir é ensinar a todas as crianças, indistintamente, em um mesmo espaço educacional: as salas de aula de ensino regular. É como se esse espaço fosse de repente invadido e todos os seus domínios tomados de assalto. A escola se sente ameaçada por tudo que ela criou a fim de se proteger da vida que existe para além de seus muros e paredes – novos saberes, novos alunos, outras maneiras de resolver problemas, de avaliar a aprendizagem, demandam "artes de fazer" que, como nos diria Certeau (1994), a contestem e transgridam o seu projeto educativo vigente.

De fato, a escola se entupiu do formalismo da racionalidade e cindiu-se em modalidades de ensino, tipos de serviços, grades curriculares, burocracia. Uma ruptura de base em sua estrutura organizacional, como propõe a inclusão, é uma saída para que ela possa fluir, novamente, espalhando sua ação formadora por todos os que dela participam.

Crise e transformação das escolas comuns

Novos paradigmas e conhecimento escolar

Vivemos um tempo de crise global, em que os velhos paradigmas da modernidade estão sendo contestados e em que o conhecimento, matéria-prima da educação escolar, passa por uma reinterpretação. A inclusão é parte dessa contestação e implica a mudança do paradigma educacional atual, para que se encaixe no mapa da educação escolar que precisamos retraçar.

As diferenças culturais, sociais, étnicas, religiosas, de gênero, enfim, a diversidade humana está sendo cada vez mais desvelada e destacada e é condição imprescindível para entender como aprendemos, e como percebemos o mundo e a nós mesmos. O modelo educacional já mostra sinais de esgotamento e, no vazio de idéias que acompanha a crise paradigmática, surge o momento oportuno das transformações.

As interfaces e conexões que se formam entre os saberes outrora isolados e partidos e os encontros da subjetividade humana com o cotidiano, o social, o cultural apontam para um paradigma do conhecimento que emerge de redes cada vez mais complexas de relações, geradas pela velocidade das comunicações e informações. As fronteiras das disciplinas estão se rompendo, estabelecendo novos marcos de compreensão entre as pessoas e o mundo em que vivemos.

Diante dessas novidades, a escola não pode continuar ignorando o que acontece a seu redor, anulando e marginalizando as diferenças nos processos por meio dos quais forma e instrui os alunos. E muito menos desconhecer que aprender implica saber expressar, dos mais variados modos, o que sabemos. Implica representar o mundo, com base em nossas origens, valores, sentimentos.

O tecido da compreensão não se trama apenas com os fios do conhecimento científico. Como Santos (1995) nos aponta, a comunidade acadêmica não pode continuar a pensar que só há um único modelo de cientificidade e uma única epistemologia, e que, no fundo, todo o resto é um saber vulgar, um senso comum que ela contesta em todos os níveis de ensino e de produção do conhecimento. A idéia de que nosso campo de conhecimento é muito mais amplo do que aquele que cabe no paradigma da ciência moderna traz a ciência para um campo de luta mais igual, em que ela tem de reconhecer e se aproximar de outras formas de entendimento e perder a posição hegemônica em que se mantém, ignorando o que foge a seus domínios.

A exclusão escolar manifesta-se das mais diversas e perversas maneiras, e quase sempre o que está em jogo é a ignorância do aluno, diante dos padrões de cientificidade do saber escolar. Ocorre que a escola se democratizou abrindo-se a novos grupos sociais, mas não aos novos conhecimentos. Exclui, assim, os que ignoram o conhecimento que ela valoriza e, assim, entende que a democratização é a massificação de ensino e não cria a possibilidade de diálogo entre diferentes lugares epistemológicos, não se abre a novos conhecimentos que não couberam, até então, dentro dela.

O pensamento subdividido em áreas específicas é uma grande barreira para os que pretendem, como nós, inovar a escola. Nesse sentido, é imprescindível questionar esse modelo de compreensão que nos é imposto desde os primeiros passos de nossa formação escolar e prossegue nos níveis de ensino mais graduados. Toda trajetória escolar precisa ser repensada, considerando-se os efeitos cada vez mais nefastos das hiperespecializações (Morin, 2001) dos saberes, que nos dificultam a articulação de uns com os outros e a possibilidade de termos, igualmente, uma visão do essencial e do global.

O ensino curricular de nossas escolas, organizado em disciplinas, isola, separa os conhecimentos, em vez de reconhecer suas inter-relações. Contrariamente, o conhecimento evolui por recomposição, contextualização e integração de saberes, em redes de entendimento. Não reduz o complexo ao simples, tornando maior a capacidade de avaliar e apreender o caráter multidimensional dos problemas e de suas soluções.

Os sistemas escolares também estão montados de acordo com um pensamento que recorta a realidade, que permite subdividir os alunos em "normais" e "com deficiência", as modalidades de ensino em "regular" e "especial". A lógica dessa organização é marcada por uma visão determinista, mecanicista, formalista, reducionista, própria do pensamento científico moderno, que ignora o subjetivo, o afetivo, o criador, sem os quais não conseguimos romper com o velho modelo escolar para produzir a reviravolta imposta pela inclusão.

Essa reviravolta exige, em nível institucional, a extinção das categorizações e das oposições excludentes – iguais/diferentes, normais/deficientes –, e, em nível pessoal, a busca da articulação, da flexibilidade, da interdependência entre as partes conflitantes em nossos pensamentos, ações, sentimentos. Essas atitudes diferem muito das que são típicas das escolas tradicionais em que ainda atuamos e nas quais fomos formados para ensinar.

Identidade x diferença

As propostas educacionais que visam à inclusão, habitualmente, se apóiam em dimensões éticas conservadoras. Sustentam-se e expressam pela tolerância e pelo respeito ao outro, sentimentos que precisamos analisar com muito cuidado, para entender o que podem esconder em suas entranhas.

A tolerância, como um sentimento aparentemente generoso, pode marcar certa superioridade de quem o expressa. O respeito, como conceito, implica certo essencialismo, uma generalização, que vem da compreensão de que as diferenças são fixas, definitivamente estabelecidas, de tal modo que só nos resta respeitá-las.

Nessas orientações, entendem-se as deficiências como fixadas no indivíduo, como se fossem marcas indeléveis, as quais só nos cabe aceitar, passivamente, pois nada poderá evoluir, além do previsto no quadro geral de suas especificações estáticas: os níveis de comprometimento, as categorias educacionais, os quocientes de inteligência, as predisposições para o trabalho e outras tantas mais.

Consoante a esses pressupostos é que criamos espaços educacionais protegidos, à parte, restritos a determinadas pessoas, ou seja, aquelas que eufemisticamente denominamos Portadoras de Necessidades Educacionais Especiais (PNEE).

A diferença, nesses espaços, *é o que o outro é* – ele é branco, ele é religioso, ele é deficiente –, como afirma Silva (2000), *é o que está sempre no outro*, que está separado de nós para ser protegido ou para que nos protejamos dele. Em ambos os casos, somos impedidos de realizar a experiência da diferença e de conhecer a riqueza da diversidade. A identidade *é o que se é*, como afirma o mesmo autor – eu sou brasileiro, sou negro, sou estudante...

Nossa luta pela inclusão escolar tem uma dimensão ética crítica e transformadora. A posição é oposta à anterior, ao entender que as diferenças estão sendo constantemente feitas e refeitas, pois elas vão diferindo, infinitamente. As diferenças são produzidas e não podem ser naturalizadas, como pensamos habitualmente. Essa produção é sustentada por relações de poder e merece ser compreendida, questionada e não apenas respeitada e tolerada.

Os movimentos em favor da inclusão, entre os quais os educacionais/escolares, devem seguir outros caminhos que os propostos por nossas políticas (equivocadas?) de inclusão, pois acreditamos nas ações que contestam as fronteiras entre o regular e o especial, o normal e o deficiente, enfim, os espaços simbólicos das diferentes identidades.

As ações educativas inclusivas que propomos têm como eixos o convívio com as diferenças, a aprendizagem como experiência relacional, participativa, que produz sentido para o aluno, pois contempla a sua subjetividade, embora construída no coletivo das salas de aula.

É certo que relações de poder presidem a produção das diferenças na escola, mas conforme uma lógica que não mais se baseia na igualdade, como categoria assegurada por princípios liberais, inventada e decretada, *a priori*, que trata a realidade escolar com a ilusão da homogeneidade, promovendo e justificando a fragmentação do ensino em disciplinas, modalidades de ensino regular, especial, seriações, classificações, hierarquias de conhecimentos.

Por tudo isso, a inclusão é produto de uma educação plural, democrática e transgressora. Ela provoca uma crise escolar, ou melhor, uma crise de identidade institucional, que, por sua vez, abala a identidade dos professores e faz que a identidade do aluno seja ressignificada. O aluno da escola inclusiva é outro sujeito, que não tem uma identidade fixada em modelos ideais, permanentes, essenciais.

O direito à diferença nas escolas desconstrói, portanto, o sistema atual de significação escolar excludente, normativo, elitista, com suas medidas e mecanismos de produção da identidade e da diferença.

Se a igualdade é referência, podemos inventar o que quisermos para agrupar e rotular os alunos como PNEE, como deficientes. Se a diferença é tomada como parâmetro, não fixamos mais a igualdade como norma e fazemos cair toda uma hierarquia das igualdades e diferenças que sustentam a "normalização". Esse processo, a normalização, pelo qual a educação especial tem proclamado seu poder, propõe sutilmente, com base em características devidamente selecionadas como positivas, a eleição arbitrária de uma identidade "normal", como um padrão de hierarquização e avaliação de alunos, de pessoas. Contrariar a perspectiva de uma escola que se pauta pela igualdade de oportunidades é fazer a diferença, reconhecê-la e valorizá-la.

Temos, então, de reconhecer as diferentes culturas, a pluralidade das manifestações intelectuais, sociais, afetivas. Enfim, precisamos construir uma nova ética escolar, que advém de uma consciência ao mesmo tempo individual, social e, por que não, planetária!

Ao nos referirmos, hoje, a uma cultura global e à globalização, parece contraditória a luta de grupos minoritários por uma política identitária, pelo reconhecimento de suas raízes, como fazem os surdos, os deficientes, os hispânicos, os negros, as mulheres, os homossexuais. Há, pois, um sentimento de busca das raízes e de afirmação das diferenças. Devido a isso, contesta-se hoje a modernidade nessa sua aversão pela diferença.

Nem todas as diferenças necessariamente inferiorizam as pessoas. Há diferenças e há igualdades, e nem tudo deve ser igual nem tudo deve ser diferente. Então, como conclui Santos (1995), é preciso que tenhamos o direito de ser diferentes quando a igualdade nos descaracteriza e o direito de ser iguais quando a diferença nos inferioriza.

No desejo de assegurar a homogeneidade nos grupos sociais, nas turmas escolares, destruíram-se muitas diferenças que consideramos valiosas e importantes, hoje, nas salas de aula e para além delas.

A identidade fixa, estável, acabada, própria do sujeito cartesiano unificado e racional, também está em crise (Hall, 2000). As identidades naturalizadas dão estabilidade ao mundo social, mas a mistura, a hibridização, a mestiçagem desestabilizam as identidades, constituindo uma estratégia provocadora e questionadora de toda e qualquer fixação da identidade (Silva, 2000; Serres, 1993).

Integração ou inclusão?

A indiferenciação entre os processos de integração e inclusão escolar é outro grande entrave para o entendimento e a evolução dos processos de inclusão escolar.

A discussão em torno da integração e da inclusão cria ainda inúmeras e infindáveis polêmicas, provocando as corporações de professores e de profissionais da área de saúde que atuam no atendimento às pessoas com deficiência – os paramédicos, fisioterapeutas e outros, que tratam clinicamente de crianças e jovens com problemas escolares e de adaptação social. A inclusão também "mexe" com as associações de pais que adotam paradigmas tradicionais de assistência a suas clientelas. Afeta, e muito, os professores da educação especial, temerosos de perder o espaço que conquistaram nas escolas e redes de ensino, e envolve grupos de pesquisa das universidades (Mantoan, 2001; Doré, Wagner e Brunet, 1996).

Os professores do ensino regular consideram-se incompetentes para atender às diferenças nas salas de aula, sobretudo os alunos com deficiência, pois seus colegas especializados sempre se distinguiram por realizar unicamente esse atendimento e exageraram essa capacidade de fazê-lo aos olhos de todos (Mittler, 2000).

Há também um movimento contrário de pais de alunos sem deficiências que não admitem a inclusão, por acharem que as escolas irão baixar e/ou piorar ainda mais a qualidade de ensino se tiverem de receber esses novos alunos.

Os vocábulos "integração" e "inclusão", conquanto tenham significados semelhantes, são empregados para expressar situações de inserção diferentes e se fundamentam em posicionamentos teórico-metodológicos divergentes.

O processo de inserção escolar tem sido entendido de diversas maneiras. O uso do vocábulo "integração" refere-se mais especificamente à inserção escolar de alunos com deficiência nas escolas comuns, mas seu emprego é encontrado até mesmo para designar alunos agrupados em escolas especiais para pessoas com deficiência, ou mesmo em classes especiais, grupos de lazer, residências para deficientes.

Os movimentos em favor da integração de crianças com deficiência surgiram nos países nórdicos, em 1969, quando se questionaram as práticas sociais e escolares de segregação. Sua noção de base é o princípio de normalização, que, não sendo específico da vida escolar, atinge o conjunto de manifestações e atividades humanas e todas as etapas da vida das pessoas, sejam elas afetadas ou não por uma incapacidade, dificuldade ou inadaptação. Pela integração escolar, o aluno tem acesso às escolas por meio de um leque de possibilidades educacionais, que vai da inserção às salas de aula do ensino regular ao ensino em escolas especiais.

O processo de integração ocorre dentro de uma estrutura educacional que oferece ao aluno a oportunidade de transitar no sistema escolar, da classe regular ao ensino especial, em todos os seus tipos de atendimento: escolas especiais, classes especiais em escolas comuns, ensino itinerante, salas de recursos, classes hospitalares, ensino domiciliar e outros. Trata-se de uma concepção de inserção parcial, porque o sistema prevê serviços educacionais segregados.

É sabido (e alguns de nós têm experiência própria no assunto) que os alunos que migram das escolas comuns para os serviços da educação especial muito raramente se deslocam para os menos segregados, e raramente retornam/ingressam às salas de aula do ensino regular.

Nas situações de integração escolar, nem todos os alunos com deficiência cabem nas turmas de ensino regular, pois há uma seleção prévia dos que estão aptos à inserção. Para esses casos, são indicados: individualização dos programas escolares, currículos adaptados, avaliações especiais, redução dos objetivos educacionais para compensar as dificuldades de aprender. Em uma palavra, a escola não muda como um todo, mas os alunos têm de mudar para se adaptar às suas exigências. A integração escolar pode ser entendida como o *especial na educação*, ou seja, a justaposição do ensino especial ao regular, ocasionando um inchaço dessa modalidade, pelo deslocamento de profissionais, recursos, métodos, técnicas da educação especial às escolas regulares.

Já a inclusão questiona não somente as políticas e a organização da educação especial e regular, como também o próprio conceito de integração. Ela é incompatível com a integração, pois prevê a inserção escolar de forma radical, completa e sistemática. Todos os alunos, sem exceções, devem freqüentar as salas de aula do ensino regular.

O objetivo da integração é inserir um aluno ou um grupo de alunos que já foram anteriormente excluídos, e o mote da inclusão, ao contrário, é o de não deixar ninguém no exterior do ensino regular, desde o começo da vida escolar. As escolas inclusivas propõem um modo de organização do sistema educacional que considera as necessidades de todos os alunos e é estruturado em função delas.

Por tudo isso, a inclusão implica uma mudança de perspectiva educacional, pois não se limita aos alunos com deficiência e aos que apresentam dificuldades de aprendizagem, mas a todos os demais, para que obtenham sucesso na corrente educativa geral. Os alunos com deficiência constituem uma grande preocupação para os educadores inclusivos, porém todos sabemos que a maioria dos alunos que fracassam na escola é dos que não vêm do ensino especial, mas dos que possivelmente acabarão nele (Mantoan, 1999)!

A radicalidade da inclusão oriunda do fato de exigir uma mudança de paradigma educacional, como já nos referimos anteriormente. Na perspectiva inclusiva, suprime-se a subdivisão dos sistemas escolares em modalidades de ensino especial e regular. As escolas atendem às diferenças, sem discriminar, sem trabalhar à parte com alguns alunos, sem estabelecer regras específicas para planejar, aprender, avaliar (currículos, atividades, avaliação da aprendizagem para alunos com deficiência e necessidades educacionais especiais).

Pode-se, pois, imaginar o impacto da inclusão nos sistemas de ensino ao supor a abolição completa dos serviços segregados da educação especial, dos programas de reforço escolar, das salas de aceleração, das turmas especiais e outros.

Insistimos no fato de que a inclusão é uma provocação, cuja intenção é melhorar a qualidade do ensino das escolas, atingindo todos os alunos que fracassam em suas salas de aula. A distinção entre integração e inclusão é um bom começo para esclarecermos o processo de transformação das escolas, de modo que possam acolher, indistintamente, todos os alunos, nos diferentes níveis de ensino.

Sobre a escola que queremos

Se o que pretendemos é que a escola seja inclusiva, é urgente que seus planos se redefinam na direção de uma educação voltada para a cidadania global, plena, livre de preconceitos, que reconhece e valoriza as diferenças.

Chegamos a um impasse, como nos afirma Morin (2001), pois para reformar a instituição temos de reformar as mentes, mas não é possível reformá-las sem uma prévia reforma das instituições.

Conhecemos os argumentos pelos quais a escola tradicional resiste à inclusão; eles refletem sua incapacidade de atuar diante da complexidade, da diversidade, da variedade, do que é real nos seres e nos grupos humanos. Os alunos não são virtuais, objetos categorizáveis. Eles existem de fato, são pessoas que provêm de contextos culturais os mais variados; representam diferentes segmentos sociais. Produzem e ampliam conhecimentos e têm desejos, aspirações, valores, sentimentos e costumes com os quais se identificam. Em uma palavra, esses grupos de pessoas não são criações da nossa razão, mas existem em lugares e tempos não-ficcionais, evoluem, são compostos de seres vivos, encarnados!

O aluno abstrato justifica a maneira excludente de a escola tratar as diferenças. Assim é que se estabelecem as categorias de alunos: deficientes, carentes, comportados, inteligentes, hiperativos, agressivos e tantos mais.

Por meio dessas classificações é que se perpetuam as injustiças na nossa escola. Por detrás delas é que a escola se protege do aluno, em sua singularidade. Tais especificações reforçam a necessidade de criar modalidades de ensino, espaços e programas segregados, para que alguns alunos possam aprender. Sem dúvida, é mais fácil gerenciar as diferenças formando classes especiais de objetos, seres vivos, acontecimentos, fenômenos, pessoas...

Todavia, como não há mal que sempre dure, o desafio da inclusão está desestabilizando as cabeças dos que sempre defenderam a seleção, a dicotomização do ensino nas modalidades especial e regular, as especializações e os especialistas, o poder das avaliações, da visão clínica do ensino e da aprendizagem. E, como não há bem que sempre ature, está sendo difícil manter resguardados e imunes às mudanças todos aqueles que colocam nos ombros dos alunos, exclusivamente, a incapacidade de aprender.

Os subterfúgios teóricos que distorcem propositadamente o conceito de inclusão, condicionado à capacidade intelectual, social e cultural dos alunos para atender às expectativas e exigências da escola, precisam cair por terra com urgência. Afinal, sabemos que podemos refazer a educação escolar, segundo novos paradigmas, preceitos, ferramentas, tecnologias educacionais.

As condições de que dispomos, hoje, para transformar a escola nos autorizam a propor uma escola única e para todos, em que a cooperação substituirá a competição, pois o que se pretende é que as diferenças se articulem e componham e que os talentos de cada um sobressaiam.

É inegável que as ferramentas estão aí, para que as mudanças aconteçam e para que reinventemos a escola, "desconstruindo" a máquina obsoleta que a dinamiza, os conceitos sobre os quais se fundamenta, os pilares teórico-metodológicos em que se sustenta.

As razões para justificar a inclusão escolar em nosso cenário educacional não se esgotam nas questões que levantamos e comentamos neste capítulo. A inclusão também se legitima porque a escola para muitos alunos é o único espaço de acesso aos conhecimentos. É o lugar que vai lhes proporcionar condições de se desenvolver e se tornar cidadãos com identidade social e cultural. A escola é o espaço que lhes confere oportunidades de ser e viver dignamente.

Incluir é necessário, primordialmente, a fim de melhorar as condições da escola de modo que nela se possam formar gerações mais preparadas para viver a vida em sua plenitude, livremente, sem preconceitos, sem barreiras. Não podemos contemporizar soluções, conquanto o preço que tenhamos de pagar seja bem alto, pois nunca será tão alto quanto o resgate de uma vida escolar marginalizada, uma evasão, uma criança estigmatizada sem motivos.

Confirma-se, ainda, mais uma razão de ser da inclusão: um motivo para que a educação se atualize, para que os professores aperfeiçoem suas práticas e as escolas públicas e particulares se obriguem a um esforço de modernização e reestruturação de suas condições atuais a fim de responder às necessidades de cada um de seus alunos, em suas especificidades, sem cair nas malhas da educação especial e suas modalidades de exclusão.

Avanços da legislação

Toda escola, em respeito ao direito à educação, deve atender aos princípios constitucionais, não excluindo nenhum aluno, em razão de sua origem, raça, sexo, cor, idade ou deficiência. A Constituição Brasileira de 1988 é clara ao eleger como fundamentos da República a cidadania e a dignidade da pessoa humana (artigo 1º, incisos II e III), e como um de seus objetivos fundamentais a promoção do bem de todos, sem preconceitos de origem, raça, sexo, cor, idade e quaisquer outras formas de discriminação (artigo 3º, inciso IV). Garante ainda o direito à igualdade (artigo 5º) e trata, no artigo 205 e seguintes, do direito de todos à educação. Esse direito deve visar ao *pleno desenvolvimento da pessoa, seu preparo para a cidadania e sua qualificação para o trabalho.*

Nossa Constituição atual é, pois, um marco na defesa da inclusão escolar e elucida muitas questões e controvérsias referentes a esta inovação, respaldando os que propõem avanços significativos para a educação escolar de pessoas com e sem deficiência.

Além disso, nossa atual Constituição estabelece como um dos princípios do ensino a *igualdade de condições de acesso e permanên-*

cia na escola (artigo 206, inciso I), acrescentando que o *dever do Estado com a educação será efetivado mediante a garantia de acesso aos níveis mais elevados do ensino, da pesquisa e da criação artística, segundo a capacidade de cada um* (artigo 208, inciso V).

Esses dispositivos já seriam suficientes para que ninguém pudesse negar a nenhum aluno o acesso à mesma sala de aula.

A Convenção Interamericana para a Eliminação de Todas as Formas de Discriminação contra a Pessoa Portadora de Deficiência

Este documento, celebrado na Guatemala em maio de 1999 e do qual o Brasil é signatário, foi aprovado pelo Congresso Nacional por meio do Decreto Legislativo nº 198, de 13 de junho de 2001, e promulgado pelo Decreto nº 3.956, de 8 de outubro de 2001, da Presidência da República. O texto veio reafirmar a necessidade de rever o caráter discriminatório de algumas de nossas práticas escolares mais comuns e mais perversas – a exclusão internalizada e dissimulada pelos programas ditos compensatórios e à parte das turmas escolares regularmente constituídas, tais como as turmas de aceleração e outras, que acabam por responsabilizar o aluno por seu próprio fracasso na escola.

A importância da Convenção no entendimento e na defesa da inclusão está no fato de que deixa clara a impossibilidade de diferenciação com base na deficiência, definindo a discriminação como

> [...] toda diferenciação, exclusão ou restrição baseada em deficiência, antecedente de deficiência, conseqüência de deficiência anterior ou percepção de deficiência presente ou passada, que tenha o efeito ou propósito de impedir ou anular o reconhecimento, gozo ou exercício por parte das pessoas portadoras de deficiência de seus direitos humanos e suas liberdades fundamentais. (Artigo I, nº 2, a)

O texto da Convenção esclarece ainda que não constitui discriminação

> [...] a diferenciação ou preferência adotada para promover a integração social ou o desenvolvimento pessoal dos portadores de deficiência, desde que a diferenciação ou preferência não limite em si mesma o direito à igualdade dessas pessoas e que elas não sejam obrigadas a aceitar tal diferenciação ou preferência. (Artigo I, nº 2, b)

Como a educação deve visar ao pleno desenvolvimento humano e ao preparo para o exercício da cidadania, segundo o artigo 205 da Constituição, qualquer restrição ao acesso a um ambiente, que reflita a sociedade em suas diferenças/diversidade, como meio de preparar a pessoa para a cidadania, seria uma "*diferenciação ou preferência*", que estaria limitando "*em si mesma o direito à igualdade dessas pessoas*".

Conforme documento editado pela Procuradoria-Geral dos Direitos do Cidadão, do Ministério Público Federal, denominado "O acesso de alunos com deficiência às classes e escolas comuns da rede regular de ensino",[1] e de acordo com o novo parâmetro relacionado ao princípio da não-discriminação, trazido pela Convenção da Guatemala, são esperadas a adoção da máxima "*tratar igualmente os iguais e desigualmente os desiguais*" e a admissão das diferenciações com base na deficiência somente para permitir o acesso aos direitos, e não para o fim de negar o exercício deles. Por esse documento da Procuradoria, no caso de um aluno com graves problemas motores necessitar de um computador para acompanhar suas aulas, esse instrumento deve ser garantido ao menos para ele, se não for possível para os outros alunos. Trata-se de uma diferenciação, em razão de uma deficiência, mas para permitir que ele continue tendo acesso à educação como todos os demais colegas. Pela Convenção, não será configurada uma discriminação se a pessoa não for obrigada a aceitar essa diferenciação.

A Convenção da Guatemala não está sendo cumprida, atualmente, conquanto já tenha ocorrido sua internalização à nossa

---

1 O referido documento foi editado em 2001 e está disponível *online*, no *site*: http://www.pgr.mpf.gov.br/pfdc/html.

Constituição. Ela representa um avanço no sentido de abolir todas as normas e diretrizes educacionais, escolares, que garantiam às pessoas com deficiência o direito de acesso e freqüência ao ensino regular "sempre que possível", "desde que capazes de se adaptar". Essas situações são típicas da modalidade de inserção escolar, de que tratamos anteriormente – a "integração", que ainda é bastante forte, principalmente no Brasil.

Este documento nos faz rever, também, a Lei de Diretrizes e Bases da Educação Nacional, LDBEN/1996, no que este documento determina como direito de opção das pessoas com deficiência e de seus pais ou responsáveis à educação especial. No geral e na prática, esse direito é desrespeitado pelas escolas e por profissionais que indevidamente a impõem e a prescrevem aos alunos com deficiência e àqueles que apresentam dificuldades de aprendizagem.

Para se ajustar à Convenção, é indispensável que todos os encaminhamentos de alunos com deficiência a serviços complementares à escolarização ou a atendimentos clínico-terapêuticos tenham a concordância expressa dos pais/responsáveis ou do aluno, quando possível.

Nossos estabelecimentos de ensino têm, por força da lei, de adotar práticas de ensino adequadas às diferenças dos alunos em geral, oferecendo alternativas que contemplem suas especificidades. Os serviços complementares à escolarização, acima referidos, que se fizerem necessários para atender às necessidades educacionais dos educandos, com e sem deficiências, precisam ser oferecidos, mas com a garantia de que não discriminem, nem façam restrições e exclusões, como comumente ocorre nos programas de reforço escolar e em outros que se dizem de apoio, para que alguns alunos possam se recuperar de seus atrasos escolares. Tais atrasos seriam de alguns alunos ou da organização pedagógica retrógrada, arcaica e excludente da escola?

Como o acesso a todas as séries do ensino fundamental é obrigatória e incondicionalmente garantido a todos os alunos de 7 a 14 anos, os critérios de avaliação e promoção, com base no aproveitamento escolar, previstos na LDBEN/1996 (artigo 24), terão de ser reorganizados para cumprir os princípios constitucionais da igualdade de direito ao acesso e à permanência na escola, bem como aos níveis mais elevados do ensino, da pesquisa e da criação artística, segundo a capacidade de cada um.

Para que se cumpra a Convenção da Guatemala, os órgãos responsáveis pela emissão de atos normativos infralegais e administrativos relacionados à educação (Ministério da Educação, Conselhos de Educação e secretarias de todas as esferas administrativas) deverão emitir diretrizes para a educação básica, em seus respectivos âmbitos, com orientações adequadas e suficientes para que as escolas recebam com qualidade todas as crianças e adolescentes.

Ao defender as pessoas com deficiência de situações de discriminação, a Convenção da Guatemala é o brado mais recente em favor do direito de ser, sendo diferente, na escola. Mas há ainda outros avanços na interpretação de nossas leis, que esclarecem e prescrevem a inclusão escolar.

A necessidade de dar novo significado à educação especial

No Capítulo III, Da Educação, da Cultura e do Desporto, artigo 205, a Constituição diz que o dever do Estado com a educação será efetivado mediante a garantia de: "[...] atendimento educacional especializado aos portadores de deficiência, preferencialmente na rede regular de ensino".

Esse atendimento é *complementar* e necessariamente diferente do ensino escolar e se destina a atender às especificidades dos alunos com deficiência, abrangendo principalmente instrumentos exigidos para a eliminação das barreiras que as pessoas com deficiência naturalmente têm para relacionar-se com o ambiente externo, como por exemplo: ensino da Língua Brasileira de Sinais (Libras); ensino de língua portuguesa para surdos; sistema braile; orientação e mobilidade para pessoas cegas; Soroban; ajudas técnicas, incluindo informática; mobilidade e comunicação alternativa/aumentativa; tecnologia assistiva; educação física especializada; enriquecimento e aprofundamento curricular; atividades da vida autônoma e social.

O *atendimento* educacional especializado funciona em moldes similares a outros cursos que suplementam conhecimentos adquiridos nos níveis de ensino básico e superior, como é o caso dos cursos de línguas, artes, informática e outros. Contudo, diferentemente de outros cursos livres, *o atendimento educacional especializado* foi explicitamente citado na Constituição Federal, para que alunos com deficiência pudessem ter acesso ao ensino escolar regular. Essa garantia, além do acesso, propicia-lhes também condições de freqüentar a escola comum, com seus colegas sem deficiência e da mesma faixa etária, no ambiente escolar que nos parece o mais adequado para a quebra de qualquer ação discriminatória e favorece todo tipo de interação promotora do desenvolvimento cognitivo, social, motor, afetivo dos alunos, em geral.

A Constituição admite ainda que o *atendimento educacional especializado* seja oferecido fora da rede regular de ensino, em outros estabelecimentos públicos e particulares, dedicados unicamente a esse fim, como as instituições especializadas em pessoas com deficiência, em geral, de cunho beneficente ou não.

O direito ao *atendimento educacional especializado* está igualmente previsto nos artigos 58, 59 e 60 da Lei nº 9.394/96 – LDBEN, que, para não ferir a Constituição, ao usar o termo "educação especial" deve fazê-lo, segundo sua nova interpretação, baseada no que a Constituição inovou ao prever o *atendimento educacional especializado* e não mais a *educação especial*, como constava das legislações anteriores. Dizemos uma nova interpretação da educação especial, pois esta sempre foi vista como a modalidade de ensino que podia *substituir* a escolaridade regular, em escolas comuns.

Das modalidades de ensino referidas na LDBEN, a educação de jovens e adultos é a única que tem caráter substitutivo, pois existe para que os alunos que não cursaram o ensino fundamental na faixa etária própria dessa etapa da educação básica tenham outra oportunidade de freqüentá-lo e possam dar prosseguimento aos seus estudos subseqüentes.

A educação especial, em sua nova concepção, apenas perpassa e complementa as etapas da educação básica e superior, pois, sendo uma modalidade, não constitui um nível de ensino. Por esse motivo, os alunos com deficiência, especialmente os que estão em idade de cursar o ensino fundamental (dos 7 aos 14 anos), não podem freqüentar unicamente os serviços de educação especial (classes especiais, salas de recursos e outros). Eles devem, obrigatoriamente, estar matriculados e freqüentando regularmente as turmas de sua faixa etária nas escolas comuns. Trata-se de cumprir uma prerrogativa legal, que diz respeito ao direito indispensável de todo e qualquer aluno à educação e, não sendo acatada, pode acarretar aos pais e responsáveis por esses alunos penalidades decorrentes do crime de abandono intelectual de seus filhos.

Embora haja pessoas com deficiências bastante significativas, não podemos esquecer que, como alunos, elas têm o mesmo direito de acesso à educação, em ambiente escolar não segregado, que os seus pares com deficiências menos severas e os alunos sem deficiência da mesma faixa de idade. A participação de alunos severamente prejudicados nas salas de aula de escolas comuns deve ser, portanto, garantida para que eles possam se beneficiar do ambiente regular de ensino e aprender conforme suas possibilidades. Aliás, são esses os alunos que, de fato, provocam mudanças drásticas e necessárias na organização escolar e fazem com que seus colegas e professores vivam a experiência da diferença nas salas de aula.

O papel da educação especial, na perspectiva inclusiva, é, pois, muito importante e não pode ser negado, mas dentro dos limites de suas atribuições, sem que sejam extrapolados os seus espaços de atuação específica. Essas atribuições, conforme já referimos, *complementam e apóiam o processo de escolarização de alunos com deficiência* que estão regularmente matriculados nas escolas comuns.

Considerações finais

Diante dessas novidades, a escola brasileira não pode continuar ignorando o que acontece a seu redor, anulando e marginalizando as diferenças nos processos mediante os quais forma e instrui os alunos. E muito menos desconhecer que aprender implica saber expressar, dos mais variados modos, o que sabemos, representar o mundo, com base em nossas origens, valores, sentimentos.

Precisamos reverter esta situação crítica, marcada pelo fracasso e pela evasão de uma parte significativa de seus alunos, marginalizados pelo insucesso, pelas privações constantes e pela baixa autoestima resultante da exclusão escolar e social.

Como já dissemos antes, se quisermos que a escola seja inclusiva, é preciso que seus planos se redefinam para uma educação voltada à cidadania global, plena, livre de preconceitos e disposta a reconhecer as diferenças entre as pessoas e a emancipação intelectual. Porque não basta uma educação na/para a cidadania. É preciso que se eduque para a liberdade, e, nesse sentido, nenhuma forma de subordinação intelectual pode ser admitida.

O mito pedagógico do "professor explicador" e o próprio princípio da explicação, como nos ensinou Jacotot, é a origem da subordinação intelectual, pois esse princípio, que distingue uma inteligência superior que domina o conhecimento e outra, inferior, que se subjuga a esse domínio, permite ao professor, conforme Rancière (2002, p. 24): "[...] transmitir seus conhecimentos, adaptando-os às capacidades intelectuais do aluno, e verificar se o aluno entendeu o que acabou de aprender".

Temos de inverter a lógica do sistema explicador pois, segundo uma educação libertadora, "é o explicador que tem necessidade do incapaz e não o contrário, é ele que constitui o incapaz como tal" (*ibidem*, p. 23).

Em todo mundo despontam, aqui e ali, propostas similares de transformação das escolas que muito nos animam, pois reafirmam nossa determinação e de outros educadores de assegurar o pleno direito dos escolares a uma educação de qualidade (Ainscow, 1999; Stainback e Stainback, 1984; Booth e Ainscow, 1998; Armstrong, Armstrong e Barton, 2000; Mantoan e Valente, 1998).

Certamente não existe uma regra geral para construir esta escola que queremos – uma escola para todos. Mas podemo-nos aproximar cada vez mais dela, se encararmos a transformação das escolas que existem hoje da forma mais realística possível, abolindo tudo o que nos faz pensá-las e organizá-las de acordo com modelos que as "idealizam", como temos feito até então. Já se impõe, mesmo timidamente, uma tendência de reorientação das escolas, segundo uma lógica educacional regida por princípios sociais, democráticos, de justiça, de igualdade, contrapondo-se à que é sustentada por valores econômicos e empresariais de produtividade, competitividade, eficiência, modelos ideais, que tantas exclusões têm provocado na educação, em todos os seus níveis. Temos de acreditar e dar uma grande virada na educação escolar. Os desafios para a concretização dos ideais inclusivos na educação brasileira são inúmeros, como se pode perceber no que aqui expusemos.

Se, do ponto de vista legal, temos de conciliar os impasses entre nossa Constituição e as leis infraconstitucionais referentes à educação, do ponto de vista educacional, é urgente estimular as mudanças, buscando e divulgando novas práticas pedagógicas, experiências de sucesso, saberes adquiridos em estudos desenvolvidos no cotidiano de nossas escolas.

Há ainda que se vencer os desafios que nos impõem o conservadorismo das instituições especializadas e enfrentar as pressões políticas e das pessoas com deficiência, que ainda estão muito habituadas a viver de seus rótulos e de benefícios que acentuam a incapacidade, a limitação, o paternalismo e o protecionismo social.

O essencial, em nossa opinião, é que todos os investimentos atuais e futuros da educação brasileira não repitam o passado, vindo a reconher e valorizar as diferenças na escola. Temos de ter sempre presente que o nosso problema se concentra em tudo o que torna nossas escolas injustas, discriminadoras e excludentes, e que, sem solucioná-lo, não conseguiremos o nível de qualidade de ensino escolar exigido para se ter uma escola mais que especial, **na qual os alunos tenham o direito de ser (alunos), sendo diferentes.**

Referências bibliográficas

AINSCOW, Michael. *Understanding the development of inclusive schools.* Londres: Falmer Press, 1999.

ARENDT, Hannah. *Entre o passado e o futuro.* Trad. Mauro W. Barbosa de Almeida. 4. ed. São Paulo: Perspectiva, 1997.

ARMSTRONG, Felicity; ARMSTRONG, Derrick e BARTON, Len. *Inclusive education – Policy, contexts and comparative perspectives.* Londres: David Fulton, 2000.

BOOTH, Thomas e AINSCOW, Michael. *From them to us: an international study of inclusion in education.* Londres: Routledge, 1998.

CERTEAU, Michel de. *A invenção do cotidiano 1. Artes do fazer.* Trad. Ephraim F. Alves. Petrópolis: Vozes, 1994.

DORÉ, Robert; WAGNER, Serge e BRUNET, Jean-Pierre. *Réussir l´intégration scolaire: la deficience intellectuelle.* Montreal: Les Éditions Logiques, 1996.

HALL, Stuart. *A identidade cultural na pós-modernidade.* Trad. Tomás T. da Silva e Guacira L. Louro. Rio de Janeiro: DP&A, 2000.

MANTOAN, Maria Teresa Eglér. "Teachers' education for inclusive teaching: refinement of institutional actions". *Revue Francophone de la Déficience Intellectuelle,* número especial. Montreal: Colloque Recherche Défi, 1999, pp. 52-54.

______. *Caminhos pedagógicos da inclusão.* São Paulo: Memnon, 2001.

MANTOAN, Maria Teresa Eglér e VALENTE, José Armando. "Special education reform in Brazil: an historical analysis of educational polices". *European Journal of Special Needs Education,* 13(1), 1998, pp. 10-28.

MITTLER, Peter. *Working towards inclusion education – Social contexts.* Londres: David Fulton, 2000.

MORIN, Edgar. *A cabeça bem-feita: repensar a reforma, reformar o pensamento.* Trad. Eloá Jacobina. 4. ed. Rio de Janeiro: Bertrand Brasil, 2001.

RANCIÈRE, Jacques. *O mestre ignorante – Cinco lições sobre emancipação intelectual.* Trad. Lílian do Valle. Belo Horizonte: Autêntica, 2002.

SANTOS, Boaventura de Souza. *Entrevista (online) com o professor Boaventura de Souza Santos.* 1995. (Disponível em: http://www.dhi.uem.br/jurandir/jurandir-boaven1.htm)

SERRES, Michel. *Filosofia mestiça.* Trad. Maria Ignez Duque Estrada. Rio de Janeiro: Nova Fronteira, 1993.

SILVA, Tomás Tadeu da. *Identidade e diferença: a perspectiva dos estudos culturais*. Petrópolis: Vozes, 2000.

STAINBACK, Susan e STAINBACK, William. "A rationale for merger of special and regular education". *Exceptional Children*, 51(2), 1984, pp. 102-111.

Inclusão x exclusão no Brasil: reflexões sobre a formação docente dez anos após Salamanca

WINDYZ B. FERREIRA

Coordenadora do projeto de formação docente Educar na Diversidade, do Ministério da Educação do Brasil

Inclusão e educação... O título deste livro me levou a imaginar quantos olhares existem ou serão necessários para abordarmos a profunda complexidade inerente à educação inclusiva em todos os seus níveis. Internacionalmente, muito já foi produzido no que diz respeito a temas que abrangem do conceito de inclusão a seus fundamentos (teóricos, metodológicos e epistemológicos); da prática de sala de aula à formação do(a)s professores(as);[1] da mudança de paradigma da educação especial à educação para todos; das diretrizes internacionais da educação inclusiva ao impacto provocado em políticas públicas nacionais, entre outros. Apesar da literatura e documentos disponíveis, ainda há inúmeras questões que precisam ser exploradas ou respondidas neste campo de conhecimento. Uma delas, e atualmente tema de meu interesse, é a formação docente. Isto é, a formação da pessoa que vai, um dia, se tornar professora e da professora que já atua em sala de aula.

Nos últimos quinze anos, o tema formação de professoras se tornou uma das prioridades das agendas internacional e nacional. No Brasil, o número de cursos de formação docente cresceu assustadoramente a ponto de ter se tornado uma prática absolutamente aceita e promovida no campo da educação. Atualmente, as ações ou cursos de formação docente podem ser realizados em instituições de ensino superior (recém-fundadas ou de renome internacional), em setores públicos, em congressos, oferecidos por organizações não-governamentais ou por meio de iniciativas não-institucionais,

---

1 Usarei como forma geral o termo "professoras" – em vez do correto na língua portuguesa "professores", por entender que o primeiro representa mais adequadamente a maioria de docentes atuando na rede pública brasileira.

organizadas e levadas a cabo por indivíduos ou grupos de profissionais. Curiosamente, nas universidades *públicas* e *gratuitas*, tais cursos podem ser pagos e em instituições de ensino superior privada, eles podem ser subsidiados e gratuitos para o estudante. Enfim, iniciativas voltadas para a formação docente abundam no território nacional e podem ter de quatro a 360 horas ou mais de duração. Podem ser denominados curso de capacitação, de reciclagem, oficinas de formação, laboratório de ensino e aprendizagem, cursos de aperfeiçoamento, cursos de especialização etc.

Considerando-se a importância de tal fenômeno educacional, algumas questões inevitavelmente emergem: por que tais cursos se tornaram, tão rapidamente, uma prática corrente e aceita? Quais as implicações deste tipo de formação? O que os cursos de formação de professoras representam em termos de impacto no contexto do desenvolvimento de sistemas educacionais inclusivos para todos? Neste capítulo, abordarei essas questões a fim de oferecer algumas contribuições para o debate sobre a formação da professora em um contexto em que o sistema educacional está continuamente mudando de perfil e colocando novas exigências ao docente.

Para refletir sobre este tema, primeiro lanço um olhar sobre a histórica desigualdade de oportunidades educacionais para crianças, jovens e adultos dos chamados grupos em desvantagem, e seu impacto no nascimento do movimento da educação para todos e da educação inclusiva. A seguir, dirijo meu olhar para o conceito de "formação de professoras" e discuto os pressupostos embutidos nessa terminologia. Minha análise considera que a expressão "formação continuada" de professoras em exercício não é apropriada para designar ações dirigidas a profissionais com experiência e conhecimentos adquiridos no campo, isto é, suas salas de aula. Com base em tal reflexão, abordo as possíveis características de um novo perfil de professoras para a inclusão e proponho um novo enfoque para ações de formação, qual seja, o desenvolvimento e o aperfeiçoamento das práticas docentes em serviço.

Olhar sobre as desigualdades de oportunidades educacionais e o nascimento do princípio da inclusão

Iluminado há cerca de cinqüenta anos, o fenômeno da exclusão educacional, que afeta principalmente os grupos sociais em desvantagem, é ainda um fenômeno contemporâneo e, como tal, tem estado presente na agenda internacional liderada por agências das Nações Unidas – Unesco (Organização das Nações Unidas para a Educação, Ciência e Cultura), Banco Mundial, Unicef (Fundo das Nações Unidas para a Infância) etc. –, que estabelecem diretrizes, metas e prazos a serem alcançados pelas nações (Ferreira, 2001). Na América Latina, por exemplo, o *Proyeto principal de educación en America Latina y el Caribe* (Unesco, 2000a) foi implementado na década de 1970. O relatório sobre o projeto considera que os anos 1980 e 1990 foram marcos de desenvolvimento das políticas de educação no continente. Ao mesmo tempo, o documento

> retrata a desigualdade de oportunidades de acesso à educação existente para crianças de grupos sociais vulneráveis no continente, incluindo uma larga proporção de crianças de áreas rurais, crianças de famílias pobres (principalmente as meninas) e crianças com deficiência que se mantêm à margem da educação. (Ferreira, 2002, p. 4)

Este documento reconhece que, apesar dos avanços, ainda há um longo caminho a ser percorrido para garantir que cada criança conclua o primário.

É importante ressaltar aqui que o fenômeno da exclusão educacional não diz respeito somente aos continentes africano, asiático e latino-americano. Dados de estudos realizados em inúmeros países do hemisfério norte (Lipman, 1997; Mittler, 1999; Amstrong, 1995) e relatórios internacionais (Unesco, 1990; 1993; Unicef, 1999; Oxfam, 1999) revelam que Estados Unidos, Canadá, países europeus e ainda Austrália e Nova Zelândia também convivem com o fenômeno da exclusão educacional de grupos em desvantagem social, bem como que suas políticas privilegiam a inclusão educacional e social como meta governamental (Ferreira, 2000b, p. 54). O reconhecido fracasso no combate mundial ao analfabetismo e à falta de acesso à educação

(Oxfam, 1999; Unesco, 2000a) criaram a urgência para o estabelecimento de novas diretrizes internacionais no final do século XX.

Este crítico *estado da arte* mundial forneceu o solo para que a Unesco realizasse, na Tailândia, a *Conferência Mundial de Educação para Todos*, em 1990, durante a qual assume que

> apesar dos esforços realizados por países do mundo inteiro para assegurar o direito à educação para todos, persistem as seguintes realidades: mais de 100 milhões de crianças, das quais pelo menos 60 milhões são meninas, não têm acesso ao ensino primário; mais de 960 milhões de adultos – dois terços dos quais mulheres – são analfabetos, e o analfabetismo funcional é um problema significativo em todos os países industrializados ou em desenvolvimento (p. 1).

A Declaração[2] de Educação para Todos (Unesco, 1990 – http://www.direitoshumanos.usp.br/documentos/tratados/educacao/declmundeductodos.htm), lançada durante a conferência, procura justificar o fracasso dos governos e da comunidade internacional em responder ao compromisso de desenvolvimento dos sistemas educacionais, apontando como causas o aumento da dívida externa de muitos países, o retrocesso econômico e o crescimento populacional, as disparidades econômicas entre as nações e dentro delas, as guerras, as lutas civis, a violência urbana crescente, a morte prematura de milhões de crianças e a degradação generalizada do meio ambiente.

Uma vez que o panorama internacional não se modificou com as ações implementadas nos últimos trinta anos, a Unesco conclama seus Estados-membros a se unirem para responder às metas prioritárias para o novo milênio, qual sejam:

- universalização da educação básica para todos;
- redução do analfabetismo do adulto à metade do índice de 1990;
- eliminação das diferenças existentes entre os gêneros.

---

2 Uma "Declaração Internacional" (p. ex., Declaração de Educação para Todos ou Declaração de Salamanca) não tem poder legal em si mesma. A declaração oferece diretrizes para os Estados-membros das Nações Unidas que podem ou não incorporar em suas políticas públicas as orientações internacionais.

Como conseqüência das novas diretrizes, a década de 1990 transformou-se em palco de debate e avanços dos sistemas educacionais, mas não conseguiu eliminar as disparidades que privilegiam grupos dominantes em detrimento de grupos desfavorecidos. Nesta década, foram realizados eventos mundiais de porte para combater a desigualdade educacional e social, entre outros. Alguns dos mais relevantes foram:

- a *Reunião Mundial de Cúpula sobre a Criança* (Unicef, Nova York, 1991), que estabeleceu como meta a redução da mortalidade infantil a um terço e a redução da desnutrição severa e moderada à metade para crianças menores de 5 anos;
- a *Conferência Mundial de Salamanca* (Unesco, 1994 – http://www.direitoshumanos.usp.br/documentos/tratados/educacao/declaracao_salamanca.html), que lançou o *princípio da inclusão* e as bases do movimento da educação inclusiva, e conclamou governos a responder às chamadas necessidades educativas especiais de todas as crianças, mas principalmente das que são mais vulneráveis e carentes (prefácio, III-IV);
- a *Conferência Internacional sobre População e Desenvolvimento* (ONU, Egito), cujo alvo-chave foi comprometer os governos com a educação de qualidade, com prioridade dada à educação primária e técnica e formação para o trabalho;
- a *Conferência de Pequim* (ONU, 1995), que teve como objetivos eliminar a desigualdade educacional entre os sexos até 2005, atingir a educação primária universal em todos os países e reduzir em 50% a pobreza existente no planeta até 2015.

Embora os eventos realizados tenham abraçado as diretrizes da educação para todos como ponto de partida, eles não foram suficientes para evitar o prenúncio de um novo fracasso internacional no desenvolvimento da educação no planeta. Vale a pena notar que em Pequim, em 1995, já está presente a consciência coletiva mundial do fracasso iminente quanto às metas educacionais estabelecidas apenas cinco anos antes. Isso quer dizer que, mesmo considerando-se a década promissora em "boas intenções" para o desenvolvimento educacional, ela não se caracterizou como um período de vontade política significativa, rupturas e realizações. Ao contrário, no campo da educação, a década de 1990 encerrou-se com o peso de meio século de fracasso mundial para garantir o direito igualitário à educação para todos, conforme estabelecido na *Convenção dos Direitos Humanos* da ONU, publicada em 1948 (http://www.direitoshumanos.usp.br/documentos/tratados), e, como conseqüência, o panorama mundial continuou dramático, conforme o relatório da Oxfam (1999, p. 2 – http://www.oxfam.org/educationnow):

> Ao final do século 20, o direito à educação permanece, dentre todos os direitos humanos, o direito mais ampla e sistematicamente violado. Muitas explicações polidas podem ser formuladas para explicar o fracasso coletivo dos governos [...] os mesmos governos que renegaram as promessas feitas [durante a Conferência Mundial de Educação para Todos]. O que é necessário agora é um compromisso político renovado da parte de todos os governos – um compromisso que reflete um senso de urgência e visão.

O Fórum Mundial de Educação (Unesco, 2000b), realizado em Dacar, teve como objetivo avaliar os resultados obtidos após dez anos do lançamento das metas da educação para todos. Considerando-se que os avanços foram insignificantes, o fórum conclama os governos a agir com rapidez na consecução dos seguintes objetivos:

- expandir a melhoria da educação e cuidados infantis;
- garantir que em 2015 todas as crianças – em especial meninas, crianças de grupos étnicos e outras em situação de desvantagem – tenham acesso e completem a educação primária;
- garantir que jovens e adultos tenham acesso a programas de aprendizagem para a aquisição de habilidades compatíveis com o desenvolvimento humano;
- atingir 50% de melhoria na alfabetização de adultos até 2015, especialmente para mulheres;

- eliminar a disparidade de gênero na educação primária e secundária até 2005, e atingir a igualdade de gênero em educação até 2015;
- melhorar a qualidade da educação, garantindo excelência em todos os aspectos que são passíveis de medição por meio de avaliação de resultados.

Olhar sobre o berço da educação inclusiva

Foi exatamente no contexto efervescente do final do século XX e de promessas no novo milênio, que a educação inclusiva nasceu em 1994 como uma alternativa voltada para a defesa e a promoção dos direitos dos grupos vulneráveis historicamente excluídos dos sistemas educacionais. Segundo o *website* da Unesco (http://portal.unesco.org/education.en), a "educação inclusiva é uma abordagem desenvolvimental que procura responder às necessidades de aprendizagem de todas as crianças, jovens e adultos com um foco específico naqueles que são vulneráveis à marginalização e exclusão".[3] O termo "desenvolvimental" utilizado nesta definição se refere ao desenvolvimento de sistemas educacionais que adotam o *princípio da inclusão*, conforme definido na Declaração de Salamanca (Unesco, 1994), como norteador da cultura, da política e de práticas inclusivas nas escolas. O termo "marginalização", por outro lado, diz respeito ao risco que crianças e jovens oriundos de famílias em situação de desvantagem social e econômica correm de ser colocados à margem das oportunidades educacionais.

A consolidação do movimento pela inclusão como possibilidade de combater a exclusão e, ao mesmo tempo, responder às especificidades educacionais dos grupos desfavorecidos faz sentido social, político e econômico. As bases do movimento encontram-se firmadas no *princípio da inclusão*, com base no qual as escolas devem

3 O referido *site* utiliza as línguas francesa e inglesa. A citação foi traduzida do inglês para o português.

> [...] acomodar todas as crianças independentemente de suas condições físicas, intelectuais, sociais, emocionais, lingüísticas ou outras. Estas escolas devem incluir crianças com deficiência e as superdotadas, meninos e meninas de rua e crianças trabalhadoras, crianças de origens remotas ou de populações nômades, crianças pertencentes a minorias lingüísticas, étnicas ou culturais e crianças de outros grupos em desvantagem ou à margem da sociedade. Tais condições geram uma variedade de diferentes desafios aos sistemas educacionais [...]. (Unesco, 1994)

No mundo inteiro, o princípio da inclusão tem sido norteador de políticas públicas. Em alguns países, de forma mais intensa e em outros, apenas superficialmente. No Brasil, a incorporação das diretrizes internacionais da educação para todos e da educação inclusiva nas políticas públicas representou, na prática, uma mudança rápida radical no panorama do sistema educacional. Particularmente após a publicação da nova Lei de Diretrizes e Bases da Educação Nacional, em 1996, tal mudança foi representada, de modo geral, pelo aumento significativo do número de matrículas nas escolas. As implicações da universalização da educação primária foram muitas, entre elas a recepção de um enorme contingente de novo(a)s aluno(a)s oriundos de grupos sociais diversificados nas salas de aula regulares; a caracterização repentina de classes superpopulosas; turmas recheadas de diferenças individuais até então desconhecidas para a professora; e a emergência de novas demandas para a gestão e novas necessidades – também especiais! – para as professoras. Especificamente com relação à educação inclusiva, talvez a principal implicação trazida pela introdução da "idéia" de inclusão no cenário da rede de ensino pública brasileira tenha sido o temor dos educadores, gestores, professoras e pais de crianças sem necessidades educacionais especiais de ser obrigados a aceitar crianças com deficiência em suas escolas.

Aqui, dirijo meu olhar para o fenômeno da discriminação contra a pessoa com deficiência no contexto educacional brasileiro.

Embora não tenha a intenção de aprofundar este tema, por não ser o foco de minha reflexão, não posso desconsiderar o fato de que, em geral, a educação inclusiva é ainda vista muitas vezes como sinônimo de educação especial ou, no mínimo, como áreas que estão estreitamente vinculadas. A pesquisa *Crianças com deficiência e a Convenção dos Direitos da Criança: um instrumento de defesa*[4] (Ferreira *et al.*, 2002 – http://www.edtodos.org.br), financiada pela Save the Children da Suécia,[5] iluminou práticas sistemáticas de violação dos direitos da criança e do jovem com deficiência no contexto educacional, conforme apresento a seguir:

- as escolas e o(a)s professores(as) *não estão* e *não se sentem* preparados para receber crianças com deficiências em suas classes regulares;
- as crianças e jovens aceitos nas escolas da rede pública de ensino tendem a abandonar a escolarização, pois elas não respondem às suas necessidades;
- as famílias que não desistem da escolarização de seus filhos e filhas tendem a buscar escolas especiais ou, quando a situação financeira familiar o permite, escolas particulares;
- com freqüência, crianças, jovens e adultos que estudam em escolas especiais são integrados em escolas regulares. Após um período de escolarização e de vivência de experiências discriminatórias nesse contexto, seus pais decidem retorná-los para escolas especiais, que acreditam ser mais seguras;
- nas escolas privadas, há uma tendência à não-aceitação das crianças com deficiências sob a alegação de que a escola não está pre-

4 A referida pesquisa deu origem ao guia *Aprendendo sobre os direitos das crianças com deficiência, guia de orientação à família, escola e comunidade* (SCS, 2003 – http://www.edtodos.org.br ou postmaster@scs.org.pe).

5 Save the Children da Suécia (SCS) é uma organização fundada em 1919 cuja ação se concentra fundamentalmente na promoção e defesa dos direitos da criança, no apoio à infância em situação de risco e em influenciar a opinião pública a respeito deste tema. A SCS tem sede em Recife, Pernambuco (http://www.rb.se ou www.sclat.org).

parada para recebê-los; entretanto, as escolas que as matriculam podem se valer desse contexto exclusionário para acrescentar uma "taxa extra" à mensalidade justificada pela "assistência extra" que a criança deve requerer mas que, de fato, não é oferecida;

- a educação oferecida a esses(as) aluno(a)s é, em geral, pobre de qualidade educacional e mantém-se no âmbito das atividades oferecidas na fase de educação infantil, isto é, atividades lúdicas e artísticas;
- algumas mães consideram que as escolas especiais não são ambientes seguros para seus filhos por duas razões: (a) facilidade para que eles deixem o prédio da escola sem nenhum tipo de controle por parte dos funcionários; (b) possibilidade de as crianças serem agredidas por crianças maiores;
- embora a escola também viole sistemática e impunemente os direitos à educação de crianças e jovens com deficiência, os dados revelam que muitas crianças que são integradas com sucesso nas escolas regulares têm o apoio da escola, das professoras e são bem-sucedidas educacionalmente. Contudo, esse quadro positivo ainda está longe de ser amplamente atingido.

O temor existente com relação aos estudantes com deficiência, em minha visão, se explica pela histórica *invisibilidade* (Ferreira, 2004) de crianças e jovens desse grupo social no cenário educacional brasileiro; todavia, não se justifica como argumento para excluí-los ou segregá-los em escolas ou classes especiais. É necessário destacar aqui que o Brasil tem 5.564 municípios e que as escolas brasileiras estão localizadas sobretudo nas capitais ou cidades com certo nível de desenvolvimento. Isso, por si só, significa que a grande maioria dos estudantes não tem nem mesmo expectativa de acesso à educação especializada, ou seja, o acesso ao ensino regular nesse contexo é crucial.

Tenho repetido em todas as oportunidades possíveis que, primeiro, *todos têm direitos iguais à educação* e esse direito, obviamente, se estende às pessoas com deficiência; segundo, enquanto a ignorância geral sobre o potencial das pessoas com deficiência (vistas como uma "entidade" sem características individuais) e a crença na sua "incapacidade" reinarem soberanas acima da lei[6] que garante seus direitos à educação, as necessidades deste grupo social jamais ganharão visibilidade e, conseqüentemente, nunca os sistemas educacionais se modificarão para acomodá-los e para criar os serviços necessários à sua educação.

A escola como uma instituição fundamental na construção da cidadania deve necessariamente servir de modelo social e criar culturas que celebrem a diversidade, sejam inclusivas e não alimentem o preconceito e a discriminação contra qualquer grupo social.

A diversidade existente nas classes das escolas públicas brasileiras – e também em vários países do mundo ocidental – pode ser verificada em inúmeros âmbitos da vida escolar. Entre outros, nas diferenças de níveis de aquisição de linguagem oral entre o(a)s aluno(a)s e nos modos diferentes de se comunicar; na presença de crianças que nasceram e cresceram em outros estados e cujos pais se mudaram para a "cidade grande" a fim de encontrar mais oportunidades econômicas; na freqüência (hoje comum) de crianças e jovens que vivem em favelas e zonas periféricas muito carentes e quase sempre não tiveram contato com o mundo da escola; na convivência entre crianças brancas, negras e de outros grupos étnicos em uma mesma classe e também entre as crianças com e sem deficiências. É exatamente no seio da diversidade que se encontram as chamadas "necessidades educacionais especiais" tão temidas (e desconhecidas) pelas comunidades escolares (Ainscow e Ferreira, 2003).

---

6 A Secretaria de Educação Especial (Seesp) do MEC publicou, em 2001, o livro *Direito à educação, necessidades educacionais especiais: subsídios para a atuação do Ministério Público brasileiro. Orientações gerais e marcos legais*, que contém toda a legislação aprovada e publicada no Brasil até aquele ano. O livro está disponível gratuitamente. Além disso, o Ministério Público Federal, por intermédio da Procuradoria Federal dos Direitos do Cidadão (PFDC), publicou, em 2003, o manual *Acesso de pessoas com deficiência às classes e escolas comuns da rede regular de ensino*, em comemoração aos dez anos de existência da PFDC (http://www.pgr.mpf.gov.br/pfdc/pfdc.html).

Segundo estabelecido na Conferência de Salamanca (Unesco, 1994), o princípio fundamental das escolas inclusivas consiste em garantir que todos o(a)s aluno(a)s

> aprendam juntos, sempre que possível, independentemente das dificuldades e das diferenças que apresentem. Estas escolas devem reconhecer e satisfazer as necessidades diversas de seus estudantes, adaptando-se aos vários estilos e ritmos de aprendizagem, de modo a garantir um bom nível de educação para todo(a)s, por meio de currículos adequados, de boa organização escolar, de estratégias pedagógicas de utilização de recursos e de cooperação com as respectivas comunidades.

Isso quer dizer que as escolas e suas comunidades devem mudar e se preparar para entender, celebrar e trabalhar com a diversidade humana existente nas suas classes, a fim de promover a inclusão.

Desenvolvimento da educação inclusiva em direção à educação para todos

Como já vimos, o nascimento da educação inclusiva está historicamente ligado à educação especial ou à educação das pessoas portadoras de deficiência[7] (Ainscow *et al.*, 1998; Dyson, 1999; Saleh e Vayrynen, 1999). Todavia, ao longo de seus dez anos de existência, a educação inclusiva cresceu, se fortaleceu mundialmente, tanto como teoria quanto prática, e se expandiu em direção ao movimento em defesa da educação de qualidades para todos, principalmente para aqueles que estão freqüentemente sob o risco de exclusão educacional. Um encontro internacional ocorrido na Inglaterra em 1999, do qual participei, teve papel fundamental na consolidação dessa expansão.

---

7 Conforme terminologia usada na legislação brasileira, a qual destaca a "deficiência" ou "incapacidade" na pessoa que a "porta", em vez de destacar as barreiras impostas pela sociedade que os membros deste grupo social encontram. Eu não uso tal terminologia por discordar dela. Sempre que necessário, uso o termo "membros ou indivíduos do grupo social constituído pelas pessoas com deficiência".

O encontro[8] foi realizado na University of Manchester e organizado a pedido de Lena Saleh, àquela época representante da Unesco-Paris e chefe da Divisão de Educação Especial. O encontro teve como objetivos principais a revisão do desenvolvimento da educação inclusiva até aquele momento – *cinco anos após Salamanca* – [9] e a elaboração de um documento conceitual sobre a educação inclusiva no âmbito do movimento da Educação para Todos: *Overcaming exclusion through inclusive approaches in education – A challenge and a vision (conceptual paper)*[10] (http://unesdoc.unesco.org/images/0013/000134785e.pdf), disponível no *site* da Unesco. Em tal *site*, encontramos também as seguintes definições sobre necessidades educacionais especiais:

> O termo "educação das necessidades especiais" (*special needs education*) passou a ser usado como um substituto ao termo educação especial (*special education*). O termo mais antigo foi entendido principalmente com referência à educação de crianças com deficiência (*disabled children*), oferecida em escolas especiais ou instituições distintas e separadas (fora) das instituições, escolas e sistema universitário regulares. Em muitos países, hoje, uma grande proporção das crianças com deficiência está sendo de fato educada em instituições de ensino regular.
>
> Além disso, o conceito de crianças com necessidades educacionais especiais (*special educational needs*) se estende além daqueles [estudantes] que podem estar incluídos nas categorias de deficiência (*handicapped categories*), para abranger todos os estudantes que estão fracassando nas escolas por uma ampla variedade de razões, conheci-

8 O encontro contou com a presença de Mel Ainscow (University of Manchester), Tony Booth (University of Canterbury), David Lynch (Banco Mundial), Joseph Kisangi (University of Manchester), Susie Miles (The Enabling Education Network).

9 Existe um documento publicado pela Unesco com este título – *Salamanca, five years on* –, o qual apresenta relatos de experiências de projetos no campo da educação inclusiva.

10 Superando a exclusão por meio de abordagens inclusivas em educação – *Um desafio e uma visão* (documento conceitual).

> das por provavelmente impedirem o progresso máximo da criança. Se este grupo de crianças definido de forma mais abrangente tem necessidade ou não de apoio adicional, depende do nível em que as escolas precisam adaptar seu currículo, ensino e organização e/ou fornecer recursos humanos ou materiais adicionais de forma a estimular aprendizagem eficiente e efetiva para este(a)s aluno(a)s. (International Standard Classification of Education ISCED, 1997)

As definições acima nos ajudam a compreender melhor por que a expressão "necessidades educacionais especiais" não pode ser somente entendida no contexto da educação da pessoa com deficiência. Tal compreensão significaria a redução de sua importância, valor e abrangência no que diz respeito a possibilidades de desenvolvimento de sistemas educacionais para todos. O termo "necessidades educacionais especiais" deve ser entendido com referência às necessidades de TODAS as crianças, jovens ou adultos, que por motivos distintos enfrentam barreiras para aprender, tais como barreiras de acesso ao conteúdo curricular, arquitetônicas (acessibilidade física), atitudinais (discriminação, rejeição, maus-tratos), lingüísticas, as quais impeçam sua permanência na escola e a boa performance educacional.

Note que eu mantive na citação alguns termos também na língua inglesa entre parênteses. Usei este recurso para apontar as diferenças conceituais que podem advir de erros de tradução. Por exemplo, *special needs education* deve ser traduzido como *educação das necessidades especiais* e não como usualmente acontece: "necessidades educacionais especiais". Os dois termos representam diferentes conceitos: enquanto a expressão *educação das necessidades especiais* implica pensar como a escola pode mudar para oferecer os recursos necessários para responder às necessidades de *qualquer* aluno(a), o termo "necessidades educacionais especiais" (*special educacional needs*) se refere às necessidades que qualquer criança enfrenta em seu processo de escolarização. Na mesma linha, a expressão *disabled children* não pode ser traduzida como "crianças portadoras de deficiência", já que o termo inglês significa crianças que são "desabilitadas" pelo meio ambiente, e o segundo considera que a criança *é* deficiente porque *ela porta* uma "deficiência" sobre a qual o meio não tem responsabilidade alguma. Por isso não há como pensar em mudanças. Por exemplo, a falta de rampa na escola é responsável pela impossibilidade de a criança ter acesso à sua classe no segundo andar da escola, e **não** a criança é incapaz de ter acesso à sua classe porque ela "porta" uma deficiência motora. No âmbito das atividades de sala de aula, uma criança não tem acesso ao currículo pois a professora não conhece estratégias de ensino que possibilitem sua participação e contribuição à construção do desenvolvimento coletivo, em vez de: a criança não pode aprender tal conteúdo na sala de aula porque "porta" uma deficiência.

Talvez, mais do que nunca na história da educação, o movimento da educação inclusiva tenha sido responsável por *viabilizar* de maneira irreversível e permanente as questões pertinentes aos grupos sociais vulneráveis – incluindo as crianças e jovens que pertencem ao grupo social constituído pelas pessoas com deficiência –, que têm continuamente permanecido à margem das oportunidades existentes na sociedade.

No rastro do florescimento e da consolidação da educação inclusiva, outros movimentos em defesa de grupos em situação de desvantagem educacional vêm ganhando espaço e se consolidando cada vez mais, como, por exemplo: o movimento em defesa dos direitos das pessoas portadoras do vírus HIV/Aids; de crianças e jovens que sofrem violência doméstica ou são exploradas sexualmente (prostituição, turismo sexual etc.); o movimento das pessoas com deficiência, cuja organização mundial tem aumentado a presença e a voz deste grupo no cenário das decisões nacionais e internacionais (p. ex., Disability Awareness in Action[11]); o movimento em defesa dos direitos de grupos ét-

---

11 Disability Awareness in Action (Ação de Conscientização sobre a Deficiência – http://www.daa.org.uk): organização internacional constituída de cinco ONGs: (1) Disabled People International (Internacional das Pessoas com Deficiência), (2) Inclusion International (Inclusão Internacional), (3) Save the Children Alliance (Aliança para Salvar a Criança), (4) World Blind Union (União Mundial de Cegos) e (5) World Federation of the Deaf (Federação Mundial de Surdos).

nicos diversos que ganharam impulso com iniciativas do terceiro setor (p. ex., ciganos na Europa) e, em alguns casos, com o próprio apoio do governo (p. ex., indígenas no Brasil). Toda essa riqueza humana e diversidade de histórias pessoais está hoje dentro das salas de aula e é com este novo perfil de aluno(a)s que as professoras devem repensar suas práticas docentes e o novo perfil docente deve emergir.

Olhar sobre o novo perfil da professora: aprendendo e ensinando para a inclusão

Ao lançar meu olhar sobre o tema do novo perfil docente para a inclusão, gostaria de iniciar refletindo sobre o que designamos como formação docente no Brasil, que – como vimos no início do capítulo – tem sido foco de inúmeras ações. Considero necessário estabelecer uma distinção entre dois tipos de formação: *inicial* e *continuada*, para a seguir discutir uma nova concepção de educação de professoras.

A *formação inicial*, a meu ver, diz respeito *exclusivamente* à formação institucional oferecida a estudantes que não são professores e, portanto, não atuam em escolas ou outra forma de serviço educacional informal. Tal formação é oferecida em diferentes instituições de ensino (universidades, faculdades, institutos superiores de educação, cursos de magistério etc.) e envolve a preparação da futura professora a fim de adquirir conhecimentos e habilidades básicas para a docência, assim como sua certificação legal para atuar em variados níveis de ensino (educação infantil, ensino básico, ensino médio etc.). Nas escolas, a professora recém-formada adicionará cotidianamente novas camadas de aprendizagem sobre práticas de ensino e processos de aprendizagem do(a)s aluno(a)s ao conhecimento e experiência propiciados pelos estágios curriculares durante sua formação (inicial).

Depois da Nova LDB (MEC 1996), é comum encontrar professoras com muitos anos de docência nos cursos de formação inicial. Neste caso, uma vez que o estudante já é docente, eu considero que este professor está em processo de "formação continuada".

A expressão "formação continuada de docentes", por outro lado, tem sido usada para se referir a *qualquer* ação de formação de professoras já atuando no campo, isto é, nas escolas e, em particular, nas salas de aula. Usualmente, tais ações de formação são realizadas por instituições de ensino superior (p. ex., em cursos de extensão), secretarias de educação conveniadas com universidades, setores públicos (p. ex., secretarias estaduais e municipais de educação etc.), ONGs (cujas ações são hoje mundialmente freqüentes e reconhecidas como relevantes), ou mesmo organizadas por indivíduos ou grupos de profissionais que promovem cursos no setor privado. Em geral, os programas dos cursos de formação continuada de professoras oferecem conteúdos teóricos e/ou práticos que, pressupõe-se, são necessários à ação docente no contexto atual de sala de aula da rede pública. Conseqüentemente, as ações de formação adotam o formato acadêmico, que determina que o conteúdo do curso deve ser ministrado por um ou mais especialistas na área-foco da formação que, por sua vez, ensina(m) "alguém que não sabe".

Em minha perspectiva, aqui estamos ante um sério engano epistemológico subjacente à concepção de formação, qual seja, o entendimento de que professoras necessitam de formação. São dois os pressupostos imediatos que podem ser identificados subjacentes a tal entendimento.

Primeiro, a formação continuada é necessária porque se entende que as professoras *ainda* não foram "suficientemente" qualificadas para a prática educacional durante sua certificação formal inicial nas instituições de ensino superior. Nesse caso, seria urgente a reflexão sobre o desempenho da universidade nos cursos de formação.

Segundo, a formação continuada é necessária porque as experiências, os conhecimentos e as habilidades adquiridos pelo docente na escola *não* são considerados fatores relevantes para sua formação; portanto, o repertório da professora não possui *valor*.

Uma terceira interpretação poderia ser dada para a necessidade de formação continuada docente: as demandas educacionais hoje mudam tão rapidamente que a professora precisa de apoio contínuo para poder dar conta delas. Esta poderia ser considerada uma boa explicação se as chamadas ações de formação fossem centradas na realidade da professora, se as abordagens adotadas na formação fossem participativas e se as formações fossem implementadas dentro das escolas e articuladas às necessidades específicas de cada contexto educacional. Só que, neste caso, não estaríamos falando de uma "formação", mas de uma ação de *desenvolvimento e aperfeiçoamento de práticas docentes.* É aqui que se encontra o ponto-chave de minha reflexão.

Partir do pressuposto de que uma professora não é formada ou precisa de formação é o mesmo que assumir que a ação docente acontece em um vácuo atemporal. Isso implica assumir que não existe desenvolvimento profissional baseado nas experiências cotidianas vividas nas escolas e salas de aula. O engano epistemológico discutido acima, em minha visão, se cristalizou na raiz da concepção das ações de formação de professoras, contaminando por muitos anos o planejamento dos programas dos cursos, estruturados sem articulação alguma com as experiências, conhecimentos, habilidades, perspectivas e interesses das professoras para as quais são organizados.

A concepção unilateral de que docentes precisam de formação não permite que professoras sejam compreendidas como o *principal recurso* da própria ação de formação. Em outras palavras, tais cursos deveriam se caracterizar como ações de desenvolvimento e aperfeiçoamento profissional do docente, cujos conteúdos programáticos adotassem o repertório de conhecimentos e habilidades do docente como ponto de partida e reta de chegada. Qualquer professora com experiência em sala de aula – de longa ou curta duração – *já possui este repertório* e é somente com base nele que sua prática pode ser revisitada e aperfeiçoada!

Depois de mais de vinte anos atuando como formadora em diversos setores educacionais e áreas correlatas, foi somente a partir de 1995, quando conheci o movimento da educação inclusiva, que comecei a ter oportunidade de compreender o valor potencial da experiência acumulada das professoras em seus anos de magistério como substância viva (conteúdo) das ações de desenvolvimento profissional voltadas para os docentes. Entendi que não haverá aprendizagem significativa para a professora e intenção para a modificação de sua prática em sala de aula se o processo de construção do novo conhecimento prescindir de seu *background* do aprendiz, seja este uma criança, uma professora, um médico ou um catedrático.

O sistema educacional encontra-se em processo de intensa transformação: a escola mudou, os estudantes mudaram, as comunidades exigem mais participação e a professora deve estar preparada para enfrentar o novo cenário educacional. Contudo, ainda não existe clareza sobre o que é necessário para este preparo, qual é sua essência e seu fundamento. Já está claro que a diversidade existente na sala de aula hoje não permite mais a rigidez da ação docente, apoiada no uso de metodologias de ensino tradicionais e centradas na professora. Segundo o Open File[12] da Unesco (2001, p. 42 – http://www.unesco.org/education/educprog/sne), o(a)s professores(as) constituem o recurso mais caro e poderoso para o desenvolvimento de escolas inclusivas a fim de responder à diversidade de estilos de aprendizagem existentes no contexto educacional corrente. "O desenvolvimento da força de ensino é, portanto, crucial, particularmente nos países onde outros tipos de recursos são relativamente escassos", como é o caso do Brasil. Assim, o reconhecimento do valor e do poder que residem no corpo docente deve estar no centro de qualquer projeto cujas ações estejam voltadas para o desenvolvimento de escolas inclusivas.

Tendo acompanhado de perto nos últimos anos o movimento internacional da educação inclusiva e após visitar inúmeras escolas em diferentes países, em minha perspectiva, o novo perfil do professor para a inclusão ainda é uma incógnita para os sistemas educacionais e suas características ainda escapam aos acadêmicos (estudiosos e pesquisadores), às comunidades escolares e, também, às próprias professoras. A ênfase dada à importância crucial do papel do docente no processo de desenvolvimento de escolas para todos e de promoção da inclusão – leia-se, no combate à exclusão educacio-

12 Documento *Arquivo aberto, materiais de apoio para gerenciadores e administradores educacionais,* publicado para apoiar o desenvolvimento de políticas públicas.

nal de grupos vulneráveis – tem nos empurrado em direção a tentativas de desvelamento deste perfil, e alguns consensos já começam a emergir...

Espera-se hoje que a professora seja capaz de compreender e praticar o acolhimento à diversidade e esteja aberta a práticas inovadoras na sala de aula. No novo perfil, a professora deve adquirir conhecimentos sobre como conhecer as características individuais (habilidades, necessidades, interesses, experiências etc.) de cada um de seus estudantes, a fim de poder planejar aulas que levem em conta tais informações. Estudos na área de educação inclusiva que adotaram a pesquisa-ação como metodologia (Costa e Paes, 2000; Ainscow e Tweddle, 2003; Ferreira, 2003a, 2004; MEC/Seesp, 2004, 2005) iluminam que, quanto mais a professora conhece seu(sua)s aluno(a)s (interesses, habilidades, necessidades, história de vida etc.) e incorpora este conhecimento no planejamento das estratégias de ensino a ser adotadas para ensinar o conteúdo curricular, maiores serão as chances de promover a participação de cada aluno(a) na atividade de sala de aula, a inclusão e o sucesso escolar de todos.

Em uma aula inclusiva, a professora não aborda o conteúdo curricular de uma única maneira para toda a turma. Por exemplo, ela escolhe um tópico que será lido por todos ao mesmo tempo, e depois individualmente cada aluno(a) responde a questões escritas no quadro, ou a professora dá uma aula expositiva sobre um tema e pede a todo(a)s o(a)s aluno(a)s que realizem os exercícios do livro sem se comunicar entre si. Como um docente pode monitorar se os alunos estão encontrando dificuldade para realizar a tarefa ou já a realizaram e agora estão se dispersando?

A aula inclusiva visa responder à diversidade de estilos de aprendizagem na sala de aula; então, qualquer ação de desenvolvimento e aperfeiçoamento de práticas de ensino e aprendizagem de professoras para a inclusão deve ajudá-las a refletir sobre formas de levantamento de informações sobre seu(sua)s aluno(a)s e planejamento de diversas atividades que abranjam os estilos de aprendizagem individual. Por exemplo, uma aula de *meios de transporte* pode ser abordada por meio de atividades diversas que contemplem diferentes grupos de aluno(a)s: o(a)s que gostam de ler e pesquisar sobre um assunto; aquele(a)s que são "bon(boa)s" em desenho e artes e podem construir diferentes tipos de transporte, assim como explicar de que maneira funcionam; outro(a)s que possuem conhecimentos sobre a mecânica de alguns meios de transporte porque seu pai ou tio é mecânico na oficina do bairro; o(a)s que possuem boa habilidade oral e podem ser orientado(a)s para entrevistar pessoas da comunidade (taxistas, motoristas de ônibus, donos de diferentes tipos de carro etc.). O importante é ter a clareza de que todo(a)s o(a)s estudantes devem estar contemplados e participando efetivamente da construção do conhecimento coletivo.

Além dessas novas habilidades com relação a diferenciação curricular e estratégias de ensino dinâmicas, espera-se que o(a) professor(a) domine as novas tecnologias de informação e comunicação (TIC), talvez hoje uma das habilidades mais importantes para o docente adquirir e uma das áreas de conhecimento mais promissoras com relação à aprendizagem dinâmica para quem atua no campo da educação. A inclusão digital já se consolidou como um termo da moda. Em poucos anos, vimos as escolas da rede pública (e privada) sendo pressionadas a ter seus laboratórios de tecnologia de informação e comunicação em pleno funcionamento. Quanto ao novo perfil da professora, ela deve ser capaz de utilizar os instrumentos básicos das TICs e propiciar oportunidades para que seu(sua)s aluno(a)s os utilizem sempre que possível, a fim de aprofundar os conhecimentos adquiridos em sala de aula. As TICs são consideradas instrumentos de desenvolvimento pessoal de grande valor, porque propiciam independência e autonomia na aprendizagem, característica fundamental em um sistema educacional que até pouco tempo era totalmente centrado no conhecimento do(a) professor(a).

O novo perfil desenha uma professora que, além da docência, seja capaz de trabalhar colaborativamente (Unesco, 1993), refletir sobre sua prática e pesquisá-la cotidianamente com vistas a transformá-la de acordo com as exigências da escola, de seu(sua)s aluno(a)s e da sociedade globalizada (Namo de Mello e Rego, 2002

– http://www.fvc.org.br). Enfim, uma professora que, em termos gerais,[13] ainda não existe, da mesma forma que ainda não existem universidades que formem docentes com o novo perfil ou sistemas educacionais que promovam ações de educação de professoras para a inclusão, dez anos após a Salamanca.

Conclusão

Educação e desenvolvimento estão intrinsecamente conectados, conforme as palavras de Kofi Annan: "Educação é um direito humano com imenso poder de reforma. Em seus fundamentos, se apóiam os pilares da liberdade, democracia e desenvolvimento sustentável [...] não há maior prioridade, nem missão mais importante do que a da Educação para Todos" (Eenet, 2004 – http://www.eenet.org.uk/newsletter). As palavras do chefe maior das Nações Unidas apenas refletem as evidências disponíveis no mundo contemporâneo de que a desigualdade entre os grupos sociais tem sua origem nas desigualdades sociais, culturais e econômicas (Ferreira, 2001), da mesma forma que "a educação básica é catalisadora do desenvolvimento humano" (Oxfam, 1999, p. 18).

Obviamente, tais evidências provocam impacto sobre as prioridades internacionais (diretrizes) e nacionais (políticas públicas). Particularmente, no campo da educação, as prioridades estabelecidas internacionalmente têm sido, em geral, planejadas para ser atingidas dentro de extensos períodos, como vimos acima. No caso da década de 1990, contudo, o movimento da Educação para Todos traz a urgência e a pressão de prazos curtos sobre os governos. Entretanto, sabemos que os caminhos das políticas públicas em cada país são intrincados e diretamente vinculados a questões internas históricas, políticas e econômicas, incluindo a exploração colonia-

13 É claro que reconhecemos a existência de professoras com tais características, assim como há sistemas educacionais e universidades que formam docentes com o novo perfil. Contudo, aqui estamos nos referindo à característica geral de ausência de educadores já preparados para enfrentar a diversidade na escola da maneira com que ela é hoje entendida.

lista, as ditaduras militares, a corrupção e o desvio de recursos, as dívidas externas com o FMI, as dívidas internas, as prioridades políticas e econômicas sobre as urgentes questões sociais, a falta de vontade e de compromisso político com as causas dos grupos vulneráveis e outras tantas heranças que se acumularam ao longo de séculos de injustiça social.

Embora a princípio o movimento da educação inclusiva não tivesse a mesma força política do movimento da Educação para Todos, os dez anos que se seguiram à publicação da Declaração de Salamanca, em 1994, testemunharam seu florescimento com relação ao valor educacional. Nesse período, a educação inclusiva se tornou, internacionalmente, um campo de estudo fértil tanto nos países ricos como nos economicamente pobres: aproximou e aglutinou pesquisadores, acadêmicos, profissionais do campo da educação e áreas correlatas; foi tema de inúmeros eventos; provocou um abalo profundo na concepção de educação da pessoa com deficiência; contribuiu para a recuperação da educação como um direito humano; contaminou sobremaneira os discursos, documentos e políticas públicas; e, certamente, foi base de outras iniciativas ainda não identificadas.

Então, se a educação inclusiva aponta uma possibilidade de mudança radical do sistema educacional, se está se expandindo no mundo e se a formação de professoras para a inclusão é crucial para o desenvolvimento de sistemas educacionais mais inclusivos, devo aqui retomar as perguntas colocadas no início deste capítulo: *por que os cursos de formação de professoras em exercício se tornaram uma prática corrente? Quais as implicações deste tipo de formação? O que os cursos de formação de professoras representam no que diz respeito ao impacto no contexto do desenvolvimento de sistemas educacionais inclusivos para todos?*

Tudo leva a crer que tais cursos ganharam espaço e reconhecimento no campo da educação, porque as instituições de ensino superior resistem ao engajamento político no âmbito do movimento da educação para todos e na tarefa de assumir sua responsabilidade social de formar educadores preparados para promover a inclusão de todo estudante sob o risco de ser excluído da escola. O debate sobre caminhos a serem percorridos a fim de desenvolvermos sistemas educacionais mais justos e igualitários para todos permanece às margens das agendas das universidades e dos programas de formação de professoras. As pesquisas em educação raramente se propõem "à intervenção na realidade e ao rompimento das barreiras ao desenvolvimento humano e à cidadania, tornando-se papéis sem valor social [...], enquanto a academia permanece inerte ante a desigualdade educacional e social do país" (Ferreira, 2002, pp. 60-61). Os programas de formação inicial ou continuada de professoras inevitavelmente refletem esta tendência.

Os cursos de formação inicial parecem representar uma séria ameaça ao movimento da inclusão, pois, enquanto alguns "rebeldes" teimam em lutar pela defesa e promoção da educação inclusiva, as universidades formam anualmente "exércitos" de docentes preparados e prontos para excluir. Por outro lado, no contexto da educação das professoras em exercício, estes cursos representam uma barreira para o desenvolvimento das práticas inclusivas porque desvalorizam as professoras ao desconsiderarem seu repertório de experiências docentes acumuladas durante anos, e a valorização do docente é o primeiro e mais importante fundamento da inclusão.

Outro fator que não pode ser ignorado é o de que o crescimento acelerado e contínuo destes cursos de formação certamente se assenta sobre o vácuo criado pelas instituições de ensino superior no campo da formação docente, por sua vez, permitindo o surgimento de um mercado privado de educação paralela que contribui para a implosão gradual e sistemática dos sistemas educacionais... da mesma forma que os cursinhos preparatórios para o vestibular se afirmaram no mercado privado educacional como um investimento absolutamente lucrativo no vácuo deixado pela fraca qualidade da educação básica.

Reconheço que há inúmeros outros aspectos e estudos que poderiam ter sido abordados em uma reflexão sobre a formação de professoras para a inclusão; todavia, *o meu olhar sobre a inclusão e a exclusão no contexto da formação docente após Salamanca* traduz apenas um pequeno recorte de um contexto cheio de dilemas, disputas e controvérsias, mas seguramente cheio de promessas de justiça social e igualdade de direitos para todos.

Referências bibliográficas

AINSCOW, M. *et al. From special needs education to education for all (thematic discussion paper).* International Consultative Forum on Education For All. Tenth Sterring Committee Meeting. Paris: Unesco, 1998.

AINSCOW, M. e FERREIRA, W. B. "Compreendendo a educação inclusiva: algumas reflexões sobre experiências internacionais". In: RODRIGUES, D. (org.). *Perspectivas sobre a inclusão: da educação à sociedade.* Porto: Porto, 2003.

AINSCOW, M. e TWEDDLE, D. *Understanding the changing role of English local education authorities in promoting inclusion.* Paper presented at the Conference on School Effectiveness and School Improvement. Sidney, jan. 2003.

COSTA, A. M. B. e PAES, I. *Promoting inclusive education in Portugal.* Paper presented at the International Special Education Congress. Manchester, jul. 2000.

DYSON, A. "Equity as the way to excellence? Possibilities and challenges in inclusive education". In: *II Jornades sobre les Necessitates Educatives Especials a l'Aula.* Espanha: Unesco, 1999.

EENET. "Special education: Salamanca – Ten years on". *The Enabling Education Network Newsletter*, v. 8, jun. 2004. (Disponível em: http://www.eenet. org.uk)

FERREIRA, W. B. *Making sense of exclusion from schools: international perspectives.* 2001. Tese (Para obtenção do título de PhD em Educação) – University of Manchester, Inglaterra (www.man.ac.uk/education).

______. *Fighting the black hole of inequality in Latin America: Reflecting on a new methodology for alliances between North and South.* Comunicação apresentada no Development Aid Policy Symposium, Disability in Development Cooperation in the Context of Poverty Erradication, Sustainable Development and Education. Königswinter, 10 a 12 maio 2002.

______. *O papel da pesquisa e parcerias internacionais no desenvolvimento de escolas inclusivas: experiência de dois projetos de pesquisa para a promo-*

ção da inclusão e conscientização sobre os direitos das pessoas com deficiência. Comunicação apresentada no Seminário Educação Inclusiva no Brasil, Diagnóstico Atual e Perspectiva Futura (não-publicada). Banco Mundial, Rio de Janeiro, 23 a 26 mar. 2003a.

______. "Reflexão sobre o papel dos programas de pós-graduação na luta contra a exclusão educacional de grupos sociais vulneráveis". Revista *Espaço*, informativo técnico-científico do Ines, n.º 18 e 19. Instituto Nacional de Educação de Surdos, dez. 2002-jul. 2003b, pp. 51-62.

______. *Relatório do Projeto de Pesquisa-Ação Planejando e Ensinando o Conteúdo Curricular com Estratégias de Ensino Inclusivas.* Estudo realizado para a Secretaria de Educação do Município de São Paulo/DOT-Educação Especial, mar.-out. 2004.

______. *Invisibilidade, crenças e rótulos... reflexão sobre a profecia do fracasso educacional na vida de jovens com deficiência.* Documento apresentado no IV Congresso Brasileiro sobre Síndrome de Down – Família, agente da inclusão, 9 a 11 de setembro de 2004, Salvador, Bahia. (Disponível em: http://www.federaçãosinddown.org.br)

FERREIRA, W. B. *et al. Crianças com deficiência e a Convenção dos Direitos da Criança: um instrumento de defesa.* ONG Ed-Todos, 2002. (Disponível em: http://www.edtodos.org.br)

MEC/SEESP. *Direito à educação, necessidades educacionais especiais: subsídios para atuação do Ministério Público Brasileiro.* Orientações gerais e marcos legais. Brasília, 2001.

______. *Educar na diversidade, material de formação docente.* 1. ed. Secretaria de Educação Especial, Ministério da Educação, 2004.

MINISTÉRIO DA EDUCAÇÃO E CULTURA. *Lei de Diretrizes e Bases da Educação Brasileira n.º 9394-20/12/1996.* Brasília, 1996.

MINISTÉRIO PÚBLICO FEDERAL. *Acesso de pessoas com deficiências às classes e escolas comuns da rede regular de ensino.* Procuradoria Federal dos Direitos do Cidadão, 2000. (Disponível em: http://www.pgr.mpf.gov.br/pfdc/pfdc.html)

NAMO DE MELO, G. e REGO, T. C. *Formação de professores na América Latina e no Caribe: a busca por inovação e eficiência. Ofício do Professor na América Latina e Caribe.* Fundação Victor Civita./Unesco, 2004. (Disponível em: http://www.fvc.org.br)

ONU. *Declaração dos direitos humanos.* Nova York: 1948. (Disponível em: http://www.direitoshumanos.usp.br)

OXFAM. *Education now, breaking the cycle of poverty.* Londres, 1999. (Disponível em http://www.oxfam.org/educationnow)

SALEH, L. e VAYRYNEN, S. "Inclusive education – Consensus, conflict and challenges". In: *II Jornades sobre les Necessitates Educatives Especials a l'Aula.* Espanha: Unesco, 1999, pp. 1-19.

SAVE THE CHILDREN SUÉCIA. *Aprendendo sobre os direitos das crianças com deficiência, guia de orientação à família, escola e comunidade.* Pesquisa e texto: Windyz B. Ferreira, 2003. (Disponível em: http://www.edtodos.org.br)

UNESCO. *World declaration of education for all and framework for action to meet basic learning difficulties.* Paris, 1990.

______. *Project teacher training, special needs in the classroom.* Paris, 1993.

______. *Declaração mundial de educação para todos e diretrizes de ação para o encontro das necessidades básicas de aprendizagem.* Paris, 1994.

______. *Formação de professores, necessidades especiais na sala de aula.* Paris, 1994. (Traduzido pelo Instituto de Inovação Educacional do Ministério da Educação de Portugal.)

______. *Proyeto principal de lá educacíon en America Latina y el Caribe.* Santiago, 2000a.

______. *Dakar framework for action. Education for all, meeting our collective commitments.* Dacar, 2000b. (Disponível em: http://www2.unesco.org/wef/en-leadup/dakfram.shtm)

______. *Arquivo aberto sobre a educação inclusiva.* Paris, 2001.

______. *Educar na diversidade, material de formação docente.* 2. ed. Secretaria de Educação Especial, Ministério da Educação, 2005.

Dez anos de Salamanca, Portugal e os alunos com necessidades educativas especiais

LUÍS DE MIRANDA CORREIA

Professor do Instituto de Estudos da Criança da Universidade do Minho, Portugal

Introdução

Aprender a falar, a ler, a escrever e a contar é, com certeza, o desejo de todas as crianças e a aspiração de todos os pais. Mas se por um lado 80% das crianças são capazes de aprender, sejam quais forem as estratégias que se usem, o mesmo já não se pode dizer das restantes 20%. As lutas pelas aprendizagens são diárias e contínuas, deixando marcas tantas vezes irreparáveis.

Uma das primeiras marcas poderá situar-se na auto-estima: a vergonha apodera-se delas ao verificarem que o que é tão simples para os colegas não o é para elas. E mesmo aquelas tarefas que parecem triviais no dia-a-dia transformam-se em pesadelos constantes, inibidores das qualidades que, porventura, elas possam possuir.

É este o mundo da maioria das crianças com *necessidades educativas especiais* em Portugal, *incompreendidas, maltratadas, abandonadas à sua sorte.*

E pela forma como as coisas andam em matéria de educação, será este o mundo que continuará a atormentá-las? Será pior, talvez, se tivermos em conta a retórica que, cada vez mais, nos assalta a inteligência e tantas vezes as empurra para becos sem saída.

The art of the stupid (2002), diria Kauffman, ao afirmar que quando alguém diz qualquer coisa estúpida, sem uma intenção humorística, sem um pedido de desculpas, ou sem um motivo óbvio, é porque tem algo para vender...

E muita gente em educação ganha a vida pensando em coisas estúpidas para pôr em prática ou, simplesmente, para se afirmar.

Vem isso a propósito daqueles que, repetidamente, e com a marca da pomposidade científica espelhada no rosto, nos atiram à cara *chavões* "que pretendem dar a impressão de consenso sem possuírem qualquer substância" (Clabaugh e Rozycki, 1997).

Embora pudesse aqui citar dezenas de chavões usados em educação, aquele a que pretendo neste momento chamar a atenção refere-se ao popularíssimo "*todos temos necessidades educativas especiais*" e suas variantes, "*todos somos especiais*", "*celebremos a diferença*", "*celebremos a diversidade*", "*inclusão é para todos*", "*a educação especial já lá vai*", e por aí afora – termos usados sem qualquer despudor, a torto e a direito, não só por quem faz educação, mas também por quem pretende vendê-la ao público em geral. Embora popular, essa propaganda afigura-se-me sem sentido, descabida de propósitos... E mesmo que, como afirma Kauffman (2002), aceitemos fatos irrefutáveis que se prendem com nossa unicidade genética, com a heterogeneidade de características que nos são inerentes, com a afetividade que nos prende aos entes queridos tornando-os *especiais*, em educação não é este o sentido que damos ao termo "especial". Ao pretendermos fazer de cada criança uma criança especial, de certa forma uma criança com necessidades educativas especiais, estamos a entrar num campo de areia movediça que só a demagogia pós-modernista pode tolerar e incentivar.

A retórica do igualitarismo, quando este não se vê dentro de uma perspectiva das nossas necessidades, das diferenças significativas que alguns de nós possuem, embora possa encantar e seduzir aqueles menos preparados, não passa disso mesmo: uma discussão palavrosa, pobre de idéias. Ao pretendermos fazer crer que todos temos necessidades educativas especiais, no que toca à educação, isto simplesmente quererá dizer que nenhuma criança tem realmente necessidades educativas especiais. Ou não será assim? E, se assim for, então todas elas terão o mesmo sucesso escolar, serão capazes de fazer as mesmas coisas, de resolver os mesmos problemas e por aí afora.

Neste pingue-pongue retórico, fruto de nossa ignorância ou de intenções particulares, vamo-nos esquecendo de que haverá sempre alunos cujos problemas na leitura ou na matemática os acompanharão durante todo seu percurso escolar, malgrado os bons professores que com eles se poderão cruzar, caso não consideremos a *signi-*

ficância de sua diferença. A verdadeira acepção do termo "necessidades educativas especiais".

Partilhamos da mesma opinião de Kauffman (2002), quando diz: "Espero que um dia possamos rir-nos daqueles que, em posições de poder, no que toca à educação, sugiram coisas como 'todas as crianças têm necessidades educativas especiais'".

Reconhecer a significância da diferença, quando falamos de alunos com NEE, para, assim, podermos respeitar suas características e necessidades e, conseqüentemente, considerar métodos de ensino adequados e diferenciados, é, quanto a mim, essencial. A diferenciação e a individualização são aqui conceitos ímpares a ter em conta. Diria, até, "que a diferenciação (conjunto de estratégias e métodos específicos) está para o ensino, como a individualização está para as características e necessidades do aluno".

Conceitos de inclusão, educação especial e necessidades educativas especiais

Serve esta introdução para chamar a atenção de como um conjunto de conceitos essenciais está sendo tratado (maltratado?) em Portugal. Dentre eles, destaco os de *inclusão*, de *educação especial* e de *necessidades educativas especiais.*

Há pelo menos dez anos que a comunidade educativa se debate com a implementação de práticas inclusivas em nossas escolas, constituindo-se esta pretensão em uma tarefa de grande envergadura e em um desafio que se coloca a todos aqueles que desejam que a escola, a par com a família, seja a garantia do sucesso, acadêmico e social, de todos os alunos. Neste sentido, o conceito de inclusão, que pretende dar a todos os alunos a oportunidade de aprender juntos nas escolas de suas residências, deve, por um lado, perseguir esse objetivo, mas, por outro, não deve esquecer-se da motivação que o criou, considerando como um direito fundamental dos alunos com necessidades educativas especiais (NEE) sua inserção nessas mesmas escolas, desde que com os apoios necessários para a maximização de seus potenciais.

A inclusão pressupõe, assim, dois princípios essenciais, devendo, o primeiro, ocupar-se da remoção das eventuais *barreiras* impeditivas de aprendizagens com sucesso e, o segundo, fomentar respostas educativas adequadas às *diversas* necessidades de aprendizagem dos alunos, principalmente aqueles com NEE.

No que diz respeito às barreiras, já referi mais de uma vez, em artigos que escrevi e em comunicações que fiz, que, para podermos alcançar os objetivos que uma escola inclusiva deve abraçar, é necessário que nossas atitudes sejam as adequadas; que a liderança apóie um projeto verdadeiramente inclusivo; que tenhamos tempo para planificar; que tenhamos o desejo e a oportunidade de alargar nossos conhecimentos; que tenhamos acesso a recursos, humanos e materiais, e os saibamos rentabilizar; que saibamos e queiramos trabalhar em parceria. Em uma palavra, que saibamos e queiramos construir um projeto educativo que dê atenção à diversidade tida como todo o conjunto de diferenças individuais que os alunos apresentam, não esquecendo, como aqui já foi dito, a *significância dessa mesma diferença* (Correia, 2001).

Quanto às respostas educativas, a escola necessitará de medidas que tenham por base todos os níveis da *planificação curricular*, desde os projetos curriculares de escola até as programações educacionais individualizadas (PEI), de forma que crie oportunidades relevantes de aprendizagem que visem responder às necessidades de todos os alunos.

Tendo por base esses dois princípios, nossas escolas terão, com certeza, de se reorganizar para, assim, poder, mais eficazmente, promover as aprendizagens de todos os alunos, principalmente daqueles que lá chegaram e ainda chegam depois, os alunos com NEE permanentes.

Assim, como já tive oportunidade de mencionar, o conceito de inclusão não pode, nem deve, arredar-se muito do objetivo que lhe deu origem, o atendimento educacional a alunos com NEE moderadas e severas, efetuado nas escolas de suas residências e, **sempre que possível**, nas classes regulares dessas mesmas escolas, correndo o risco, se o fizer, de ver uma porcentagem significativa de alunos com NEE mergulhar nas águas do insucesso. Isso não quer dizer que sou a favor da inclusão total, até porque já tive a oportunidade de dizer que

> o princípio da **inclusão** não deve ser tido como um conceito inflexível, mas deve permitir que um conjunto de opções seja considerado sempre que a situação o exija. Somos pela inserção do aluno com NEE, mesmo com NEE severas, na classe regular, **sempre que isso seja possível**, mas acreditamos também na salvaguarda dos seus direitos, que pode ser posta em causa, caso não se respeitem as características individuais e as necessidades específicas desse mesmo aluno. Tais características e necessidades específicas podem fazer com que a sua permanência a tempo inteiro na classe regular não seja a modalidade de atendimento mais eficaz. (Correia, 1997, p. 34)

Sou, sim, a favor de uma inclusão progressiva que, simultaneamente, promova o sucesso escolar do aluno com NEE e coabite pacificamente com os serviços de educação especial, quando esse for o caso (Figura 1).

Estou consciente de que o termo "sucesso" não significa que todos os alunos atinjam os objetivos do currículo comum – ainda que uma porcentagem muito significativa o possa fazer –, mas sim que todos os alunos tenham o maior número possível de oportunidades de maximizar seu potencial, sejam quais forem suas características e necessidades. E, assim sendo, comungo da opinião de Kauffman (2003, p. 179), quando nos diz que, embora as pessoas com NEE não possam fazer certas coisas, "é essencial que nos centremos naquilo que podem fazer".

Aqui, pergunto: e como chegamos àquilo que podem fazer?

Heward (2003, p. 131) dá-nos uma idéia ao afirmar que cada criança é diferente das demais e que as diferenças que daí resultam são suficientemente sólidas para garantir uma atenção especial, mais individualizada em certos casos. Como nos diz: "De fato, as diferenças interindividuais no domínio da aprendizagem constituem a própria base da educação especial".

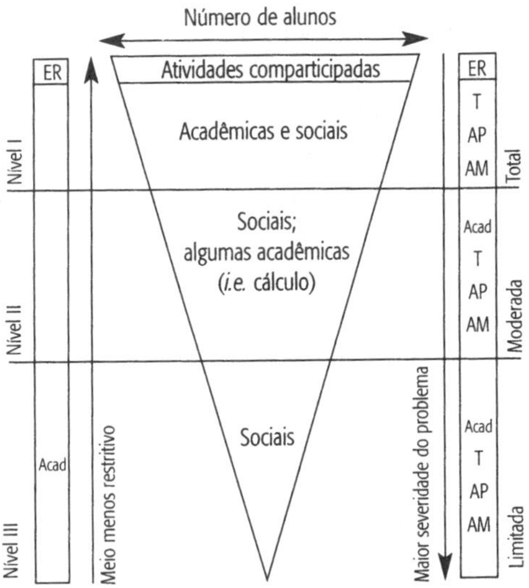

Chave:

ER - ensino regular
EE - educação especial
Acad. - (atividades) acadêmicas
AP - aconselhamento psicológico
AM - acompanhamento médico
T - terapias

Figura 1 – Modelo de inclusão progressiva. Adaptado de Correia (1997).

As afirmações de Kauffman e Heward, combinadas com a noção de que o princípio da inclusão deve permitir certa flexibilidade quanto às opções programáticas para os alunos com NEE, levamme a crer que a inclusão deve prescrever, **sempre que necessário**, um *continuum* de serviços educativos que facilitem a prestação de apoios especializados eficazes (Correia, 1997, 2003). Caso contrário, o espírito que deu força ao movimento da inclusão pode ser desvirtuado e o próprio conceito de inclusão pode passar a significar confusão e desilusão. Pode, até, no caso dos alunos com NEE permanentes, passar a ser negligência. Cremos, pois, que o termo "inclusão" é amiúde muito mal interpretado quando só se relaciona com o ensino na classe regular. Claro que, se um aluno pode atingir cabalmente os objetivos propostos pelo currículo comum e/ou pelo PEI em uma *classe regular*, então ele pertence àquele lugar. No entanto, se o aluno só consegue atingir parcialmente esses mesmos objetivos, então ter-se-ão de considerar soluções alternativas que potencializem suas competências e corroborem o objetivo da educação, o de educar cada criança de acordo com suas características e necessidades.

As afirmações de Kauffman e Heward chamam ainda a atenção para a importância da *educação especial* como condição fundamental para uma boa prestação de serviços educativos para os alunos com NEE. Esta é também minha convicção, e tem-no sido ao longo de mais de 25 anos em que tenho tido a oportunidade e o grande prazer de trabalhar direta ou indiretamente com crianças e adolescentes com NEE. Uma convicção que me levou a pensar a educação especial como um conjunto de serviços e apoios especializados destinados a responder às necessidades educativas especiais de um aluno, tendo por base suas capacidades e necessidades e por fim a maximização de seu potencial. Assim sendo, vi sempre os serviços de educação especial com um fim essencial, o de tentar prevenir, reduzir ou suprimir a problemática de um aluno com NEE, fosse ela do foro mental, físico ou emocional. Vi-os também com uma preocupação, a de estar atentos e, quando necessário, contribuir para a modificação dos ambientes de aprendizagem dos alunos com NEE, para que eles pudessem vir a usufruir de uma *educação apropriada* às suas características e necessidades (Correia, 1997).

Esta minha ótica é muito similar à dos autores aqui já citados, Kauffman e Heward, e à de outros autores também, Lieberman (2003) e Doug e Lynn Fuchs (2000), por exemplo, refletindo a importância de não se subtraírem os serviços e apoios de educação especial à esfera das práticas educativas que a filosofia inclusiva proclama.

A educação especial e a inclusão constituem-se, assim, como duas faces de uma mesma moeda, ambas caminhando lado a lado, para, não só assegurar os direitos fundamentais dos alunos com NEE permanentes, mas também para lhes facilitar as aprendizagens que um dia os conduzirão para uma inserção social, harmoniosa, produtiva e independente. Nesta perspectiva, é bom que se perceba que, embora pretenda ver, sempre que possível, os alunos com NEE permanentes nas classes regulares, com apoios adequados, não sou, de forma alguma, avesso à idéia de que, *por vezes*, sublinho por vezes, eles não possam receber serviços educativos apropriados e eficazes fora dessa mesma classe regular.

A educação especial, ou melhor, os serviços de educação especial necessitam ser um dos pilares essenciais em que se deve assentar o ensino para os alunos com NEE. Com isso, quero dizer que a educação especial não deve ser nunca um lugar, e na minha acepção e na de outros autores (Crockett e Kauffman, 1999, 2001) nunca o foi, mas sim um conjunto de serviços e apoios especializados a que o aluno com NEE tem direito e a que a escola deve ter acesso sempre que deles necessite. Contudo, o lugar onde os apoios devem ser efetuados, embora se constitua um elemento secundário, não deve ser relegado a um plano totalmente inexistente, uma vez que ele é importante para confinar o ensino a ministrar, levando-o por vezes para fora da sala de aula. No entanto, não quero aqui deixar de reforçar a idéia de que se deve, sempre que possível, assegurar o acesso ao currículo comum do aluno com NEE, embora se tenham sempre por base as referências feitas ao currículo em seu *programa educativo individualizado* (PEI). Esta concepção afasta-nos da posição tradicionalista de encarar a educação especial que, geralmente, via os alunos com NEE relativamente afastados do ensino regular. Assim sendo, o novo modelo de educação especial, como já referimos, é aquele em que a educação especial é vista como um conjunto de serviços e apoios para o aluno com NEE a fim de ajudá-lo, sempre que possível, a atingir os objetivos do currículo comum. A Figura 2, que tem por base um modelo proposto por Nolet e McLaughlin (2000), ilustra bem o que pretendo dizer.

Neste modelo, os alunos com NEE estão insertos no retângulo, sendo os serviços e apoios de que necessitam determinados por suas características e necessidades. Como se pode verificar, em alguns casos não se diferencia o aluno sem NEE do aluno com NEE, embora este último deva ter direito, sempre que necessário, à elaboração de um PEI. É, portanto, o PEI que, de maneira individualizada, deve discriminar os serviços e apoios de que o aluno com NEE necessita, nunca esquecendo, todavia, que devem ter em conta as realidades do currículo comum e a melhor forma de acesso possível a esse mesmo currículo.

Quanto ao conceito de NEE, minha acepção leva-me a considerar os alunos com NEE como aqueles que, por exibirem determinadas **condições específicas**, podem necessitar de **serviços e apoios de educação especial** durante **parte ou todo o seu percurso escolar**, de forma que facilite seu desenvolvimento acadêmico, pessoal e socioemocional.

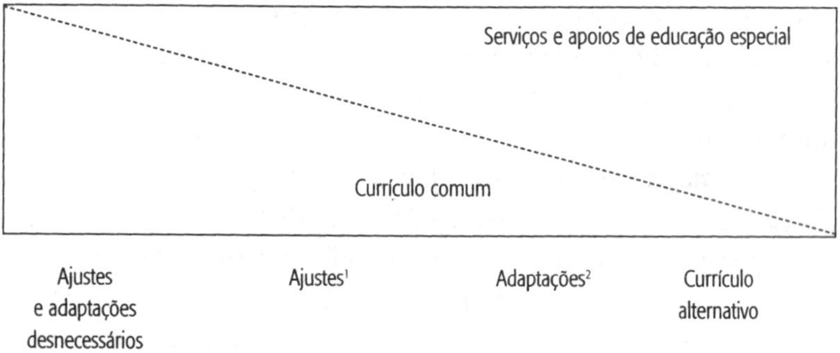

Figura 2 – Um modelo novo para a educação especial. Adaptado de Nolet e McLaughlin (2000).

1 Por *ajustes* quero dizer um conjunto de ações educativas destinadas a levar o aluno a atingir os objetivos do currículo comum. Assim, elas não alteram os conteúdos do ensino. Espera-se que o aluno aprenda a mesma informação que seus demais colegas e seja avaliado da mesma forma, embora se possa considerar mais tempo para realizar as tarefas, alterar a seqüência da informação a apresentar, mudar o aluno para um local mais sossegado de acordo com a exigência da tarefa a executar etc. Muitas vezes os ajustes fazem uso da tecnologia, como, por exemplo, calculadoras e computadores.

2 Por *adaptações* quero dizer modificações ou suplementos ao currículo com o fim de maximizar o potencial do aluno. Elas podem, assim, alterar os tópicos e conteúdos a lecionar, as seqüências curriculares etc.

Por **condições específicas** entende-se:

- O conjunto de problemáticas relacionadas com o autismo, a deficiência mental, a deficiência auditiva, a deficiência visual, os problemas motores, as perturbações emocionais graves, os problemas de comportamento, as *dificuldades de aprendizagem*, os problemas de comunicação, a surdo-cegueira, a multideficiência e outros problemas de saúde (Aids, epilepsia, diabetes etc.).
  As condições específicas devem ser identificadas mediante uma *avaliação compreensiva*, realizada por uma *equipe interdisciplinar* (preferiríamos o termo "Equipe de programação educativa individualizada/Epei").

Por **serviços de educação especial** entende-se:

- O conjunto de **serviços de apoio especializados** (do foro *educacional*, *terapêutico*, *psicológico*, *social* e *clínico*) destinados a responder às necessidades especiais do aluno com base em suas características, capacidades e necessidades, e com o fim de maximizar seu potencial. Tais serviços devem efetuar-se, sempre que possível, na classe regular e devem ter como objetivo a prevenção, redução ou supressão da problemática do aluno, seja ela do foro mental, físico ou emocional, e/ou a modificação dos ambientes de aprendizagem, para que possa receber uma **educação apropriada** às suas capacidades e necessidades (Correia, 1997).

Esta definição deixa antever duas premissas que levam a uma só conclusão. A primeira diz respeito ao fato de que o aluno com NEE só é considerado como tal quando exibe *determinadas condições específicas.* A segunda diz que o aluno ao apresentar essas condições específicas deve ter direito a uma avaliação exaustiva, realizada por um conjunto de profissionais de educação (Epei), com o fim de lhe ser elaborada uma programação educacional individualizada (PEI) que responda às suas necessidades. Diz ainda que para a concretização dessa programação a escola deve poder recorrer, sempre que necessário, a um conjunto de serviços de apoio especializados (de educação especial). Se essas premissas não forem consideradas, então estou convicto de que não só desrespeitamos os direitos do aluno, como também poderemos entregá-lo a um insucesso tal que, mais tarde, virá a refletir-se em uma inserção social e laboral deficitárias. O processo de cidadania, objeto primeiro da educação, deixa, assim, muito a desejar.

Para além dos conceitos tratados acima, haveria ainda a mencionar alguns outros, muito ligados ao atendimento de alunos com NEE. Falo, por exemplo, dos conceitos de diferenciação curricular (conjunto de métodos e estratégias de ensino específicos) e de individualização (muito orientado para a observação das características e necessidades do aluno), ambos essenciais quando pretendemos elaborar programações educacionais eficazes. No entanto, estes e outros conceitos estarão, de uma forma ou de outra, explanados a seguir, pelo que passarei de imediato à temática da inclusão e da diversidade, interligando-as ao processo de ensino–aprendizagem.

A inclusão, a diversidade e o processo de ensino–aprendizagem

No final dos anos 1970, começa a reconhecer-se que os alunos com NEE conseguiam alcançar sucesso escolar nas classes regulares, pelo menos aqueles com problemáticas ligeiras, podendo, assim, tornar-se parte integrante do sistema regular de ensino.

Com o decorrer dos anos, e tendo em conta esta realidade, em 1986, os defensores dos direitos dos alunos com NEE, os pais dos alunos com NEE severas e o reconhecimento público de que a escola não estava desempenhando seu papel ao não providenciar respostas educativas para todos os alunos forçaram a reestruturação do sistema educativo, apelando para a criação de condições que permitissem responder às necessidades educativas dos alunos com NEE nas escolas regulares de suas residências. Esta reestruturação, consubstanciada inicialmente na chamada Regular Education Iniciative (REI) (Iniciativa da Educação Regular ou Iniciativa Global de Educação), pretendia encontrar formas de atender, na classe regular, às necessidades educativas do maior número de alunos com NEE, propondo a adaptação dessa mesma classe regular de modo que facilitasse as aprendizagens destes alunos (Will, 1986). Essa iniciativa deu lugar, mais tarde, ao *movimento da inclusão*, no qual foram questionadas as assunções sobre o papel dos educadores e professores do ensino regular e de educação especial, de outros agentes educativos (psicólogos, terapeutas etc.) e dos pais, sobre a natureza das necessidades educativas especiais e sobre a adequação do currículo às necessidades educativas dos alunos.

A educação especial passa de um **lugar** a um **serviço** (ou terá sido sempre um serviço, só que mal compreendido, mal interpretado e mal operacionalizado, e, por conseguinte, tornando-se em um lugar tão conveniente para muitos profissionais de educação?), sendo reconhecido ao aluno com NEE o direito de freqüentar a classe regular, possibilitando-lhe o acesso ao currículo comum por meio de um conjunto de apoios apropriados às suas características e necessidades. Nascem, assim, as *escolas inclusivas*, embora a caminhada para que pudessem vir a responder às necessidades de todos os alunos tenha sido, **e continue a ser**, bastante árdua, uma vez que há a necessidade de se proceder a reestruturações profundas em todos os quadrantes, desde as atitudes dos profissionais de educação e dos pais até a reorganização da sala de aula em termos físicos e pedagógicos.

Sailor (1991), citado por Turnbull *et al.* (1995), considera que a inclusão apresenta uma base conceitual constituída por seis componentes, cuja compreensão é necessária, a saber:

1. *Todos os alunos devem ser educados nas escolas de suas residências.* A freqüência da escola da zona de residência beneficia a criança com NEE, porque promove sua inclusão social nas atividades da comunidade, permite-lhe conviver e pertencer a um grupo de estudo, e dá lugar à criação de amizades.
2. *A porcentagem de alunos com NEE em cada escola/classe deve ser representativa de sua prevalência.* Desta forma, as responsabilidades são distribuídas por todos os professores, aumentando a oportunidade de todos os alunos interagirem entre si.

3. *As escolas devem pautar-se pelo princípio da "rejeição zero".* Nenhum aluno deve ser excluído da escola com base na natureza ou severidade de sua problemática.
4. *Os alunos com NEE devem ser educados na escola regular, em ambientes apropriados a sua idade e nível de ensino.* Este componente tem gerado bastante controvérsia, especialmente porque continua a não existir um consenso acerca da eliminação do *continuum* de serviços educativos, da quantidade de tempo que os alunos com NEE devem passar na classe regular e do significado dado à expressão "todos os alunos".
5. *O ensino em cooperação e a tutoria de pares são métodos de ensino preferenciais.* Esses tipos de ensino proporcionam uma grande diversidade de oportunidades de aprendizagem para todos os alunos, incluindo aqueles que apresentam NEE.
6. *Os apoios dados pelos serviços de educação especial não são exclusividade dos alunos com NEE.* Eles podem ser utilizados para beneficiar todos os alunos e professores da escola.

O conceito de educação inclusiva tem, deste modo, procurado modificar a filosofia subjacente ao processo de educação de todos os alunos, especialmente dos alunos com NEE, baseando-se em um conjunto de princípios dos quais destaco os seguintes:

- os alunos com NEE têm o direito de, sempre que possível, ser educados em ambientes inclusivos;
- os alunos com NEE são capazes de aprender e contribuir para a sociedade onde estão insertos;
- os alunos com NEE devem ter oportunidades iguais de acesso a serviços de qualidade que lhes permitam alcançar sucesso;
- os alunos com NEE devem ter acesso a serviços de apoio especializados, quando deles necessitem, que se traduzam em práticas educativas ajustadas às suas capacidades e necessidades;
- os alunos com NEE devem ter acesso a um currículo diversificado;

- os alunos com NEE devem ter a oportunidade de trabalhar em grupo e de participar em atividades extra-escolares e em eventos comunitários, sociais e recreativos.

Para além destas premissas que, essencialmente, dizem respeito aos alunos com NEE, há ainda a considerar outro conjunto de premissas que se prende aos profissionais de educação, aos pais e aos serviços a prestar e, de forma sucinta, se resume ao seguinte:

- os profissionais, os pais e a comunidade em geral devem trabalhar em colaboração, partilhando decisões, recursos e apoios;
- todos os serviços de que os alunos com NEE necessitam devem ser prestados, sempre que possível, em ambientes educativos regulares;
- todas as escolas devem envolver as famílias e os membros da comunidade no processo educativo dos alunos;
- os serviços regionais e locais devem fornecer os apoios e os recursos necessários para que as escolas possam se reestruturar de modo que possa dar a atenção devida à diversidade de alunos que as freqüentam, especialmente aos alunos com NEE (Salend, 1998).

Assim sendo, o conceito de inclusão, ou seja, a inserção do aluno com NEE, em termos *físicos*, *sociais* e *acadêmicos* nas escolas regulares, ultrapassa em muito o conceito de integração, uma vez que não pretende posicionar o aluno com NEE em uma "curva normal", mas sim assumir que a heterogeneidade que existe entre os alunos é um fator muito positivo, permitindo o desenvolvimento de comunidades escolares mais ricas e mais profícuas. A inclusão procura, assim, levar o aluno com NEE às escolas regulares e, sempre que possível, às classes regulares onde, por direito, deve receber todos os serviços adequados às suas características e necessidades. Pretende, portanto, encontrar formas de aumentar a participação de todos os alunos com NEE, incluindo aqueles com NEE severas, nas classes regulares, independentemente de seus níveis acadêmicos e sociais. Mas pretende-o, e é bom que não o esqueçamos, de uma forma que eleve para primeiro plano as características e necessidades desses alunos. Isso quer dizer que há de se dar importância a um processo que permita responder com eficácia a essas mesmas necessidades. É desse processo que me ocuparei a seguir.

Um modelo de atendimento à diversidade

Quando se fala em inclusão, não se pode deixar de considerar que este movimento teve como antecessor outro, denominado *integração*. Nem se pode concluir que tudo o que ficou para trás estava errado. Há alguns princípios orientadores do movimento integrador que ainda hoje devem ser considerados, pesem, todavia, as diferenças que separam ambos os movimentos.

Contudo, é bom que percebamos, conquanto superficialmente, a filosofia em que se apóiam o movimento integrador e o inclusivo. Assim sendo, é preciso perceber que inicialmente, no modelo integrador, se acreditava que a melhor forma de munir o aluno com NEE de um conjunto de aptidões (acadêmicas e sociais) que o aproximassem, no mais curto espaço de tempo, do aluno sem NEE era a de lhe facultar um conjunto de serviços educacionais, de que a cascata de Deno (1970) é um exemplo, tantas vezes prestados fora da classe regular. Acreditava-se, ainda, que mais tarde o aluno com NEE poderia vir a juntar-se a seus colegas sem NEE, permitindo-lhe uma integração plena, quer em termos acadêmicos, quer em termos sociais. E se em alguns casos, mais diretamente relacionados com os problemas ligeiros, a integração dava seus frutos, na maioria dos casos ligados a problemáticas mais severas a classe regular parecia cada vez mais distante.

Deste modo, ao analisarmos os conceitos de integração e inclusão, verificamos que, embora exista certa "continuidade educativa" no que concerne ao atendimento a alunos com NEE, os modelos que os configuram são diametralmente opostos (Figura 3).

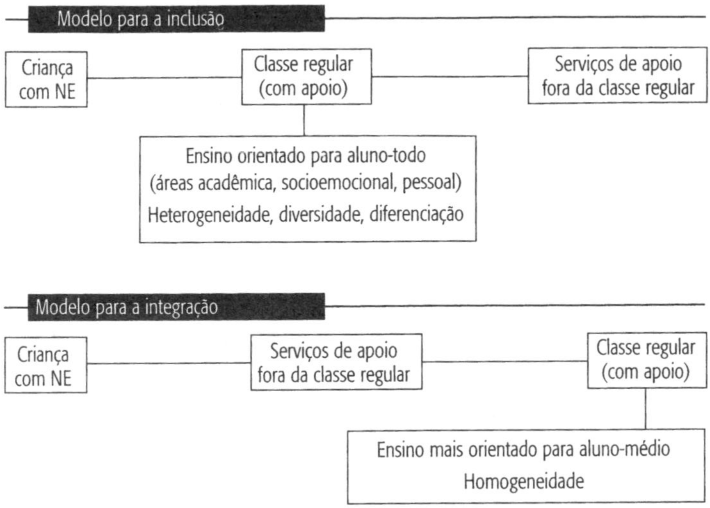

Figura 3 – Modelos adotados pela inclusão e pela integração.
Fonte: Adaptado de Correia (1997).

Se, por um lado, a integração dá, na maioria dos casos, relevância a apoios educativos *diretos* para alunos com NEE fora da classe regular, a inclusão proclama esses apoios, na maioria das vezes *indiretos*, dentro da sala de aula, e só em casos excepcionais é que os apoios devem ser prestados fora da classe regular. Verifica-se, assim, que, no caso do modelo inclusivo, o ensino é orientado para o aluno visto como um *todo*, considerando três níveis de desenvolvimento essenciais – *acadêmico*, *socioemocional* e *pessoal* –, tendo por base suas características e necessidades. A classe regular torna-se, deste modo, um espaço onde a heterogeneidade e a diversidade são fatores a se ter em conta. Não há lugar para a homogeneidade, caso do modelo integrador, em que o ensino parece mais orientado para o aluno médio e em que o aluno dito com NEE parece estar sempre a receber serviços de apoio, mais diretos do que indiretos, fora da classe regular, mesmo quando sua problemática não o exigiria. O modelo inclusivo parte, por conseguinte, do pressuposto de que o aluno com NEE deve manter-se na classe regular, embora admita que, sempre que a situação o exija, se poderá considerar um conjunto de opções que levem a um apoio fora da classe regular. É um modelo aparentemente muito voltado para a defesa dos direitos dos alunos com NEE, para a criação de igualdade de oportunidades educacionais, contaminado, portanto, de um discurso social, holístico. Este discurso coloca o aluno com NEE em um contexto no qual a sociedade é responsável pela mudança, não devendo ser só sua condição problemática a ser considerada, mas também os ambientes onde ele interage, uma vez que os aspectos sociais podem alimentar sentimentos permanentes de incapacidade, criando ao aluno sucessivas situações de desvantagem.

Contudo, quanto a mim, e como educador, no caso do aluno com NEE, para além do discurso eminentemente social, que traz consigo o respeito por seus direitos, condição inequívoca em uma sociedade democrática, haverá também a considerar o tipo de respostas educativas que serão as mais adequadas às suas características e necessidades.

Assim sendo, sou da opinião de que será uma intersecção de *discursos*, dos quais destaco, para além do social, o *legislativo* e o *psicopedagógico*, que melhor se coadunará às necessidades dos alunos com NEE.

Esta intersecção de discursos, que denomino *discurso educacional* (Correia, 2002), tem como objetivo primeiro responder às necessidades específicas de todos os alunos, principalmente dos alunos com NEE, devendo basear-se em três parâmetros essenciais que levem o aluno com NEE a responder, sempre que possível, às solicitações do currículo comum do ano que freqüenta, a saber:

1. O problema pode ser visto como emergente de fatores sociais (pobreza, expectativas família/escola, diferenças culturais).
2. O problema pode ser visto como emergente dos ambientes de aprendizagem do aluno (ensino inadequado, recursos materiais insuficientes, recursos humanos inexistentes).
3. O problema pode ser visto no nível do aluno, exigindo uma condução educacional individualizada a fim de se "identificar" e

"avaliar" suas necessidades educativas "especiais" (observações e avaliações individualizadas).

Isto posto, é ainda relevante afirmar que o *discurso educacional*, baseado, como vimos, nos discursos "legislativo", "psicopedagógico" e "social", não tem como propósito representar uma forma correta ou incorreta de responder às necessidades dos alunos com NEE, mas tem, sim, o objetivo de considerar que qualquer um dos três discursos apresenta um lugar efetivo no que diz respeito a atendimentos eficazes a alunos com NEE (Figura 4).

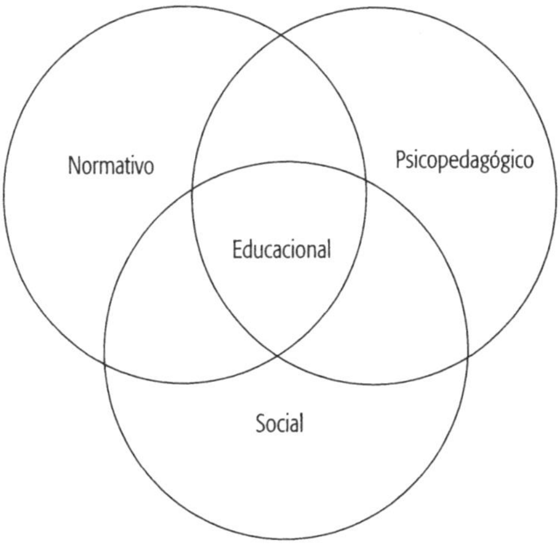

Figura 4 – Modelo educacional de atendimento à diversidade.
Fonte: Adaptado de Correia (2003).

O *discurso educacional* torna-se, assim, um discurso integrado em que as vertentes *normativa*, *psicopedagógica* e *social* não existem por si sós, mas realmente se sobrepõem, prefigurando, deste modo, um modelo cujo objetivo é o de tentar dar resposta à diversidade. Um modelo que designo modelo educacional de atendimento à diversidade (MAD) e de que tratarei a seguir.

O MAD tem por base *quatro* componentes essenciais (**Figura 5**). A primeira diz respeito ao **conhecimento**, *do aluno*, de seus estilos de aprendizagem, de seus interesses, de suas capacidades e necessidades, com o fim de determinar seus níveis atuais de realização acadêmica e social (competências adquiridas), e dos *contextos naturais* (acadêmicos, socioemocionais, comportamentais e físicos) onde ele interage. A segunda componente refere-se a uma **planificação** que tenha por base o currículo comum, elaborada no nível do projeto educativo de escola, do ano que o aluno freqüenta, do plano de ação inicial (avaliação preliminar) ou do plano educativo individualizado (PEI). A terceira componente relaciona-se a uma **intervenção** adequada, que se apóie nas características e necessidades do aluno e dos ambientes onde ele interage (conhecimento) e em uma listagem coerente de objetivos curriculares (planificação). Este tipo de intervenção deve congregar, quanto a mim, três fases essenciais: uma *preliminar*, de caráter preventivo; outra *compreensiva*, de caráter educacional; e ainda outra, de caráter *transicional*. Finalmente, o modelo considera uma última etapa que diz respeito à **reavaliação**, ou seja, a um conjunto de decisões relativas à adequação da programação delineada para o aluno.

Posto de outra forma, o MAD enfatiza a importância da observação e avaliação do aluno e de seus ambientes de aprendizagem, com o fim de verificar onde se enquadram suas características den-

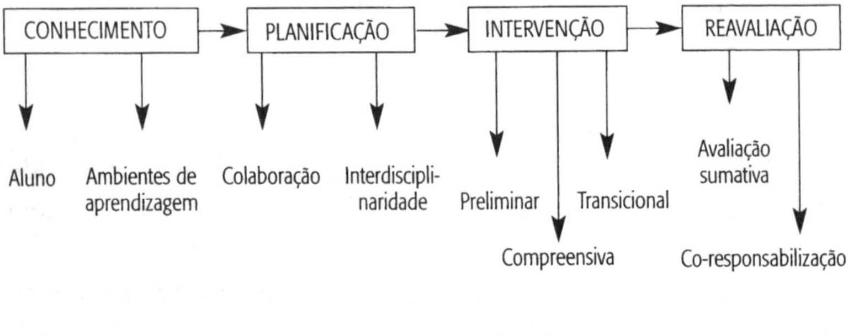

Figura 5 – Modelo educacional de atendimento à diversidade.
Fonte: Adaptado de Correia (2003).

tro do vasto leque das NEE (identificação) e onde se situam suas necessidades, bem como as dos ambientes onde ele interage (conhecimento). A avaliação torna-se, assim, parte integral da identificação e programação para o aluno com NEE, tendo por meta o recolhimento de informação pertinente a fim de poder tomar decisões educacionais consentâneas com suas necessidades. Portanto, a avaliação tem que ver com um conjunto de procedimentos destinados a determinar se um aluno tem, ou não, uma *incapacidade* e qual a natureza e amplitude dos serviços de educação especial de que esse aluno necessita. Neste contexto, a *identificação* é o primeiro passo desse conjunto de procedimentos, entendendo-se como o fenômeno que irá determinar se o aluno é elegível para receber apoios especializados e em que medida.

Para além da identificação, a avaliação apóia-se em pelo menos mais quatro objetivos (Taylor, 2003), que passo a explicitar sucintamente. O primeiro, denominado *delimitação e avaliação de programas e estratégias de ensino* (em meu modelo, designado *avaliação preliminar*), é um dos mais importantes do processo de avaliação, uma vez que pretende evitar que o aluno com possíveis NEE seja encaminhado para os serviços de educação especial.

No entender de Correia (1997, p. 87):

> A **avaliação preliminar** constitui uma das etapas mais importantes de todo o processo de avaliação para a criança em risco educacional ou com possíveis NEE. É possível, através da avaliação preliminar, tal como ela é vista nesta obra, minorar ou até suprimir os problemas de muitas crianças que, de outra forma, seriam objeto de encaminhamento para os serviços de educação especial, com toda a carga que tal mudança poderia significar. Ysseldyke, Algozzine e Epps (1983) consideram que os alunos em risco educacional ou com possíveis NEE ligeiras podem ser ajudados através das múltiplas intervenções educativas que devem anteceder o encaminhamento para os serviços de educação especial.

Assim, esta fase da avaliação é particularmente relevante para o professor de turma,[3] dado que o ajuda a decidir o que deve ser ensinado e como deve ser ensinado, permitindo-lhe, simultaneamente, verificar qual o sucesso de uma estratégia ou programa. Permite, ainda, que o professor tenha acesso à documentação valiosa no caso de o aluno ter de ser encaminhado para os serviços de educação especial, uma vez que esse encaminhamento, em sua fase inicial, pede uma descrição sucinta dos problemas do aluno e do tipo de avaliação (geralmente informal) que lhe foi efetuada. Finalmente, caso o aluno venha a necessitar dos serviços de educação especial, a informação recolhida neste nível da avaliação pode ser preciosa para a elaboração de uma programação educativa individualizada, no que diz respeito à sua componente educacional.

O segundo objetivo da avaliação tem a ver com a *determinação do nível de funcionamento global do aluno e das suas necessidades educativas*, uma vez que, para que se possa determinar se ele necessita do apoio de serviços de educação especial, se terá primeiro de verificar quais são suas capacidades e necessidades específicas. Assim, este segundo objetivo da avaliação apóia-se nos resultados de cunho acadêmico e socioemocional obtidos pelo aluno na avaliação preliminar, permitindo estruturar uma avaliação (do aluno e de seus ambientes de aprendizagem) muito mais exaustiva que denominamos *avaliação compreensiva.*

O terceiro objetivo da avaliação prende-se com as *decisões a tomar acerca da classificação e colocação do aluno em determinada modalidade de atendimento.* É nesta fase que os resultados das avaliações efetuadas pelos diversos elementos da equipe multidisciplinar são analisados com o fim de determinar sua elegibilidade para serviços de educação especial. É uma fase decisiva, embora a mais controversa de todas elas, dado que há muitas vezes a necessidade de

---

3 Aqui, o trabalho em colaboração pode ser fundamental, devendo, em caso afirmativo, congregar os esforços dos educadores ou professores de turma e de educação especial e de quaisquer outros técnicos que se julguem necessários, a título consultivo.

classificar[4] o aluno para, assim, o qualificar para os serviços de apoio especializados.

Ainda nesta fase, os pais devem ser informados dos resultados da avaliação e, no caso de o aluno ser considerado elegível para os serviços de educação especial, devem também poder participar da reunião cuja finalidade seja planificar uma *intervenção* que leve à elaboração de um programa educativo individualizado. Esta fase constitui o quarto objetivo do processo de avaliação.

Finalmente, a avaliação é ainda crucial quanto ao processo de monitorização do aproveitamento do aluno. A preocupação do professor de turma, e de quaisquer outros profissionais de educação ligados ao aluno, deve prender-se com o desenvolvimento de novas competências e, se for o caso, com a apropriação de novas estratégias ou métodos de ensino que permitam levar o aluno a atingir os objetivos propostos em sua programação educativa individualizada.

Chegado aqui, posso resumir todo o processo de avaliação a cinco etapas essenciais que vão desde a avaliação preliminar até a avaliação programática, devendo passar por um conjunto de decisões que digam respeito à identificação, ao encaminhamento, à elegibilidade e à programação individualizada para todo o aluno cujas características se insiram no espectro das NEE.

Depois de traçado o perfil do aluno com base em seu funcionamento global, em suas características e necessidades e em seus ambientes de aprendizagem, há de se ter em conta outra etapa de fulcral importância, considerada no modelo atrás proposto, que diz respeito à elaboração de uma *programação educacional individualizada* (PEI). Esta programação deve ter por base a flexibilização curricular, podendo recorrer a adaptações curriculares mais ou menos generalizadas, ao ensino e aprendizagem em cooperação e às tecnologias de informação e comunicação. Nesta fase, a programação

---

4 A própria lei não consegue fugir à classificação no que diz respeito aos serviços de educação especial (ver Decreto-Lei nº 319/91, de 23 de agosto, e Decretos-Lei nºs 6 e 7/2001, de 18 de janeiro). Também Kauffman, ao abordar o assunto, afirma: "We cannot speak of difference or special needs without words (labels)".

deve poder contar com um conjunto de serviços, muitos deles especializados, devendo tornar-se, portanto, sempre plural e interdisciplinar e sua elaboração, como foi dito anteriormente, tem de apoiar-se nas necessidades do aluno mediante a identificação das áreas que venham a beneficiá-lo com o uso de estratégias e atividades específicas. A programação, portanto, deve basear-se não só na informação acerca das áreas fortes e necessidades do aluno, mas também na informação que dita a defasagem entre as capacidades do aluno e as expectativas do contexto educacional em que se insere. Este objetivo só pode ser atingido se a avaliação estiver diretamente ligada à programação e se ambos os processos evoluírem e se desenvolverem à volta de monitorizações constantes. Assim, a programação não deve limitar-se aos recursos humanos existentes na escola ou aos recursos materiais a que o professor tem acesso, devendo, para se tornar mais efetiva, estreitar o hiato que tantas vezes existe entre o professor, os pais e os demais profissionais de educação.

De acordo com Polloway e Patton (1996) e Correia (1997), a programação serve a três propósitos essenciais. Em primeiro lugar, ela direciona os objetivos globais e específicos propostos. Em segundo lugar, funciona como um instrumento de avaliação que ditará seu sucesso ou insucesso. Finalmente, em terceiro lugar, ela serve de ferramenta de comunicação entre todos aqueles cuja preocupação é o sucesso escolar do aluno.

Quanto a seus conteúdos, e de acordo com o National Joint Committee on Learning Disabilities (NJCLD), a programação deve considerar os seguintes parâmetros (1994, pp. 51-52):

1. Descrever as áreas fortes, necessidades e estilos de aprendizagem do aluno, fazendo uso da informação providenciada por todos os participantes (elementos da equipe multidisciplinar), incluindo os pais e o próprio aluno.
2. Analisar a informação obtida a fim de assegurar que todas as áreas de preocupação estão sendo consideradas e que quer o progresso do aluno quer a eficácia da programação estão sendo salvaguardados.

3. Estabelecer um conjunto de metas finais para o aluno, ou seja, articular comportamentos e aptidões que se esperam do aluno quando este deixar de ter apoios especializados ou finalizar seu percurso escolar.
4. Determinar objetivos globais na programação educativa individualizada (PEI) do aluno baseados no conhecimento de seu nível de realização atual e daquele que se pretende que ele venha a atingir.
5. Estabelecer objetivos específicos que permitam atingir os objetivos globais, devendo cada um deles considerar critérios, procedimentos de avaliação e datas estimadas para sua consecução.
6. Usar a informação recolhida por meio de procedimentos de avaliação sucessivos para determinar a eficácia do PEI. Estes procedimentos podem incluir observações, portfólios, projetos do aluno e apresentações orais, e devem ser usados, pelo menos anualmente, a fim de rever ou reescrever a programação elaborada para o aluno.

Finalmente, a programação não estaria completa caso não fosse considerada uma reavaliação de todo o processo, conduzida pelo menos de três em três anos, ou durante os períodos de transição mais comuns – pré-escolar para primeiro ciclo, primeiro ciclo para segundo ciclo, terceiro ciclo para secundário, secundário para ensino superior ou transição para a vida ativa, quando esta ocorrer durante o percurso escolar do aluno.

Esta reavaliação deve basear-se no progresso do aluno e na necessidade continuada de serviços de apoio especializados, e não na redundante identificação do aluno com NEE, dando-se ênfase à eficácia dos serviços de educação especial, à necessidade de sua continuação e aos *ajustes*, modificações curriculares e ambientais e recomendações relacionadas com os períodos de transição confrontados pelo aluno ao longo de seu percurso escolar (NJCLD, 1994).

Chegado aqui, para que um dia possamos dizer que a educação em Portugal se processa em escolas inclusivas, **que inclusão não quer**

dizer exclusão, é necessário que percebamos e, porventura, prescrevamos o *processo* atrás descrito, uma vez que ele pretende não só responder com eficácia às necessidades dos alunos com NEE, mas também permitir-lhes uma aprendizagem em conjunto com seus pares sem NEE.

Situação em Portugal

Atualmente em Portugal, a educação atravessa um período de mudança, pretendendo-se que ela venha a tornar-se um dos pilares essenciais da formação das crianças e adolescentes portugueses. Esta mudança, como todas em geral, certamente trará benefícios a essas crianças e adolescentes, mas também, e ainda como todas as mudanças, poderá estar contaminada de certo número de perigos que direcionem algumas práticas educativas para labirintos de onde será difícil sair.

No que diz respeito às crianças e adolescentes com necessidades educativas especiais (NEE), esta mudança deve ser abordada com cautela, devendo dar-se uma atenção muito especial e fazer-se uma análise aprofundada ao processo de como a educação especial tem sido orientada e implementada em Portugal, bem como aos problemas que têm afetado uma boa prestação de serviços para os alunos com NEE.

Em minha ótica, há um conjunto de questões relevantes a que importa dar resposta. Dentre elas, destacarei algumas, que passo a enunciar e a responder sucintamente.

Primeira: *Será que todos os alunos com NEE devem ser incluídos em classes regulares (inclusão total)?*

O conceito de inclusão total lança mão de premissas que, quanto a mim, pretendem combater o conceito *de meio menos restritivo possível*, ou seja, qualquer tipo de intervenção que se processe fora da classe regular, segundo os defensores da inclusão total, não é desejável, sendo até nociva para o aluno com NEE. O que estes indivíduos não aceitam, nem pretendem considerar, é que para alguns alunos com NEE permanentes, levando em conta suas características, a classe regular pode ser um meio restritivo, uma vez que o conceito de meio, em nosso caso entendido como *contexto acadêmico e social*, pode ser impeditivo de uma aprendizagem com sucesso. Neste sentido, é importante se familiarizar com o que educação especial quer dizer, um conjunto de serviços e apoios que, por vezes, para ser prestado com eficácia, requer um ambiente fora da classe regular (inclusão progressiva).

Segunda: *Será que sem a elaboração concertada de programas educativos individualizados (PEI) os alunos com NEE vêem as suas necessidades respondidas?*

Claro que não, pelo menos na maioria dos casos de alunos com NEE permanentes. As programações individualizadas elaboradas para os alunos com NEE, comumente designadas por programas educativos individualizados (PEIs), derivadas do esforço conjunto do educador/professor do ensino regular, do educador/professor de educação especial, de uma plêiade de especialistas e dos pais, são um dos alicerces em que se assentam as intervenções eficazes. Uma vez mais os serviços de educação especial jogam aqui uma cartada importante, tanto mais que muitas das respostas educativas para os alunos com NEE requerem qualidade, estruturação e eficiência, atributos sem os quais não é possível dar resposta às necessidades diárias dos alunos com NEE.

Terceira: *Será que (parafraseando Kauffman) poderemos falar de diferença e necessidades especiais sem palavras (categorização)?*

Penso que não. Aliás, já em 1997, quando tratei o assunto em meu livro *Alunos com necessidades educativas especiais nas classes regulares*, tive o ensejo de dizer que

> se, por um lado, a categorização pode levar à idéia de que o nível de aprendizagem e os comportamentos da criança são inalteráveis sejam quais forem as intervenções, o que, quanto a nós, é lamentável, por outro lado, estamos cientes que a classificação deve servir o propósi-

> to de permitir elaborar um programa de intervenção apropriado ao nível e tipo de problema da criança. (p. 54)

Outros autores e pesquisadores, como Kauffman (1999, p. 5), afirmam que é de certa forma ilógico falar acerca das necessidades especiais dos alunos que as apresentem sem as categorizar, a não ser que pretendamos ignorar as "características atípicas desses alunos".

Segundo esses pesquisadores, uma classificação apropriada transporta consigo um conjunto de informação importante e, até, ajuda a reduzir o estigma que tantas vezes acompanha o aluno com NEE (Hallahan e Kauffman, 2000).

Nas palavras de Hallahan e Kauffman (2000, p. 5),

> Um dos fatores positivos da educação especial é o que tem a ver com o desenvolvimento de categorias a que corresponde um conjunto de condições específicas que indicam, com clareza, a natureza global do problema, ajudando todos aqueles envolvidos na educação dos alunos com NEE, incluindo os próprios alunos, a compreenderem as necessidades educativas especiais.

Assim sendo, qualquer tentação que leve à abolição das categorias, consideradas esclarecedoras de condições específicas e demonstrativas de nossa preocupação, pode levar a situações graves, altamente lesivas dos direitos dos alunos com NEE.

Nesta ordem de idéias, Kauffman (2002, p. 95) afirma:

> A realidade social das NEE não se pode esconder com a retórica anticategorização. Os eufemismos de hoje são os epítetos de amanhã. Por exemplo, "desafiado" [*challenged*], um eufemismo dos anos 90, já consta do nosso léxico de derrogações. Chamar a alguém de "intelectualmente desafiado" [*intellectually challenged*] é tão transparente como chamar alguém de "deficiente mental", contendo, no entanto, a ferroada adicional da vênia que acompanha uma mentira óbvia.

Quarta: *Será que, no caso dos alunos com NEE, a ênfase no ensino direto e em outros métodos mais estruturados, baseados nos resultados da investigação, deve diminuir, em detrimento de aproximações mais holísticas e construtivistas?*

A individualização é um fator crucial na elaboração de programações educacionais para alunos com NEE, uma vez que as NEE cobrem uma vasta gama de problemas, funcionais e de aprendizagem. Assim sendo, para que o ensino se torne eficaz para estes alunos, é necessário considerar um conjunto de estratégias e métodos, já comprovados pela investigação, que possam responder à variedade de características que eles apresentam (Heward, 2003; Kauffman, 2002). Isso quer dizer que, quando pretendemos ensinar um aluno com NEE, é crucial que percebamos o *processo* que leva ao produto desejado, o sucesso do aluno em todas as suas vertentes, acadêmica, socioemocional e pessoal.

São vários os métodos de ensino que têm dado resultado com alunos com NEE, embora a literatura dê maior ênfase a alguns deles, considerando-os solidamente científicos. Falamos, por exemplo, do *ensino reeducativo*, do *ensino direto*, da *avaliação baseada no currículo*, da *avaliação funcional* e da *análise comportamental aplicada*. Todos estes métodos de ensino já foram suficientemente testados, tendo-se verificado que são eficientes quando usados com alunos de aprendizagens atípicas (Heward, 2003; Kauffman, 2003; Gersten, 2001; Sasso, 2001).

Assim sendo, na ótica de Hirsch (1996, p. 239-240), é preciso que estejamos atentos aos termos enganosos e aos "chavões" que todos os dias vamos ouvindo, muitas vezes fora de contexto, como "aprender a aprender", "aprendizagem para a vida", "aprendizagem holística", "construtivismo", "aprendizagem pela descoberta" e, em suas palavras, "quaisquer outros neologismos aparentados, combinações de palavras sem significado e observações triviais", para não cairmos em tentações que levem a intervenções desajustadas para os alunos com NEE.

De acordo com Kauffman (2002, p. 81):

> Termos como estes são hoje em dia muito populares não só em educação, mas também entre aqueles que pretendem vender educação ao público em geral [...] Eles apelam à chamada aprendizagem real em oposição a aprendizagens de fatos. Este comportamento enquadra-se no antiintelectualismo americano que, hoje em dia, confunde tantas vezes fatos com factóides, como se os fatos fossem conhecimento trivial e conhecer os fatos fizesse de uma pessoa um idiota.

Quinta: *Será que é possível a colaboração entre docentes e docentes e pais sem a compreensão de um processo que leve ao produto desejado, o sucesso do aluno com NEE?*

Penso que não. Como tive a oportunidade de dizer no ponto anterior, é necessário que compreendamos o processo que leva ao produto desejado, o sucesso do aluno.

E qual será o processo?

É aquele que permite conhecer bem o aluno com NEE e seus ambientes de aprendizagem e considera uma planificação e intervenção adequadas às suas características e necessidades. O Modelo de Atendimento à Diversidade (MAD), exposto anteriormente, prefigura esse processo.

É claro que sem a colaboração entre docentes e entre docentes e pais este processo não levará, com certeza, a respostas educativas eficazes para esses alunos.

Sexta: *Será que os recursos (serviços de educação especial) devem ser alocados nos agrupamentos de escolas e centros específicos (quando necessário), ou devem continuar a proliferar as escolas especiais, as secretarias e/ou as instituições?*

Quem realmente perceber bem o processo que leva a atendimentos eficazes para alunos com NEE saberá que os serviços de educação especial são imprescindíveis e devem ser prestados nas escolas que os alunos freqüentam e, portanto, devem ser alocados nos agrupamentos de escolas e *centros específicos*, quando necessário.

Finalmente, uma **sétima** questão: *Será que a legislação que visa ao atendimento educacional a alunos com NEE é a mais adequada?*

Neste campo, em meu entender, confrontamo-nos com legislação contraditória,[5] muitas vezes imprecisa e, outras, não regulamentada, parecendo, muito dela, um conjunto de "páginas mortas" atiradas para o Diário da República.

Legislação que, por um lado, nos diz não à categorização, e aqui passo a citar a alínea primeira do preâmbulo do Decreto-Lei nº 319/91, de 23 de agosto, que refere: "A substituição da classificação em diferentes categorias, baseada em decisões do foro médico, pelo conceito de alunos com necessidades educativas especiais, baseado em critérios pedagógicos". Não nos elucida, pois, neste diploma, nem em qualquer outro, sobre o significado das várias problemáticas que as NEE englobam, o que seria interessante (ou importante?), uma vez que, em nossa ótica, ele é bem preciso quando pretendemos fazer algum tipo de investigação ou quando temos necessidade de planificar e programar, em termos individualizados, para determinado aluno.

Legislação que, por outro lado, nos diz sim à categorização, ao referenciar as várias problemáticas que constituem as NEE, em um relatório da Organisation de Coopération et de Développement Économiques (OCDE),[6] datado de 2000, em que, no quadro que diz respeito às "*Besoins éducatifs particuliers: Statistiques et indicateurs*", e nomeando Portugal, se refere a categorias que vão desde a "*incapacité mentale*", passam pela "*instabilité/perturbations affectives*" e desembocam nas "*maladies chroniques ou graves*".

Legislação que não reconhece as dificuldades (incapacidades) de aprendizagem (DA) como uma categoria das NEE, com direito a serviços de educação especial, nomeando-a, entretanto, no supracitado relatório da OCDE (*difficultés spécifiques d'apprentissage*), e definindo-a quase tal e qual a define a Lei Pública Americana nº 94-142, de 1975, com os respectivos aditamentos de 1990 e 1997 (*Individuals Disabilities Education Act*/Idea).

---

5 Compare-se, por exemplo, o preceituado no Decreto-Lei nº 319/91, de 23 de agosto, com o preceituado no Despacho Conjunto nº 105/97, de 1º de julho, ou com o artigo 10º do Decreto-Lei nº 6/2001, de 18 de janeiro.

6 *Besoins éducatifs particuliers* (2000). Centre pour la Recherche et L'Innovation dans L'Enseignement. OCDE.

Legislação que ainda não percebeu, ou não quer perceber, o verdadeiro significado dos conceitos que levam, na medida do possível, todos os alunos a aprender juntos. Nesta ótica, a discussão dos conceitos de inclusão, de educação especial, de necessidades educativas especiais, de diferenciação curricular, de individualização do ensino, para só mencionar alguns, não tem passado do processamento da palavra, em uma contínua retórica passiva, dando, assim, ensejo às mais variadas interpretações, deixando muito longe o encontrar de soluções pragmáticas que permitam a obtenção de resultados concretos.

Em uma palavra, em matéria legislativa, Portugal não está mantendo suas promessas no que diz respeito à educação da criança e do adolescente com NEE. Portugal ainda não fez da Lei de Bases do Sistema Educativo e, mais precisamente, do Decreto-Lei nº 319/91, de 23 de agosto, por mais lacunas que este possa ter, leis do país. Se pretendemos que toda a criança cresça em liberdade, com direito a uma educação igual e de qualidade, é preciso que, inicialmente, um conjunto de legislação pertinente (que não se furte à operacionalização de conceitos ligados a princípios fundamentais e às problemáticas que se inserem nas NEE, nem à proposta de um modelo de atendimento eficaz que não se esqueça do futuro do aluno com NEE – transição para a vida ativa –, em que a diferenciação curricular e a individualização tenham lugar) seja elaborado, regulamentado e implementado em todas as escolas e classes do país. Só assim, a meu ver, se pode iniciar todo um processo que leve realmente à inserção de todas as crianças e adolescentes em ambientes de eqüidade educativa, de qualidade, em que seus direitos sejam respeitados e suas necessidades atendidas.

Neste momento, como já vimos atrás, este não parece ser o caso. Uma porcentagem muito significativa de alunos com NEE não está recebendo serviços adequados que possam potencializar suas capacidades.[7] E a grande maioria de alunos identificados com NEE

7 Acreditamos que mais da metade dos alunos com NEE não está recebendo nenhum tipo de apoio especializado ou serviços especializados adequados às suas características e necessidades.

não está sendo (ou foi) submetida a um processo que leve à elaboração de um programa educativo individualizado (PEI), que, quanto a nós, é uma das pedras basilares em que devem apoiar-se as respostas educativas para estes alunos.

Em jeito de conclusão, resta-me dizer que, se pretendemos criar ambientes de sucesso para alunos com NEE, então se torna crucial percebermos o processo que leva a atendimentos eficazes que permitam maximizar seus potenciais. Que saibamos, portanto, atribuir aos conceitos de inclusão e educação especial o valor e significado que merecem, para que seja possível ao aluno com NEE permanentes alcançar sucesso em uma escola regular da área de sua residência, preferencialmente em uma classe regular dessa mesma escola. Só assim, com a promoção dos padrões educativos, conseguiremos assegurar aos alunos com NEE uma educação de qualidade que se apóie não só nos atributos e na experiência dos professores, mas também em adequações curriculares eficazes que permitam responder às suas necessidades, desenvolvendo suas competências, quer nas áreas acadêmica e socioemocional, quer em sua preparação para a vida ativa, na qual se pretende que venham a tornar-se elementos o mais autônomos e produtivos possível.

Penso que é chegada a altura de acreditarmos ser possível melhorar a educação, designadamente a educação dos alunos com NEE, embora reconheça que primeiro é preciso separar o trigo do joio, isto é, romper os laços que ligam a razão ao absurdo, no que toca ao debate de questões tão importantes como aquelas que aqui foram tratadas. Neste sentido, Kauffman (2002, p. 5) resume bem aquilo que tenho em mente, ao afirmar que:

> Muitas das coisas ditas acerca de educação e de reforma [...] não fazem sentido [...] Elas representam o oposto do pensamento crítico, não correspondendo ao que sabemos sobre como e debaixo de que condições os seres humanos adquirem competências específicas. No entanto, elas são repetidas com freqüência, mesmo perfilhadas e promovidas negligentemente por acadêmicos e políticos Esta retórica

despropositada produz um efeito negativo profundo na educação. Enjeita-a, desvirtua-a, desfigurando-a até à caricatura. Mutila as práticas educativas, minando os alicerces intelectuais da educação.

As palavras de Kauffman levam-me a crer que é preciso pensar melhor a educação, retirando-lhe a retórica que o pós-modernismo parece ter adotado, para que os alunos com NEE possam experimentar o sabor do sucesso. É preciso, portanto, que todos nós percebamos melhor as complexidades da vida escolar na sala de aula, especialmente quando elas afetam o dia-a-dia dos alunos com NEE. Para estes alunos, as conseqüências que emanam de pensamentos indigentes sobre o que deve ser sua educação são, de modo geral, particularmente desastrosas.

Referências bibliográficas

CLABAUGH, G. e ROZYCKI, E. *Analysing controversy: an introductory guide.* Nova York: McGraw-Hill Higher Education, 1997.

CORREIA, L. M. *Alunos com necessidades educativas especiais nas classes regulares.* Porto: Porto, 1997.

______. "Educação inclusiva ou educação apropriada?". In: RODRIGUES, D. (org.). *Educação e diferença: valores e práticas para uma educação inclusiva.* Porto: Porto, 2001, pp. 125-142.

______. "A filosofia da inclusão". In: CORREIA, L. M. e MARTINS, A. P. (orgs.). *Inclusão: um guia para educadores e professores.* Braga: Quadrado Azul, 2002, pp. 11-37.

______. *Inclusão e necessidades educativas especiais: um guia para educadores e professores.* Porto: Porto, 2003.

CROCKETT, J. B. e KAUFFMAN, J. M. *The least restrictive environment: Its origins and interpretations in special education.* Mahwah: Erlbaum, 1999.

______. "The concept of the least restrictive environment and learning disabilities: least restrictive of what? Reflections on Cruickshank's 1977 guest editorial for the Journal of Learning Disabilities". In: HALLAHAN, D. P. e KEOGH, B. K. (orgs.). *Research and global perspectives in learning disabilities.* Mahwah: Erlbaum, 2001, pp. 147-166.

Decreto-Lei nº 319/91 – Regime Educativo Especial. *Diário da República*, 23 de agosto.

Decreto-Lei nº 6/2001 – Reorganização Curricular para o Ensino Básico. *Diário da República*, 18 de janeiro.

DENO, E. "Special education as developmental capital". *Exceptional Children*, n.º 37, pp. 229-235, 1970.

FUCHS, D. e FUCHS, L. S. "Inclusion versus full inclusion". In: HEWARD, W. L. (org.). *Exceptional children: an introduction to special education*. 6. ed. Upper Saddle River: Merrill/Prentice-Hall, 2000, pp. 72-74.

GERSTEN, R. "Science and students with learning and behavioral problems". *Behavioral Disorders*, n.º 27, pp. 37-52, 2001.

HALLAHAN, D. P. e KAUFFMAN, J. M. *Exceptional learners: introduction to special education*. 8. ed. Boston: Allyn and Bacon, 2000.

HEWARD, W. L. "Ensino e aprendizagem: dez noções enganadoras limitativas da eficácia da educação especial". In: CORREIA, L. M. (org.). *Educação especial e inclusão: quem disser que uma sobrevive sem a outra não está no seu perfeito juízo*. Porto: Porto, 2003, pp. 109-153.

HIRSCH JR., E. D. *The schools we need and why we don't have them*. Nova York: Doubleday, 1996.

KAUFFMAN, J. M. "How we prevent the prevention of emotional and behavioral disorders". *Exceptional Children*, n.º 65, pp. 448-468, 1999.

______. *Education d(r)eform: bright people sometimes say stupid things about education*. Lanham: The Scarecrow Press, 2002.

______. "Conferir coerência à educação". In: CORREIA, L. M. (org.). *Educação especial e inclusão: quem disser que uma sobrevive sem a outra não está no seu perfeito juízo*. Porto: Porto, 2003, pp. 155-205.

LIEBERMAN, M. L. "Preservar a educação especial... Para aqueles que dela necessitam". In: CORREIA, L. M. (org.). *Educação especial e inclusão: quem disser que uma sobrevive sem a outra não está no seu perfeito juízo*. Porto: Porto, 2003, pp. 155-205.

NATIONAL JOINT COMMITTEE ON LEARNING DISABILITIES. *Collective perspectives on issues affecting learning disabilities*. Austin: PRO-ED, 1994.

NOLET, V. e MCLAUGHLIN, M. J. *Accessing the general curriculum: including students with disabilities in standards-based reform*. Thousand Oaks: Corwin, 2000.

POLLOWAY, E. A. e PATTON, J. R. *Strategies for teaching learners with special needs.* 6. ed. Columbus: Merrill, 1996.

SALEND, S. J. *Effective mainstreaming-creative inclusive classrooms.* Englewood Cliffs: Prentice Hall, 1998.

SASSO, G. "The retreat from inquiry and knowledge in special education". *The Journal of Special Education*, n.º 34, pp. 178-193, 2001.

TAYLOR, R. L. *Assessment of exceptional students: educational and psychológical procedures.* 3. ed. Boston: Allyn and Bacon, 2003.

TURNBULL, A. *et al. Exceptional lives: special education in today schools.* Englewood Cliffs: Prentice Hall, 1995.

WILL, M. C. *Educating students with learning problems: a shared responsibility.* A report to the secretary. Washington, DC U.S. Department of Education, Office of Special Education and Rehabilitation Services, 1986.

YSSELDYKE, J. E.; ALGOZZINE, B. e EPPS, A. "A logical and empirical analysis of current practice in classifying students as handicapped". *Exceptional Children*, n.º 50, pp. 160-166, 1983.

Incluir, sim, mas onde?
Para uma reconceituação sociocomunitária da escola pública

JOÃO BARROSO

Professor da Faculdade de Psicologia e de Ciências da Educação da Universidade de Lisboa, Portugal

A importância e a especificidade que os temas da inclusão/exclusão adquiriram no debate educativo não nos podem fazer esquecer de que a defesa de uma escola inclusiva está indissociavelmente ligada à defesa dos valores da escola pública.

Na verdade, a idéia de que as escolas inclusivas "devem acomodar todas as crianças, independentemente de suas condições físicas, intelectuais, emocionais ou outras" (Declaração de Salamanca – Unesco), só pode ser compreendida no quadro de uma escola pública que garanta a universalidade do acesso, a igualdade das oportunidades e a continuidade dos percursos escolares, aberta à diversidade dos públicos, mas praticando uma política ativa de justiça social em benefício dos mais desfavorecidos.

É certo que, em muitos casos, estes princípios não tiveram correspondência nas políticas, nas formas de organização, no currículo e nos métodos pedagógicos em que a escola de massas se assenta, ao longo da sua evolução histórica e no seu processo de expansão à escala global. Contudo, este fato não deve servir para negar a validade destes princípios e do ideal de educação que lhes estão subjacentes, nem justifica o recurso ao modelo do mercado como alternativa para a regulação e provisão do serviço público educativo.

Por um lado, falta ao mercado, entre outras coisas, a sensibilidade social que permite atender os que, pelas mais diversas razões, exigem mais tempo, mais dinheiro e melhores recursos para obter o sucesso educativo a que têm direito.[1] Por outro lado, o Estado social

1 Esta é uma evidência empírica que muitas pesquisas sobre a privatização da educação (nomeadamente por meio dos cheques-ensino) têm vindo a demonstrar. Ver, a este propósito, entre outros, Barroso, 2003a; Belfield e Levin, 2004; Van Zanten, 2000.

não pode estar limitado (como querem os defensores de políticas neoliberais neste domínio) a cumprir as funções de "carro-vassoura" dos excluídos[2] que o mercado, por questões de rentabilidade e eficácia, enjeita.

Defendo, por isso, que para promover a inclusão escolar se torna necessário reforçar a dimensão pública da escola pública, o que obriga a reafirmar seus valores fundadores perante a difusão transnacional de uma vulgata neoliberal que vê no serviço público a origem de todos os males da educação e na sua privatização a única alternativa. Contudo, a falência atual do modelo burocrático-profissional que serviu de base à expansão da escola pública no passado (Barroso, 1999) obriga, igualmente, a procurar novas formas de organização (pedagógicas e educativas) e novas modalidades de governo e intervenção que permitam a recriação da escola como espaço público de decisão coletiva, baseada numa nova concepção de cidadania "que vise criar a unidade sem negar a diversidade" (Whitty, 2002, p. 20).

É este o sentido da pergunta que titula este texto – *Incluir, sim, mas onde?* –, cuja resposta será dada em dois momentos. No primeiro, procurarei pôr em evidência a importância de promover a escola pública como modelo de inclusão, alterando em sua organização, gestão e práticas os fatores de exclusão de que é responsável. No segundo, argumentarei em favor da necessidade de proceder a uma reconceitualização da escola pública, assegurando o reforço da sua dimensão sociocomunitária[3] em sua composição, formas de participação e de governo.

---

2 O recurso à metáfora do "carro-vassoura" justifica-se plenamente se nos recordarmos de que esta designação é dada, nas corridas de ciclismo, ao carro que vai na rabeira do pelotão para recolher os ciclistas que são obrigados a desistir, por não conseguirem acompanhar o andamento dos outros corredores.

3 O texto que se segue recupera, adapta ou desenvolve a argumentação utilizada em dois capítulos que publiquei recentemente em Portugal (Barroso, 2003b e 2004) nas obras organizadas, respectivamente, por David Rodrigues (*Perspectivas sobre a inclusão. Da educação e da sociedade*) e por Rui Canário, Filomena Matos e Rui Trindade (*Escola da ponte. Defender a escola pública*).

Defender e promover a escola pública

Durante mais de 150 anos o Estado assumiu, no mundo ocidental, a função de "Estado Educador". A criação e o desenvolvimento da escola pública tornaram-se, primeiro, um imperativo para a consolidação do Estado-nação e, mais tarde (principalmente a partir da Segunda Guerra Mundial), um elemento essencial do desenvolvimento econômico. A escola pública desenvolveu-se assim com base num voluntarismo político, claramente centralizador, que pressupunha um forte consenso social no valor da educação e nas modalidades de organização da escola.

Nos últimos tempos, como é sabido, tem-se assistido a uma crise do próprio conceito de Estado-nação e a uma quebra clara do consenso social em que se baseava o Estado educador. Além disso, o crescimento extraordinário dos sistemas educativos e a complexificação da sua organização tornaram difícil sua renovação e adaptação às necessidades do mundo atual. Os resultados alcançados ficam sistematicamente aquém das expectativas, e a confiança na capacidade de os poderes públicos resolverem seus problemas vem-se reduzindo de maneira notória.

Perante esta situação de crise, os governos procuraram responder, agora como antes, com grandes reformas que, com forte otimismo retórico, eram anunciadas como o mito regenerador da educação e a boa solução para tudo resolver de maneira racional e planificada.

O balanço que se faz destas grandes reformas que, principalmente depois dos anos 1960, constituíam o "manifesto político" de qualquer ministro que se prezasse é conhecido. A maior parte das reformas não passou do papel, e as que foram um pouco mais longe raramente se radicaram nas escolas e, muito menos, na sala de aula e em suas práticas cotidianas.

Aliás, o que se passou com mais freqüência, como assinalam David Tyack e Larry Cuban (1995) ao analisarem um século de reformas nos Estados Unidos, foi que, ao contrário dos seus propósitos iniciais, ao invés de as reformas modificarem as escolas, acabaram sendo mudadas por elas.

Paralelamente a este insucesso das grandes reformas conduzidas pelo Estado, tem-se assistido, principalmente, desde o início dos anos 1980, ao alargamento de uma perspectiva desenvolvimentista da educação com sua subordinação aos "imperativos" da competitividade econômica e às "regras do mercado".

Um dos traços mais marcantes desta "lógica de mercado" consiste na tentativa de reduzir "o monopólio público da educação", de acordo com o que Dale (1994) chama, em termos muito gerais, de "objetivos da Nova Direita": "Retirar os custos e responsabilidade ao Estado e, simultaneamente, aumentar a eficiência e capacidade de resposta – e conseqüentemente a qualidade – do sistema educativo".

Nesse sentido, e para os defensores de uma política neoliberal, a modernização da educação passa, entre outras coisas, pela "libertação" da escola das mãos do Estado, pela empresarialização da sua gestão e pela introdução de um sistema de concorrência em que a satisfação do consumidor decide da sua rentabilidade e eficácia.

Não é possível realizar, no âmbito do presente texto, um balanço das principais críticas que têm sido feitas a estas "políticas de modernização" baseadas na construção de "um mercado da educação". Mas há um aspecto que importa referir, tendo em conta os objetivos de mostrar a necessidade de defender a escola pública: as conseqüências daquilo que Ball (1994, p. 129) chama de "os valores da mudança e os dilemas éticos provocados pela atividade do mercado e pela competição".

Falando da experiência inglesa, este autor chama a atenção para o fato de, ao sublinhar-se a pretensa "neutralidade do mecanismo da escolha do consumidor", se desviar a atenção dos valores e dos aspectos éticos ligados (e requeridos) pela aplicação da lógica de mercado à educação. Entre esses valores, contam-se os que celebram a ética do que Nagel (1991) chama do "ponto de vista pessoal" – interesses pessoais e desejos individuais –, que, ao mesmo tempo, obscurecem e desprezam as preocupações igualitárias daquilo que o mesmo autor designa por "ponto de vista impessoal".

Como afirma Ball (*ibidem*, p. 144) no final do seu livro em que analisa criticamente a reforma educativa inglesa: "O que se perdeu na educação no Reino Unido foi a existência de qualquer tipo de discurso sobre as virtudes cívicas ou ética social". E acrescenta, citando Plant (1992, p. 89):

> Sem o sentido da virtude cívica, ou da orientação para valores que não tenham unicamente em vista o interesse pessoal, o comportamento do mercado exigirá uma regulação crescente em função dos interesses do próprio mercado. Este tipo de regulação tende a tornar-se cada vez mais problemática se não houver uma maior preocupação em cultivar o sentido da responsabilidade social e cívica, o que, como eu sugeri, se torna cada vez mais difícil devido à erosão dos valores sociais em favor dos interesses próprios e privados.

Idêntica preocupação pelas conseqüências de uma política educativa que vê na desinstitucionalização e desregulação o único meio de preencher as deficiências de funcionamento da escola pública, ao mesmo tempo que olha para a educação como um bem de consumo e não como um bem comum, está presente na análise que David Tyack e Larry Cuban (1995, p. 142) fazem de um século de reformas escolares, nos Estados Unidos:

> Nesta última geração, o discurso sobre a escola pública tornou-se extremamente limitado. Passou a estar centrado na competição econômica internacional, nos resultados dos testes, e na "escolha" individual da escola. Mas, em contrapartida, negligenciou por completo o tipo de escolhas que são essenciais para o bem-estar cívico: escolhas coletivas sobre um futuro comum, escolhas feitas, através de processos democráticos, sobre os valores e os conhecimentos que os cidadãos querem passar para a próxima geração.

Nesse sentido, a "defesa da escola pública" passa, por um lado, por desmontar o caráter pretensamente "neutro" da introdução de uma lógica de mercado na educação, denunciando sua "ética" perversa e sua intencionalidade política. Por outro, por fazer da definição e regulação das políticas educativas um processo de construção coletiva do bem comum que à educação cabe oferecer, em condições de igualdade e justiça social, a todos os cidadãos.

A defesa da escola pública não pode estar prisioneira de qualquer tipo de ortodoxia sobre o modo como se concretizam seus ideais e se organizam suas estruturas e atividades. A preservação da escola pública passa por sua capacidade de se atualizar ante as mudanças que ocorreram ao longo do tempo, nos vários domínios da vida social. Entre as questões mais importantes a debater neste propósito de mudança situam-se o problema da regulação das políticas educativas e o papel que o Estado, os professores, os pais dos alunos e a sociedade em geral devem ter nesse processo.

Como tenho afirmado em diferentes momentos e contextos (Barroso, 1998, 1999, 2000), não é possível reduzir o debate sobre os modelos de governação da educação a uma opção entre, por um lado, uma administração centralizada, planificada e hierarquizada e, por outro, um mercado descentralizado, concorrencial e autônomo. Existem outras alternativas na educação pública, entre o "centralismo estatal" e "a livre concorrência do mercado", entre "a fatal burocracia do setor público" e "o mito da gestão empresarial", entre "o súdito" e o "cliente".

Whitty (2002, p. 20) afirma a este propósito:

> [...] nem o Estado, nem a sociedade civil constituem um contexto adequado para o exercício de uma cidadania ativa e democrática, através da qual seja alcançada a justiça social. A reafirmação dos direitos dos cidadãos em educação parece exigir o desenvolvimento de uma nova esfera pública, algures entre o Estado e a sociedade civil mercantilizada, em que novas formas de associação coletiva possam ser desenvolvidas. O desafio reside em saber como sair de um processo de decisão atomizado para o assumir de uma responsabilidade coletiva em educação, mas sem recriar um sistema de planificação supercentralizado. [...]

Finalmente, a promoção da escola pública exige que o Estado continue a assegurar, como lhe compete, a "manutenção da escola num espaço de justificação política" (Derouet, 2003), sem que isso signifique ser o Estado o detentor único da legitimidade dessa justificação. Esta alteração do papel do Estado (de burocrata e garante da ordem universal a regulador das normas e compositor da diversidade local e individual) insere-se no que Dubet (2002) chama de "declínio do programa institucional".

Esta "desinstitucionalização" da vida social (pela perda de referência a normas universais) leva à multiplicação dos espaços de produção política (enquanto lugares de legitimação, escolha, invenção de normas, construção de projetos e tomada de decisão). Por exemplo, as escolas deixam de ser (ou de parecer ser) lugares de aplicação de um projeto educativo único construído a partir do centro, para ser (ou parecer ser) lugares de construção de projetos educativos mais ou menos autônomos. Isso significa, entre outras coisas, que é necessário, no caso da administração das escolas, passar de "uma regulação pelas normas" a uma "regulação pelos resultados", tendo em vista já não garantir sua homogeneidade, mas sim sua eqüidade (Dubet e Duru-Bellat, 2000, p. 206).

A proliferação de espaços de decisão no domínio das políticas (com a descentralização e o reforço da autonomia das escolas, e com o alargamento à participação da "sociedade civil") pode conduzir à sua atomização e conseqüente fragmentação e polarização do serviço educativo. Torna-se por isso necessário, como adverte Whitty (2002, p. 92), criar novos contextos para determinar mudanças curriculares e institucionais que estejam a serviço da sociedade no seu conjunto. Isso passa, segundo este mesmo autor, por novas formas de associação na esfera pública nos quais os direitos dos cidadãos sejam reafirmados (e defendidos) ante as atuais tendências para a constituição de uma versão reduzida do Estado e a mercantilização da sociedade civil.

Por tudo quanto foi dito, podemos concluir que a repolitização da educação, a multiplicação das instâncias e dos momentos de decisão, a diversificação das formas de associação no interior dos espaços públicos e o envolvimento de um maior número de atores conferem ao sistema de regulação da educação uma complexidade crescente. Esta complexidade exige um papel renovado para a ação do Estado, com o intuito de compatibilizar o desejável respeito pela diversidade e individualidade dos cidadãos, com a consecução dos fins comuns necessários à sobrevivência da sociedade – de que a educação é um instrumento essencial.

Essa compatibilização só é possível com o reforço das formas democráticas de participação e decisão – o que, nas sociedades contemporâneas, exige cada vez mais uma qualificada e ampla informação, a difusão de instâncias locais e intermédias de decisão e a plena inclusão de todos os cidadãos (particularmente dos que até aqui têm sido sistematicamente excluídos, do interior e do exterior). Só assim é possível "estabelecer um acordo sobre uma base comum suficientemente generosa, atrativa e plausível que possa unificar os cidadãos no apoio à escola pública" e que Tyack e Cuban (1995, p. 142) consideram ser "uma necessidade crucial do nosso tempo".

O comunitarismo nos processos de regulação social

A redescoberta do sentido da "comunidade" constitui uma tentativa de superação do desencanto com as perspectivas socioestatais e neoliberais de regulação da vida social. Ela é visível quer no recrudescimento do movimento associativo, quer sob a forma mais institucionalizada de filosofias e propostas políticas "comunitaristas".

Como assinalam Clarke e Newman (1997, p. 131): "O comunitarismo é apresentado como a resposta aos problemas criados pelos falhanços da velha esquerda (estatal) e da nova direita (defensora do mercado), através da promessa de uma 'terceira via'".

Em relação ao Estado, o comunitarismo partilha, com a "Nova Direita", as críticas a seu poder excessivo e a seu inadequado intervencionismo, fazendo coisas para as pessoas em vez de criar condições para que sejam as pessoas a fazerem coisas para si próprias. Em relação ao mercado, denuncia o fato de as pessoas, agindo unicamente como consumidores, se limitarem a prosseguir os seus interesses restritos, à custa dos mais amplos interesses sociais e públicos. Nesse sentido, "a comunidade é considerada como a força, até aqui negligenciada, que é capaz de preencher o espaço deixado vazio pelo consumismo individualista, revitalizando a sociedade civil que não pode ser reduzida nem ao Estado-Nação, nem ao mercado" (*ibidem*, p. 131).

Apesar das condições particulares que estão presentes nesta revitalização das correntes comunitárias (numa espécie de "meio-termo" entre os extremos do debate político), a idéia de "comunidade" não surgiu agora; prende-se em um debate filosófico e político-social, bastante anterior, sobre as diferenças entre "comunidade" e "sociedade" de que as considerações de Weber (1971), a esse propósito, constituem uma das maiores referências.

As principais diferenças entre essas duas formas de relações sociais radicam-se no fato de a primeira, a "comunidade", ter uma dimensão mais subjetiva e afetiva, ligada ao sentimento de pertencer a uma mesma rede de relações, e a segunda, a "sociedade", ser mais objetiva e racional, baseando-se num compromisso ou coordenação de interesses de tipo contratual.

Esta distinção, tornada hoje clássica, teria origem nos comentários de Tönnies, numa obra significativamente intitulada *Comunidade e sociedade* e editada em 1887, na qual, de acordo com a síntese que Laville (1997, p. 41) faz deste texto, se pode concluir que:

> A natureza da comunidade é de ordem afetiva e sentimental, corresponde à solidariedade profunda feita de sentimentos de acordo com o modelo de um organismo vivo. Domínio do homogêneo, no prazer, no hábito e na memória, ela exprime a tendência para viver a vida do outro, compartilhar suas dores, participar em suas alegrias. Este princípio comunitário que assegura a coesão social das sociedades tradicionais foi posto em causa pela aparição, na modernidade, de um outro princípio, o societário. Em oposição à comunidade, a natureza da sociedade é de ordem racional e abstrata, corresponde a uma separação dos indivíduos cujas relações são regidas pelo cálculo e a utilidade, de acordo com o modelo da máquina construída segundo os princípios da mecânica. Domínio do heterogêneo, exprime a busca egoísta da felicidade em função de fins previamente meditados, e através de sistemas de pensamento que mobilizam o conhecimento.

Não admira, portanto, que uma das imagens do atual comunitarismo esteja relacionada com essa nostalgia de um passado campestre caracterizado pela existência de "comunidades rurais estáveis e autogeridas baseadas em redes de mútua dependência, obrigações e deferência" (Clarke e Newman, 1997, p. 132). Mas essa imagem do comunitarismo como modo de "regulação moral" fundado na tradição, a que Clarke e Newman chamam de "*comunidade como ordem moral*", não é a única corrente comunitária atualmente existente. Para estes autores, é preciso levar em consideração duas outras perspectivas igualmente visíveis em diferentes movimentos sociais (*ibidem*, pp. 131-135):

- O comunitarismo como expressão do "ativismo comunitário", em que a comunidade é vista como um lugar de mobilização para a ação coletiva e, de modo mais extensivo, para a criação de novos recursos coletivos por meio do auto-aprovisionamento. Esta perspectiva está presente, particularmente, no setor do voluntariado e em propostas de "reinvenção dos governos locais" mais como estimuladores de iniciativas do que fornecedores de serviços.
- O comunitarismo como expressão de "*uma comunhão de identidade ou de interesses*". Neste caso, as comunidades são mais afetivas ou identitárias do que espaciais e podem ter um papel meramente passivo (para afirmar a sua distinção) ou ativo, quando se constituem como forças de mobilização da ação coletiva, na defesa dos seus interesses.

São particularmente estes dois tipos de comunitarismo que estão na origem do desenvolvimento do chamado "terceiro setor" e das associações.

Contudo, as associações (nos seus fundamentos e modos de organização) não derivam unicamente de princípios comunitários, mas também societais. Como assinala Laville (1997, p. 51), as associações constituem uma realidade sociocomunitária e, nesse sentido, superam a dicotomia já referida entre "comunidade" e "sociedade": "Elas relevam de um registro societal sem se limitarem a ele, e podem relevar de um registro comunitário sem se encerrar numa naturalização comunitarista".

No primeiro caso, a associação baseia-se numa relação contratual, tendo em vista a satisfação de interesses comuns ou a realização coletiva de interesses individuais. No segundo caso, a associação baseia-se num sentimento subjetivo de pertencer (de ordem afetiva) que precede a própria satisfação de interesses comuns.

Como afirma, ainda, Laville (*ibidem*):

> A associação não pode ser considerada unicamente como um processo que agrupa indivíduos unidos por valores ou interesses comuns; ela implica uma adesão voluntária supondo um horizonte de inteligibilidade, de significação, que é necessariamente de ordem intersubjetiva. [...] Além da abordagem em termos puramente contratuais, pode dizer-se que a associação pertence também à ordem da construção comunitária. [...]

Esta perspectiva sociocomunitária, que se afasta das perspectivas utilitaristas, normativas ou estritamente comunitaristas do movimento associativo, valoriza a idéia de que as associações são, sobretudo, meios para a definição de compromissos públicos por referência a um bem comum, tornando-se, assim, "espaços que permitem operar a passagem da esfera privada para a esfera pública através de um encontro interpessoal" (*ibidem*).

Neste sentido, a associação, pode ser conceituada

> como uma dimensão do espaço público nas sociedades civis, isto é, um campo de tensões sem fronteiras claras no qual diferentes expressões e racionalidades coexistem e interagem, com a especificidade de terem uma finalidade socioeconômica, na medida em que são prestadoras de bens, serviços ou ajudas. (Evers, citado por Laville, *ibidem*, p. 57)

Esta breve reflexão sobre a emergência do comunitarismo nos processos de regulação social e sobre a natureza sociocomunitária das associações permite introduzir uma perspectiva diferente na abordagem organizacional dos problemas que caracterizam "a crise" atual da escola. Principalmente se tivermos em conta que esses problemas já não se prendem unicamente com as questões da eqüidade e da igualdade de oportunidades, mas têm a ver, também, com a exclusão escolar e social e com o "sentido" que a escola tem para os que a freqüentam e nela trabalham.

Duas ordens de razões podem justificar esta abordagem (que será desenvolvida nos pontos seguintes):

- *A primeira ordem de razões* reside no fato de se tornar cada vez mais evidente que os grandes problemas da escola estão relacionados quer com a perda do sentimento de pertença (dimensão comunitária) dos seus membros (alunos e professores), quer com o não-reconhecimento da existência de objetivos e interesses comuns por parte dos seus participantes (dimensão societal). Vários fatores contribuem para esta situação: a defasagem entre diversidade social e cultural da procura e o caráter uniforme e homogêneo da oferta; a perda de legitimidade do Estado para impor um projeto educativo unificador; a promoção dos valores do individualismo e da concorrência pelas "regras" do mercado. Como conseqüência, assiste-se à desagregação das relações sociais na escola, o que torna difíceis o acordo e o compromisso necessários a qualquer ação organizada. Por isso, a revitalização do sentido comunitário na escola pública (no sentido já referido) pode criar condições para legitimar e justificar a ação coletiva, principalmente para aqueles alunos que, excluídos ou em processo de exclusão, não reconhecem nenhuma utilidade ou obrigação para freqüentar a escola.
- *A segunda ordem de razões* está relacionada com o fato de que a escola, apesar de não poder ser considerada uma associação (devido ao caráter não voluntário da adesão dos seus membros e à existência de fins e regras cuja definição lhes é exterior), foi obrigada, pela força das necessidades e circunstâncias da sua evolução histórica e social, a desenvolver outras funções. Entre essas funções, conta-se a prestação "voluntária" (porque não prevista nas obrigações funcionais dos seus membros) de bens, serviços, ajuda e apoio que configuram outro tipo de organizações que

não as inicialmente desenhadas para as atividades de ensino e aprendizagem. O reconhecimento desta multifuncionalidade da escola permite diversificar as formas organizativas, os modos de regulação, os processos de adesão etc., beneficiando-se, para o exercício de algumas dessas atividades e para a sua reorganização em geral, do contributo da gestão associativa.

A "perda de sentido" da escola

O combate à exclusão na escola exige não só novos modos de regulação, mas também novas formas de organização. O desafio que se coloca hoje no combate à segregação e à exclusão é a criação de "espaços de recuperação da sociabilidade perdida". Espaços nos quais se refaçam as redes de solidariedade que permitem a vida em comum. Espaços que recuperem o sentido da vida cotidiana e permitam a integração por meio de redes de relações sociais entre os habitantes de uma mesma localidade ou território.

Na verdade, como assinalam Boltanski e Chiapello (1999, p. 635):

> A subida do individualismo nos últimos 15 anos não foi conseqüência de uma evolução que nada podia entravar, mas da desconstrução dos conjuntos (classes, empresas, sindicatos, partidos, mas também, de outra maneira, igrejas, escolas) em que repousava a capacidade das pessoas se inscreverem em perspectivas coletivas e em prosseguirem bens reconhecidos como comuns. Estes conjuntos, nos quais as pessoas se encontravam fisicamente e conseguiam aproximar-se na partilha de determinadas características, que ofereciam toda uma gama de níveis de participação, da simples assistência às reuniões ao compromisso militante a tempo inteiro, funcionavam claramente como lugares de construção do coletivo.

Ora, a escola está hoje longe de se assemelhar a esses "lugares de construção do coletivo". Como assinala Dubet (1991, pp. 357-358), no final de uma longa pesquisa sobre os alunos dos liceus, na França:

> Os alunos não têm o sentimento de pertencer a uma instituição [...]. As relações pedagógicas são vividas como aleatórias e interpessoais, como alvéolos independentes no seio de um sistema com o qual ninguém se identifica. Nisto, os alunos assemelham-se bastante a seus professores, que opõem um ofício individual e positivo a um estatuto desvalorizado e negativo. Se a escola é um aparelho, ela não é uma instituição suficientemente integrada para que se estabeleçam ligações entre reivindicações e projetos, para que se associem as lutas defensivas, os desejos de participação e as aspirações culturais.

Por isso, não admira que uma das principais conclusões dos diversos estudos de caso em que se baseou esta pesquisa seja a de que,

> para os alunos, o liceu não existe como coletividade e comunidade. [...] Não existe, verdadeiramente, um estabelecimento de ensino, isto é, organizações mobilizadas em torno de um mesmo projeto educativo e possuindo a capacidade de integrarem os alunos e os professores num trabalho coletivo. [...] Para uns e outros, o liceu é um espaço que cria oportunidades e ocasiões para encontros e gratificações pessoais, mas não é uma organização que defina papéis e exija adesão.

Embora esta imagem não se possa generalizar, com a mesma intensidade, a todos os contextos, ela mostra que o desgaste do tempo, a variação dos públicos e o imobilismo das estruturas descaracterizaram o "modelo" fundador da escola pública. Este modelo afirmava-se, exatamente, pela forte identidade institucional (enquanto "santuário" dos valores a transmitir às novas gerações), pela coerência da sua organização (caracterizada pelo fechamento, pela dominação e pelo autoritarismo necessários aos processos de transmissão e reprodução utilizados) e pela rigidez dos seus modos de ação pedagógica (baseados na uniformização e homogeneização dos alunos)[4].

---

4 Para um melhor conhecimento destas características organizacionais dos liceus e sua evolução, consultar a investigação que realizei sobre este tema, em Portugal, para o período entre 1836 e 1960 (Barroso, 1995).

Ora, o problema que se coloca atualmente não é o de recuperar esta organização perdida, mas sim o de encontrar outra organização adaptada à realidade presente.

A multifuncionalidade da escola

Para isso, é importante atentar que a escola enquanto organização constitui uma realidade complexa, dividida entre múltiplas atividades sociais de que se destacam: a educação, a instrução, a formação, a animação, a guarda, a alimentação, o lazer, o apoio social, o convívio intra e intergeracional, a ação comunitária etc. Estas atividades desenvolvem-se de maneira formal ou informal, com ênfase diferente conforme os atores e as escolas, mas em geral de maneira autônoma e, por vezes, concorrencial. Se, desde o início da escola pública, as atividades "nobres" eram a "educação" e a "instrução" (e, mesmo entre estas, as disputas pedagógicas foram grandes), com a democratização do acesso e a evolução dos tempos, as outras atividades foram crescendo, mais como resultado da necessidade e da procura do que por opção e decisão explícitas dos poderes públicos ou dos professores.

A situação atual é, por isso, de grande indefinição e confusão funcional e organizacional: os professores, muitas vezes, são simultaneamente educadores, formadores, familiares, parceiros, técnicos sociais e de saúde, animadores de tempos livres; e as escolas são o lar, a cantina, a associação, o centro cívico, o clube recreativo, a oficina etc.

Ora, se queremos que a escola recupere a sua utilidade e visibilidade local e contribua para restaurar os laços de sociabilidade entre professores, alunos e comunidade em geral, é necessário assumir esta plurifuncionalidade e dar-lhe expressão organizacional.

A escola deve ser vista (e gerida) em função de quatro grandes referenciais, quanto a sua missão e seu modo de funcionamento: serviço local do Estado; organização de profissionais; serviço público de solidariedade social; associação local.

- No primeiro caso (*serviço local do Estado*), o objetivo é garantir que cada escola pública cumpra a missão educativa que o Estado deve assegurar, dentro dos princípios constitucionais de democracia, igualdade de oportunidades, eqüidade e satisfação dos interesses coletivos.
- No segundo caso (*organização de profissionais*), o objetivo é permitir que a relação pedagógica necessária ao processo de aprendizagem se baseie numa relação profissional cara a cara, em que o prestador do serviço educador (o professor) desenvolve sua ação como o agente dos interesses do segundo (o aluno-cidadão e suas famílias), devido à confiança que nele depositam e ao capital de conhecimentos e informação que possui.
- No terceiro caso (*serviço público de solidariedade social*), o objetivo é garantir (em particular na escola básica obrigatória) o atendimento adequado às situações familiares e econômicas dos alunos e à satisfação das suas necessidades sociais fundamentais, não só por meio da ação concertada dos serviços e técnicos do Estado que exercem funções nos domínios da saúde, segurança e ação social, mas também por meio da mobilização, participação e solidariedade da comunidade local organizada.
- No quarto caso (*associação local*), o objetivo é possibilitar a expressão de interesses individuais e coletivos das crianças e jovens e também de suas famílias e outros membros da sociedade local, por meio de múltiplas formas organizativas e associativas, no quadro de uma ampla função educativa, cultural e lúdica da escola e no respeito pelo pleno desenvolvimento pessoal e social dos alunos.

A utilização destes quatro referenciais funcionais e organizativos não significa a compartimentação ou balcanização da escola, nem, ao contrário, sua unificação mediante uma hierarquização de importâncias. Os referenciais precisam ser vistos como faces de uma mesma organização e dimensões de uma mesma função, distintas e articuláveis, e devem ser geridos de modo flexível, tendo em conta a diversidade dos atores, das suas atribuições e interesses.

Neste sentido, a escola (pelo menos a escola básica obrigatória) deveria assumir uma "cultura de jardim-de-infância", não no sentido de uma infantilização dos objetivos e processos pedagógicos, mas como forma de organização integrada (característica daquele tipo de instituições educativas) das diversas valências e atividades necessárias ao acompanhamento global do crescimento e desenvolvimento pessoal e cívico das crianças e jovens.

Como é evidente, as modalidades de concretização deste tipo de organização poderão ser as mais diversas, em função das dinâmicas locais e da própria idade dos alunos. Desde formas mais unitárias polarizadas em torno de um dos referenciais, mas englobando todas as dimensões, até formas mais flexíveis de tipo "matricial", nas quais as diversas funções dão lugar a estruturas diferentes que se cruzam por meio da polivalência dos atores e seus desempenhos, ou mesmo estruturas mais autônomas (tipo *holding*), subordinadas a um projeto e controle comuns.

De qualquer modo, o importante, além da diversidade de formas organizativas, é que a escola como instituição assuma um projeto global que contemple os quatro referenciais, não de modo serial e cumulativo, mas integrado e distributivo.

Isso só é possível se a escola se abrir à diversidade dos seus públicos, se for intransigente no reconhecimento dos seus direitos e solidária com suas necessidades, interesses e anseios. E, quando se fala em público, pensa-se primeiro nas crianças e jovens que as freqüentam, mas também nos professores e outros trabalhadores escolares, nas famílias dos alunos e na comunidade em geral.

A escola torna-se assim a expressão de uma "sociedade política" com obrigações a cumprir, direitos a garantir e interesses a regular, que são objeto de negociação e decisão coletivas.

Esta institucionalização da polivalência organizacional da escola (de acordo com os referentes já enunciados) abre perspectivas novas na busca de modalidades de governo e de gestão da escola que ultrapassem a "velha" dicotomia Estado/mercado (ver a este propósito Barroso, 1998 e 2000). Refiro-me, concretamente, à introdução de formas de organização de tipo associativo que têm ganhado cada vez maior expressão no quadro do desenvolvimento do que se convencionou chamar "terceiro setor".

A gestão associativa

Na verdade, o reforço da dimensão local da escola exige outro tipo de organização (e necessariamente de gestão) que ultrapasse a dicotomia "público/privado", "Estado/indivíduo", por meio da configuração daquilo que Habermas e outros autores chamam de "espaços públicos autônomos". Como afirma Théry (1999, p. 53):

> Existem inúmeros autores e não dos menores – Durkheim, Tönnies, Max Weber etc. – para quem existe uma terceira esfera, a das relações de comunidade, de solidariedade e de associação, que, ao contrário das instituições públicas caracterizadas pela lei e regulamentos, corresponde a escolhas e adesões livres nas nossas relações com os outros. Habermas e outros autores, na sua continuidade, qualificam estes espaços de "públicos" e "autônomos", duas qualidades que são difíceis de conciliar [...], se a noção de espaço público só corresponder à de espaço dependente de poderes instituídos. Mas são duas qualidades que podem aliar-se facilmente se esta noção nos remeter para o terceiro setor, aqueles em que as nossas relações sociais e associações são colocadas sob o signo da livre escolha e adesão.

Se é certo que no domínio da gestão autores como Mintzberg (1996, p. 83) já haviam chamado a atenção para a vantagem de os governos e as empresas "aprenderem com o setor cooperativo e com as organizações sem fins lucrativos", é no domínio político-social que a introdução de formas organizativas de tipo associativo pode trazer mais vantagens para as escolas, na medida em que "permite a passagem da esfera privada para a esfera pública, através de um encontro interpessoal" (Laville, 1997, p. 102).

Como afirmam Laville e Sainsaulieu (1997), o modelo associativo caracteriza-se pela possibilidade que os indivíduos têm "de se ligarem livremente a outros e de reunirem um feixe de vontades individuais com o fim de constituírem um coletivo operatório em torno de um objetivo comum".

Assim, a associação constitui um espaço de sociabilidade mais livre que as formas sociais tradicionais (públicas ou privadas) e que corresponde, segundo Michel Forsé (1985, p. 39),

> a uma tendência dos nossos contemporâneos de procurarem cada vez mais nos grupos elementares a satisfação das suas necessidades de expressão individual, tomando a cargo, de maneira privada, necessidades sociais para as quais o Estado protetor se revela, muitas vezes, uma estrutura mal adaptada.

Por isso é possível adaptar à gestão escolar os comentários que Sainsaulieu (1997, p. 305) faz sobre a articulação entre associações e empresas:

> No momento em que as empresas se interrogam sobre as dinâmicas sociais da produção, face a uma crise de modelos de empresa compatíveis com o desenvolvimento de sociedades democráticas, temos o direito de nos interrogarmos sobre a contribuição que a vida associativa pode dar para a invenção de novas formas de compromisso dos indivíduos no trabalho e de outras modalidades da sua regulação coletiva.

Entre esses contributos, o que parece ser mais evidente resulta na capacidade que as associações têm de promover a qualidade das relações interpessoais e o compromisso solidário e participativo na realização de uma obra coletiva.

Baseando-se nas suas investigações sobre os "mundos sociais da empresa", Sainsaulieu (*ibidem*, p. 309) afirma:

> É de concluir que uma legitimidade associativa de confrontações permanentes e voluntárias entre projetos pessoais e dinâmicas coletivas constitui uma contribuição profundamente original aos mundos sociais da empresa contemporânea. Constitui uma experiência nova de

> um mundo social comunitário, baseando a defesa do coletivo numa efetiva confrontação entre projetos pessoais e finalidades do organismo. [...] Sem ser uma burocracia ou uma empresa modernizada, a dinâmica associativa revela que as vias do debate entre atores de graus, posições e especialidades diferentes são, de fato, incrementadoras de renovação regulamentar e profissional.

Sainsaulieu (1997, p. 320) considera, ainda, que a vida associativa pode proporcionar uma tripla lição às empresas contemporâneas:

> a de uma comunidade com finalidades partilhadas; a de uma saída da crise pelas trocas nos funcionamentos cotidianos; e, finalmente, a de uma realidade de empresa para conseguir vencer o desafio de uma inovação social como resposta aos problemas da sociedade.

Do mesmo modo, a institucionalização de componentes organizativos de tipo sociocomunitário na escola constitui, em si mesma, a possibilidade de reforço dos laços de proximidade intra e extra grupos etários e profissionais – adultos, crianças e jovens, mas também professores, outros trabalhadores educativos, pais e encarregados de educação e demais elementos da sociedade local. Ela permitirá, ainda, como dizia no início deste texto, desenvolver uma "solidariedade de proximidade", sem a qual não se põe fim à exclusão.

Referências bibliográficas

BALL, Stephen. *Education reform. A critical and post-structural approach.* Buckingham: Open University Press, 1994.

BARROSO, João. *Os liceus: organização pedagógica e administração (1836-1960).* 2 v. Lisboa: Junta Nacional de Investigação Científica e Fundação Calouste Gulbenkian, 1995.

______. "Descentralização e autonomia: devolver o sentido cívico e comunitário à escola pública". *Colóquio Educação e Sociedade*, nº 4, pp. 32-58, out. 1998.

______. "Regulação e autonomia da escola pública: o papel do Estado, dos professores e dos pais". In: *Inovação*, v. 12, n.º 3, pp. 9-33, 1999.

______. "Autonomie et modes de régulation locale dans le système éducatif". In: *Révue Française de Pedagogie*, nº 130, pp. 57-71, jan.-fev.-mar. 2000.

______. "A escola como espaço público local". In: TEODORO, António (org.). *Educar, promover, emancipar. Os contributos de Paulo Freire e Rui Grácio para uma pedagogia emancipatória.* Lisboa: Edições Universitárias Lusófonas, 2001, pp. 201-222.

______. "Perspectiva crítica sobre a utilização do conceito de qualidade do ensino: conseqüências para a investigação". In: ESTRELA, A. *et al. Contributos da investigação científica para a qualidade do ensino.* Lisboa: Sociedade Portuguesa de Ciências da Educação, 2001, pp. 23-43.

______. (org.). *A escola pública: regulação, desregulação, privatização.* Porto: ASA, 2003, pp. 79-109.

______. "Factores organizacionais da exclusão escolar. A inclusão exclusiva". In: RODRIGUES, David (org.). *Perspectivas sobre a inclusão: da educação à sociedade.* Porto: Porto, 2003, pp. 25-36.

______. "Escola da Ponte: defender, debater e promover a escola pública". In: CANÁRIO, Rui; MATOS, Filomena e TRINDADE, Rui (orgs.). *Escola da Ponte. Defender a escola pública.* Porto: Profedições, 2004, pp. 11-25.

BELFIELD, Clive R. e LEVIN, Henry M. *A privatização da educação. Causas e implicações.* Porto: Edições ASA, 2004.

BOLTANSKI, Luc e CHIAPELLO, Ève. *Le nouvel esprit du capitalisme.* Paris: Gallimard, 1999.

CLARKE, John e NEWMAN, Janet. *The managerial State.* Londres: Sage, 1997.

DALE, Roger. "A promoção do mercado educacional e a polarização da educação". In: *Educação, Sociedade & Culturas*, n.º 2, pp. 109-139, 1994.

DEROUET, Jean-Louis. "L'avenir d'une illusion ou Comment refonder le projet du collège unique dans une société postmoderne". In: DEROUET, Jean-Louis (org.). *Le collège unique en question.* Paris: PUF, 2003.

DUBET, François. *Les lycéens.* Paris: Seuil, 1991.

______. *Le déclin de l'institution.* Paris: Seuil, 2002.

DUBET, François e DURU-BELLAT, Marie. *L'hypocrisie scolaire. Pour un collège enfin démocratique.* Paris: Seuil, 2000.

FORSÉ, Michel. "Les associations". *Cahiers Français*, nº 21, maio-jun 1985.

LAVILLE, Jean-Louis. "L'associatiton: une liberté propre à la démocratie". In: BLOCH-LAVILLE, Jean-Louis e SAINSAULIEU, Renaud. *Sociologie de l'association*. Paris: Desclée de Brouwer, 1997.

______. "Association: ni entreprise, ni administration". In: BLOCH-LAVILLE, Jean-Louis e SAINSAULIEU, Renaud. *Sociologie de l'association*. Paris: Desclée de Brouwer, 1997.

LAINE, François (org.). *Faire société. Les associations au coeur du social*. Paris: Éditions La Découverte & Syros, 1999, pp. 93-108.

MINTZBERG, Henry. "Managing government. Governing management". In: *Harvard Business Review*, mai.-jun. 1996, pp. 75-83.

NAGEL, T. *Equality and partiality*. Oxford: Oxford University Press, 1991.

PLANT, R. "Enterprise in its place: the moral limits of markets". In: HEELAS, P. e MORRIS, P. (orgs.). *The values of the enterprise cultural: the moral debate*. Londres: Routledge, 1992.

SAINSAULIEU, Renaud. "Associations et entreprises". In: BLOCH-LAVILLE, Jean-Louis e SAINSAULIEU, Renaud. *Sociologie de l'association*. Paris: Desclée de Brouwer, 1997.

THÉRY, Henri. "L'évolution du rôle des associations". In: BLOCH-LAINE, François (org.). *Faire société. Les associations au coeur du social*. Paris: Éditions La Découverte & Syros, 1999, pp. 37-55.

TYACK, David e CUBAN, Larry. *Tinkering toward utopia. A century of public school reform*. Cambridge: Harvard University Press, 1995.

VAN ZANTEN, Agnès. "Un libéralisme éducatif sans frontières?" In: VAN ZANTEN, Agnès (org.). *L'école. L'état des savoirs*. Paris: Éditions La Découverte & Syros, 2000.

WEBER, Max. *Économie et société*. Paris: Plon, 1971.

WHITTY, Geoff. *Making sense of education policy*. Londres: Paul Chapman, 2002.

Dez idéias (mal)feitas sobre a educação inclusiva

David Rodrigues

Professor da Universidade Técnica de Lisboa, Portugal, e coordenador do Fórum de Estudos de Educação Inclusiva
(www.fmh.utl.pt/feei)

A normalidade causou-me sempre um grande pavor,
exactamente porque é destruidora.

Miguel Torga, Diário IV, 1948, p. 128.

Introdução

Neste início do século XXI, parece que nunca a desigualdade entre os homens foi tão grande. Não encontramos solução plausível nem previsível para injustiças e conflitos que proliferam e preenchem o nosso cotidiano de informação. Tal como aponta Wallerstein em seu livro *Historical capitalism* (1983), parece haver agravamentos sensíveis dos conflitos à medida que nos aproximamos do tempo presente. Cada século faz mais vítimas devido a guerras que o século anterior.

No que diz respeito à justiça social, a questão é igualmente difícil: o fosso entre ricos e pobres continua aumentando em escala nacional e internacional, os países ricos começam a amuralhar-se contra a previsível entrada de estrangeiros (mais pobres) em suas fronteiras, as periferias das grandes cidades são pungentes exemplos de exclusão. As instituições sociais defrontam-se com novas questões de exclusão social em nível da cidadania, do trabalho, da educação, do território e da identidade (Stoer, Magalhães e Rodrigues, 2004).

É nesse terreno controverso, desigual e crescentemente complexo que a inclusão (seja social seja educativa) procura prevalecer. Nesse aspecto, poder-se-ia dizer que, quanto mais a exclusão social efetivamente *cresce*, mais se *fala* em inclusão. O termo "inclusão" tem sido tão intensamente usado que se banalizou de forma que encontramos o seu uso indiscriminado no discurso político nacional e setorial, nos programas de lazer, de saúde, de educação etc. Recentemente até o sistema bancário vem usando o termo: no Brasil, uma instituição bancária lançou uma campanha sobre um "sistema bancário inclusivo" que busca captar contas de clientes iletrados.

Não se sabe bem o que todos esses discursos querem dizer com inclusão, e é legítimo pensar que muitos significados se ocultam por trás de uma palavra-chave que todos usam e se tornou aparentemente tão óbvia que parece não admitir qualquer polissemia. No discurso dos *media* e do cotidiano, o conceito de inclusão está relacionado antes de mais nada com *não ser excluído* – isto é, com a capacidade de pertencer ou de se relacionar com uma comunidade. Claro que existe uma normalização implícita neste conceito: o conceito da comunidade na qual a pessoa se deve integrar é o de uma comunidade benigna, positiva, diversa e próspera. Uma pessoa que pertence a uma comunidade fundamentalista religiosa ou a um grupo que faz da venda e do tráfico de entorpecentes o seu modo de vida cai fora deste conceito generalizado de inclusão. Existe, assim, um implícito "politicamente correto" quando se fala de inclusão.

Sabemos, no entanto, que não é assim. As comunidades, as famílias são elas próprias estruturas complexas que não devem ser abordadas de forma normalizada. Pensar de imediato em comunidades que são "naturalmente" receptivas ou em famílias apoiantes e felizes com uma estrutura tradicional é muitas vezes um mau começo para dinamizar um processo de inclusão. Na verdade, a inclusão tem como palco contextos complexos e freqüentemente adversos com os quais devemos estar preparados para interagir.

Podemo-nos perguntar: o que é então estar incluído? Como se articula a necessidade imperiosa de ter uma identidade numa comunidade restrita de pertença com a inclusão em grupos mais amplos? Como se relaciona a inclusão com a mobilidade da pessoa em diferentes grupos e contextos sociais? De que forma estar fortemente integrado em determinado contexto identitário pode impedir que a pessoa participe ou se relacione com outros contextos? A inclusão é necessária? E é essencial? Para quem?

E a inclusão na educação?

O conceito de inclusão no âmbito específico da educação implica, antes de mais, rejeitar, por princípio, a exclusão (presencial ou acadêmica) de qualquer aluno da comunidade escolar. Para isso, a escola que pretende seguir uma política de educação inclusiva (EI) desenvolve políticas, culturas e práticas que valorizam a contribuição ativa de cada aluno para a formação de um conhecimento construído e partilhado – e, desta forma, atinge a qualidade acadêmica e sociocultural sem discriminação.

Os sistemas educativos de numerosos países mundiais têm na última década usado o termo "inclusão" nos seus textos legais de educação (como o tinham usado antes relacionado com as estruturas sociais). O que estes sistemas entendem por inclusão serão talvez coisas diferentes. Recentemente, Wilson (2002), analisando documentos sobre a inclusão em particular provenientes do Center for Studies on Inclusive Education, indicou que o que se entende por uma escola inclusiva pressupõe uma escola centrada na comunidade, livre de barreiras (desde as arquitetônicas às curriculares), promotora de colaboração e de eqüidade. Por outro lado, Hegarty (2003), ao confrontar os objetivos ambiciosos da EI, e o fato de o termo "EI" começar a dar mostras de certa fadiga, defende que o debate inclusão/segregação tem recebido um interesse excessivo e que é sobretudo necessário investir uma verdadeira "Educação para Todos".

A EI tornou-se assim um campo polêmico por várias razões. Uma das principais é sem dúvida a contradição entre a letra da legislação e a prática das escolas. O discurso da inclusão ou "a ideologia da inclusão" (Correia, 2003) não tem freqüentemente uma expressão empírica, e por vezes fala-se mais da EI como um mero programa político ou como uma quimera inatingível do que como uma possibilidade concreta de opção numa escola regular. Tanto a legislação como o discurso dos professores se tornaram rapidamente "inclusivos", enquanto as práticas na escola só muito discretamente tendem a ser mais inclusivas. Recentemente afirmamos que "é preciso não invocar o nome da inclusão em vão", tentando "mapear" esta distância entre os discursos e as práticas.

A investigação e a realização de projetos sobre EI permitem delinear algumas das bases sobre as quais se podem construir projetos credíveis. É à luz desta investigação e da produção empírica de conhecimento sobre a EI que vamos seguidamente analisar algumas idéias comuns (a que chamamos "idéias feitas"), disseminadas entre os professores e entre as comunidades educativas em geral. Estas afirmações podem ser organizadas, na nossa opinião, em cinco grupos conforme a sua temática: valores, formação de professores, recursos, currículo e gestão da sala de aula.

Valores

• *"A inclusão é a 'evolução natural' do sistema integrativo"*

Muito se tem escrito sobre as diferenças entre "integração" e "inclusão" (Correia, 2001; Rodrigues, 2001, 2003). Afigura-se, consensualmente, que a integração pressupõe uma "participação tutelada" numa estrutura com valores próprios e aos quais o aluno "integrado" tem de se adaptar. Diferentemente, a EI pressupõe uma participação plena numa estrutura em que os valores e práticas são delineados tendo em conta todas as características, interesses, objetivos e direitos de todos os participantes no ato educativo.

Pelo fato de o movimento inclusivo se ter desenvolvido após o movimento integrativo, e usando freqüentemente os mesmos agentes e recursos, diz-se que a inclusão é uma evolução ou mesmo um novo nome da integração. "A integração ou – como agora se diz – a inclusão" é uma frase comumente ouvida.

Inclusão, a nosso ver, não é uma evolução da integração. Isso por três razões principais:

Em primeiro lugar, a integração deixou intocáveis os valores menos inclusivos da escola. Não foi por causa da integração que o insucesso ou o abandono escolar diminuíram ou que novos modelos de gestão da sala de aula surgiram. A integração criou freqüentemente uma escola especial paralela à escola regular em que os alunos com a categoria de "deficientes" tinham condições especiais de freqüência: aulas suplementares, apoio educativo, possibilidade de estender o plano escolar de um ano em vários, condições especiais de avaliação etc.

Em segundo lugar, a escola integrativa separava os alunos em dois tipos: os "normais" e os "deficientes". Para os alunos "normais", era mantida sua lógica curricular, os mesmos valores e práticas; para os "deficientes", selecionava condições especiais de apoio – ainda que os aspectos centrais do currículo continuassem inalterados. A escola integrativa "via" a diferença só quando ela assumia o caráter de uma deficiência, e neste aspecto encontrava-se bem longe de uma concepção inclusiva.

Em terceiro lugar, o papel do aluno "deficiente" na escola integrativa foi sempre condicionado. Era implícito ao processo que o aluno só se poderia manter na escola enquanto o seu comportamento e aproveitamento fossem adequados. Caso contrário, poderia sempre ser "devolvido" à escola especial. Assim, o aluno com dificuldades não era um membro de pleno direito da escola, mas tão-só uma benesse que a escola condicionalmente lhe outorgava.

Assim, quando se fala de escola integrativa, trata-se de uma escola em tudo semelhante a uma escola tradicional em que os alunos com deficiência (os alunos com outros tipos de dificuldades eram ignorados...) recebiam um tratamento especial. A perspectiva da EI é sim bem oposta à da escola tradicional: é inclusiva ao promover uma escola de sucesso para todos, ao encarar os alunos como todos diferentes e necessitados de uma pedagogia diferenciada (Perrenoud, 1996) e ao cumprir o direito à plena participação de todos os alunos na escola regular.

• "*A educação inclusiva é para alunos 'diferentes'*"

A noção de "diferença" tem se baseado muito do discurso moderno sobre a diferenciação pedagógica. Perrenoud (*ibidem*) fala mesmo dos alunos com "pequenas" e "grandes" diferenças para distinguir os que são identificados ao nível médico-psicológico dos que apresentam apenas problemas na aprendizagem. Apesar de o termo "alunos diferentes" ser abundantemente usado, isso não significa que tenha um entendimento claro. O termo "diferente" é usado com freqüência como um *alter nomine* de "deficiente" (sinalização de qualquer problema em um aluno). Tal como no período integrativo existiam os "deficientes" e os "normais", encontramos agora os "diferentes" e os "normais". Mas o que é afinal ser diferente? E diferente de quê?

É conhecida a dificuldade de traçar uma fronteira clara entre a deficiência e a normalidade. Em casos de deficiência intelectual, é muito difícil diferenciar uma pessoa com deficiência intelectual com um alto funcionamento de outra sem deficiência intelectual com um baixo funcionamento cognitivo. O que parece óbvio é que as capacidades humanas (sejam cognitivas, afetivas, motoras ou outras) se distribuem em um *continuum* no qual são colocadas fronteiras e critérios socialmente determinados. Um exemplo do caráter aleatório destas fronteiras é a variedade de classificações da deficiência intelectual nos diversos estados dos Estados Unidos, que pode levar o mesmo indivíduo a ser considerado deficiente em um estado e não deficiente em um estado vizinho. Ser diferente é assim: na acepção comum, viver em uma sociedade cujos valores consideram determinadas características da pessoa como merecedoras de ser classificadas como deficiência ou dificuldade.

Mas o certo é que a diferença não é estruturalmente dicotômica – isto é, não existe um critério generalizado e objetivo que permita classificar alguém como diferente. A diferença é, antes de mais nada, uma construção social histórica e culturalmente situada. Por outro lado, classificar alguém como "diferente" parte do princípio de que o classificador considera existir outra categoria – que é a de "normal" na que ele naturalmente se insere.

Quando dizemos que a EI se dirige aos alunos diferentes, acabamos por encarar todas estas questões. Sabemos que não são só diferentes os alunos com uma condição de deficiência: muitos outros alunos sem condição de deficiência identificada não aprendem se não tiverem uma atenção particular ao seu processo de aprendizagem. Heward (2003) afirma que o fato de os alunos serem todos diferentes não implica que cada um tenha de aprender segundo uma metodologia diferente; isso nos levaria a uma escola impossível de funcionar nas condições atuais. Significa, no entanto, que os objetivos e estratégias não são inócuos: todos se baseiam em concepções e modelos de aprendizagem. Assim, se não proporcionarmos abordagens diferentes ao processo de aprendizagem, acabaremos criando desigualdade para muitos alunos.

O certo é que não só os alunos são diferentes, mas também os professores – e ser diferente é uma característica humana e comum, não um atributo (negativo) de alguns. A EI dirige-se assim aos "diferentes", isto é... a todos os alunos. E é ministrada por "diferentes", isto é... por todos os professores.

Formação de professores

- "*A formação para a EI acontece durante o período da formação inicial*"

Em muitos países, começaram a ser integradas no currículo de formação inicial de professores e educadores disciplinas relativas às "Necessidades Educativas Especiais" ou designações afins. Esta inovação (recordo a título de exemplo a prática em Portugal, onde esta formação é obrigatória por lei desde 1987) é sem dúvida importante por poder vir a familiarizar o futuro professor com o conhecimento de situações prováveis que, ante a crescente inclusão de alunos com NEE nas escolas regulares, ele poderá vir a enfrentar. Se essa formação é já tão freqüente, por que continuamos a escutar queixas de professores sobre a sua falta de formação para atender alunos com dificuldades nas suas aulas?

Levantam-se duas questões neste âmbito:

Uma ligada às características complexas da profissão de professor. Um professor não é um técnico (no sentido de aplicar técnicas relativamente normalizadas e previamente conhecidas) nem um funcionário (isto é, uma pessoa que executa funções enquadrada por uma cadeia hierárquica perfeitamente definida). A profissão de professor exige imensa versatilidade, dado que se lhe pede que aja com grande autonomia e seja capaz de delinear e desenvolver planos de intervenção em condições muito diferentes. Para desenvolver esta competência tão criativa e complexa, não basta uma formação acadêmica; é necessária também uma formação profissional (Campos, 2002).

Outra questão encontra-se ligada à necessidade de uma formação em serviço. A gestão de uma classe (necessariamente) heterogênea exige que esta gestão seja feita com base numa permanente avaliação e reflexão em grupo sobre as melhores estratégias a serem desenvolvidas. Assim, uma aquisição de competências para a gestão inclusiva de uma classe só poderá ser adquirida por meio de uma prática continuada, reflexiva e coletiva. As práticas de aprimoramento profissional que são pilotadas por necessidades do professor são habitualmente designadas por "desenvolvimento profissional" para as distinguir dos processos de "formação" pilotados exteriormente. O desenvolvimento de competências para a EI, ainda que possa ter uma fase de sensibilização na formação inicial, só poderá ser plenamente assumido ao longo de uma prática em serviço – isso também porque em EI o comprometimento com a educação de todos os alunos é de toda a escola. Parafraseando o provérbio africano "É preciso toda uma aldeia para educar uma criança", diríamos que "é preciso toda uma escola para desenvolver um projeto de EI".

- *"O conhecimento das diferenças é o aspecto principal do currículo de formação para a EI"*

Realizamos em 2001 uma pesquisa sobre os conteúdos que eram ministrados nos cursos de formação para professores sobre Necessidades Educativas Especiais em Portugal. Uma das conclusões desta pesquisa indica que a maioria destes conteúdos se centrava na descrição exaustiva das condições de deficiência que podiam encontrar em jovens alunos. Conteúdos como "Etiologia e aspectos neurofisiológicos da paralisia cerebral" ou "A deficiência mental e a classificação DSM-IV" são freqüentes. A questão que podemos colocar é se serão estes os conteúdos mais indicados ante o perfil de competências que se pretende para um professor que vá exercer a sua profissão num ambiente inclusivo. Será que o conhecimento da etiologia e caracterização das condições de deficiência é o dado mais importante para formar os professores que irão desenvolver programas educativos inclusivos?

Queríamos lembrar que nem todo o conhecimento da "diferença" conduz à sua aceitação. Um exemplo que a história nos fornece é o interesse que as potências coloniais européias desenvolveram ao longo do século XIX pelas populações africanas. Poderíamos pensar que esse interesse pela "diferença" era positivo, mas não podemos esquecer quais foram os interesses a que esse conhecimento serviu: o conhecimento antropológico da organização e da forma de viver das tribos africanas serviu para informar a desgraçada partilha da África entre as potências coloniais, cujos efeitos funestos ainda hoje se fazem sentir. O conhecimento da diferença não é sempre positivo; podemos conhecer para melhor segregar.

Regressando ao domínio da educação, constatamos que, se a ênfase da formação de professores for dada à diferença e aos casos mais profundos, acabamos por proporcionar (ainda que com boas intenções...) um argumento para que o jovem professor avalie a sua futura tarefa como quase inultrapassável e até a rejeitar a inclusão de alunos com dificuldades, devido exatamente ao conhecimento das reais dificuldades que esses alunos têm.

Pensamos que a formação deve ser feita em termos das deficiências mais ligeiras (a esmagadora maioria dos casos que surgem nas escolas regulares) e que todo o conhecimento da diferença seja integrado numa compreensão da diversidade humana que vai das altas habilidades até a deficiência, dando a noção de que os casos muito difíceis são uma minoria e de que na grande maioria as dificuldades são discretas e leves.

Portanto, conhecer as diferenças sim, mas para promover a inclusão e não para justificar a segregação. Conhecer as diferenças mais comuns que são certamente as mais numerosas. Enfim, não dar a conhecer a diferença realçando a "patologia" psicológica ou médica, mas acompanhando cada caracterização com indicações pedagógicas que contribuam para que o futuro professor possua um esboço de entendimento que lhe permita iniciar seu processo de pesquisa sobre as melhores estratégias para que esse aluno se integre e aprenda na escola.

Recursos

"Os recursos são secundários. O importante é a atitude da escola e do professor"

Como nota Wilson (2002), a EI encontra-se impregnada de valores éticos e morais. Correia (2003), na mesma linha e como vimos, refere-se à "ideologia da inclusão" querendo realçar a forte carga ideológica que é atribuída aos projetos de EI. Ao examinarmos mais de perto suas premissas, verificamos que existe uma "energia bondosa" na EI, que poderia ser sintetizada na frase: "Queremos que todas as crianças sejam educadas juntas, sem discriminação, em uma escola livre de barreiras e ligada à comunidade".

Perante um idealismo que associa a inclusão aos direitos humanos e à justiça social, é compreensível que a força fundamental da promoção de tal programa repouse nas atitudes, na vontade e na ética dos professores. Para muitos, é a atitude o aspecto fundamental para que a EI se possa desenvolver. Se hipervalorizarmos as atitudes, outros fatores, como por exemplo os recursos, podem ser menos valorizados. Relatamos num artigo anterior (Rodrigues, 2003) a opinião de um consultor de uma organização educativa internacional que me dizia ter visto na África uma verdadeira inclusão: escolas comunitárias sem quaisquer meios, com classes muito numerosas, mas nas quais todas as crianças da comunidade comungavam do mesmo espaço – mesmo que fosse debaixo de uma árvore. Era o exemplo da subalternização dos recursos.

A questão da inclusão, tal como a entendemos em sociedades modernas, pode ser promovida em escolas e sistemas educativos desprovidos de recursos? Em nossa opinião, não. A inclusão tem de constituir uma resposta de qualidade para poder, por exemplo, representar uma alternativa séria às escolas especiais. Uma escola inclusiva que atenda, por exemplo, alunos com deficiência mental tem de ser capaz de proporcionar, pelo menos, o mesmo tipo de serviços da escola especial. Se não, por que irão os pais preferir a inclusão, se isso pode ter um efeito devastador em sua qualidade de vida?

Promover a inclusão é criar serviços de qualidade e não democratizar as carências. Por isso não pensamos que seja defensável um sistema de EI que repouse inteiramente nas atitudes mais ou menos idealistas e éticas do professor. Sem mais recursos para as escolas, será muito difícil que ela seja capaz de aumentar seu leque de respostas. As escolas funcionam, em regra, muito perto de seu limite máximo de resposta – mesmo quando não adotam modelos inclusivos. Se vamos pedir às escolas para diversificar sua resposta e criar serviços adaptados a populações que antes nunca lá estiveram, é essencial que mais recursos humanos e materiais sejam endereçados à escola. A EI pressupõe uma escola com uma forte confiança e convicção de que possua os recursos necessários para fazer face aos problemas.

- *"A EI é um sistema barato para educar todos os estudantes"*

Determinado subsistema educativo tomou a decisão de encerrar as escolas especiais da região e enviar os alunos que antes freqüentavam esta escola para a escola regular. Tal decisão foi muito aplaudida: poupou recursos porque a escola especial absorvia uma fatia importante do orçamento da região, permitiu que alguns professores que estavam colocados na escola especial pudessem regressar ao sistema regular de ensino (um fator adicional de poupança) e ainda proporcionou uma imagem de "inclusão". Esta decisão deu, em suma, uma aura de modernidade porque, pelo menos aparentemente, deu passos significativos em direção à "moderna" EI.

Essa situação, aqui relatada como ficcional, é muito comum. Sem dúvida que o fato de situar o esforço educativo de todas as crianças de dada comunidade em dado espaço físico e pedagógico parece poder apresentar vantagens ao nível econômico. Num estudo que estamos em via de publicar, em que são comparados dois modelos de atendimento, um de inclusão e outro de escola especial, constatamos que as verbas dispendidas pelo modelo inclusivo são significativamente inferiores aos despendidos pela escola especial. Apesar de este poder ser um dos "resultados colaterais" da inclusão, ela não deve ser pensada nestes termos.

A escola regular, se quiser ser capaz de responder com competência e rigor à diversidade de todos os seus alunos, necessita recrutar pessoal mais especializado (terapeutas, psicólogos, trabalhadores sociais etc.) e dispor de equipamentos e recursos materiais mais diferenciados. Enfim, necessita ser uma "organização diferenciada de aprendizagem" que ofereça a garantia às famílias e aos encarregados de educação que os mesmos serviços que eram proporcionados pela escola especial podem continuar a oferecer. Só desta forma a escola regular se torna verdadeiramente concorrente e uma alternativa à escola especial, porque, além de proporcionar uma lista de recursos humanos semelhante e um conjunto de recursos materiais equivalente, dá acesso a uma experiência de educação integrada com jovens sem deficiência e em ambientes mais ricos e diversificados.

Talvez a EI seja um sistema mais barato, mas não é por aí que as opções devem ser feitas. Encerrar escolas especiais não pode significar "lançar" jovens com necessidades especiais para uma escola regular, criada e desenvolvida na perspectiva da ignorância da diferença. Neste aspecto a EI não é uma educação em saldo; é, pelo contrário, um sistema exigente, qualificado, profissional e competente. Essas características fazem da EI um sistema caro. Mas, se a EI é cara, é melhor não querermos saber o preço da exclusão...

Currículo

- *"A diferenciação do currículo é tarefa do professor"*

A proposta pedagógica da EI passa claramente pela oferta de oportunidades de aprendizagem diversificadas aos alunos. Se a "diferença é comum a todos" e assumimos a classe como heterogênea, é importante responder a essa heterogeneidade em termos de estratégias de ensino e aprendizagem. Por outro lado, sabemos que o processo de aprendizagem não é uma simples transmissão de informação, mas antes uma transição entre diferentes paradigmas de conhecimento. Podemos assim dizer que uma escola que não diferencia seu currículo não usa modelos inclusivos e forçosamente não promove a igualdade de oportunidades entre os seus alunos.

Cabe aqui notar que a diferenciação a que nos referimos é no âmbito de uma escola comum a todos os alunos e não da perspectiva histórica de diferenciação curricular que, como nota Roldão (2003), era uma forma de sancionar a estratificação social por meio do currículo escolar.

Quando se aborda a necessidade da diferenciação curricular, é comum atribuir essa responsabilidade ao professor. Os professores "inclusivos" fazem-na e os professores "tradicionais" mantêm-se em modelos não diferenciados. Mas será que uma responsabilidade tão decisiva pode ser exclusivamente atribuída a um professor individual? Parece-nos que não, por duas razões.

Em primeiro lugar, a escola é uma estrutura com uma inércia organizacional de dimensão considerável. Comecemos pela realidade "classe". Os alunos são agrupados aleatoriamente (em turmas ou classes) que permanecem estáveis ao longo de vários anos. Este agrupamento "classe", se não for desmembrado em função das atividades, do nível dos alunos, dos projetos etc., torna-se um constrangimento e uma limitação, dado que é um grupo artificial e aleatório de aprendizagem. Por vezes, o maior ou menor sucesso dos alunos na escola depende deste mecanismo puramente aleatório: se estivesse em outra classe, o sucesso do aluno poderia ser completamente diferente. Por outro lado, horários, espaços, equipamentos, materiais etc. representam importantes constrangimentos para realizar uma diferenciação curricular que não são possíveis de remover por vontade solitária.

Em segundo lugar, a diferenciação do currículo é uma tarefa da escola. É a coesão do coletivo "escola" que pode incentivar a confiança para desenvolver projetos inovadores e permite ao professor assumir riscos. É indubitável que a dinâmica da EI repouse muito sobre a iniciativa, os valores e as práticas de inovação do professor; mas não parece correto afirmar que é por sua única vontade que a diferenciação do currículo se pode realizar. Ben-Peretz (2001) afirma que a tarefa do professor num mundo em mudança é praticamente impossível devido às dimensões dos desafios que lhe são colocados: o trabalho multidisciplinar, a globalização, o profissionalismo etc. A "missão impossível" do professor é ainda mais impossível se ele estiver sozinho. A diferenciação do currículo é uma tarefa do coletivo da escola e engloba mais do que a gestão da sala de aula: implica uma abertura para uma nova organização do modelo de escola.

- *"A EI valoriza o 'currículo social'"*

Historicamente, os alunos com necessidades educativas especiais que freqüentavam escolas especiais tinham um currículo essencialmente baseado em suas áreas de dificuldade, no que poderíamos designar por um currículo terapêutico ou habilitativo. Esta concentração no "modelo do déficit" originou uma concepção restrita e estreita do currículo, e tem sido apontada como responsável por privar os alunos de oportunidades de aprendizagem que os poderiam capacitar a assumir uma maior autonomia. O excessivo foco nas capacidades em "déficit" retirou o enfoque às áreas que poderiam ter sido mais trabalhadas para a autonomia.

A EI incentivou a adoção de outros modelos curriculares menos centrados no déficit que proporcionassem uma abordagem mais flexível e pudessem abranger todos os alunos (Costa e Rodrigues, 1999). Este modelo curricular alargado, com enfoque na inclusão social, na interação entre os alunos e no desenvolvimento da autonomia (que por vezes é designado por "modelo guarda-chuva"), tem sido desenvolvido no espírito da inclusão e recolhido aprovação de pais e professores.

Estes dois modelos têm sido apresentados como opostos quando, em nossa opinião, não o são. Parece indubitável que seja necessário planejar e desenvolver tipos de intervenção específicos ante problemas concretos de aprendizagem. Ao longo de muitos anos, foram desenvolvidas estratégias e metodologias de intervenção destinadas a problemas específicos de aprendizagem, e seria insensato pura e simplesmente deitá-las fora em nome da inclusão. Metodologias como a análise de tarefas, a modificação (cognitiva) do comportamento, os diversos métodos de reeducação da leitura etc. são instrumentos fundamentais para que o aluno com determinados tipos de necessidades possa encontrar respostas pedagógicas adequadas.

Assim, ainda que o desenvolvimento de projetos de EI tenha dado realce a um currículo mais "social", temos de ter presente que não se pode desperdiçar o conhecimento acumulado e o que está constantemente a ser produzido, que nos informa sobre intervenções mais especializadas e pode em muitos casos permitir a aprendizagem. Estes dois componentes curriculares devem ser considerados de tal forma que não só a interação com os outros e o desenvolvimento de competências sociais sejam realizados, mas também que o conhecimento que dispomos sobre a aprendizagem em certos tipos de dificuldades seja usado a favor de um processo de aprendizagem bem-sucedido.

Gestão da sala de aula

- *"Não é possível desenvolver práticas inclusivas em classes com 25 ou mais estudantes"*

O número de alunos por turma é recorrentemente enunciado como um obstáculo ao desenvolvimento de práticas inclusivas. Se a regra é levarmos em conta a diferença do aluno e adaptarmos o ensino às possibilidades, às modalidades e aos ritmos de cada um, então como será possível que um único professor desenvolva este trabalho para, por exemplo, 25 alunos? Posto desta maneira, parece uma barreira intransponível.

Bom, mas que conceito se tem de "atender especificamente às necessidades de cada aluno"? Freqüentemente é uma perspectiva de ensino individual. Nesta perspectiva, um professor só pode atender às necessidades de um aluno se estiver sozinho com ele. Esta idéia, apesar de muito disseminada, é errada. O ensino pode ser individual e não levar em conta as especificidades do aluno, e pode ser em grupo e considerá-las. Em textos anteriores (Rodrigues, 1986, 2001) defendemos que a gestão de uma sala de aula inclusiva pressupõe que os alunos possam ter acesso a vários tipos de grupos de aprendizagem: grande grupo (que pode determinar o contrato, os fundamentos e a missão da aprendizagem), grupos de projeto, grupos de nível, trabalho em pares e trabalho individual. Todos esses enquadramentos permitem que as situações de aprendizagem sejam adequadas às diferentes características do aluno e do trabalho. Desenvolver uma gestão de sala de aula inclusiva não pressupõe, pois, um trabalho individual, mas sim o planejamento e a execução de um programa no qual os alunos possam compartilhar vários tipos de interação e identidade.

Ainda sobre este aspecto, há também a tendência de crer que, quando um aluno com graves dificuldades é incluído numa turma "regular", ele se torna o cerne dos problemas para o professor. "Tenho uma turma de 22 alunos e um deles tem Trissomia 21. Que hei de fazer?" A questão é que se continua a encarar os 22 alunos como "normais", isto é, iguais uns aos outros como uma fotocópia, e apenas um diferente – o aluno com T21. É importante incentivar os professores a olhar para toda a turma (neste caso para os 23 alunos) como alunos diferentes e pensar que o aluno com T21 pode muito bem compartilhar sessões de aprendizagem com colegas em qualquer um dos enquadramentos que citamos acima. Esta aproximação poderá beneficiar, sem dúvida, alunos com dificuldades escolares que, por não terem uma condição de deficiência identificada, não dispõem de pedagogia apropriada às suas dificuldades.

- *"É mais fácil encontrar qualidade nas classes homogêneas"*

O debate sobre a qualidade em educação é extremamente atual. Em nome da qualidade da educação, tomam-se algumas decisões, anulam-se outras, criam-se e extinguem-se serviços. A qualidade surge como um conceito inquestionável que tem o mesmo significado para todos. Mas, em educação, não podemos esquecer que existem interesses (freqüentemente) conflituais e que ambos os lados podem desfraldar a bandeira da qualidade para se justificar. Por exemplo, o que é qualidade para um professor pode não o ser para os pais dos alunos, ou ainda para a gestão da escola. Falar em qualidade não resolve o problema, e sim levanta, pela pouca complexidade do conceito, outros problemas. Freqüentemente é preciso optar por investimentos em determinadas áreas da educação que consideramos serem mais importantes para a sua qualidade. Por exemplo: para os pais de um aluno com uma condição de deficiência, um programa que lhe permita interagir e brincar com os colegas sem deficiência pode ser considerado uma prática de qualidade elevada. Para os professores, um programa semelhante pode não ter qualquer relevância, porque o aluno continua sem dominar os conteúdos acadêmicos básicos.

A EI, como vimos antes, assume que os alunos são diferentes e heterogêneos.

A questão é: se entendermos qualidade enquanto preparação para enfrentar com conhecimento e sucesso as situações sociais, que tipos de programas poderíamos incentivar? Aqueles em que o aluno tem desde a fase escolar um contato maior com situações heterogêneas, contraditórias e mesmo conflituais, em que é necessário desenvolver aptidões de negociação, estabelecer plataformas adequadas e usar aptidões sociais. São esses ambientes escolares inclusivos que mais se assemelham aos ambientes sociais cada vez mais controversos e conflituais que o aluno vai encontrar na sua vida pessoal e profissional.

Assim, a qualidade na educação encontra-se mais facilmente ligada a classes heterogêneas do que a classes homogêneas, na medida em que estas, por suas maiores diferenças aparentes, são mais isomorfas com as situações sociais complexas. Se a educação de qualidade é a que melhor prepara para lidar com as situações sociais ecologicamente válidas, então é a EI que melhor permite que o aluno tenha acesso a esse patrimônio de experiência.

Conclusão

Falar de inovação no campo da educação é um assunto bem complexo. A escola pública foi criada com o objetivo de proporcionar aos alunos uma formação final com níveis semelhantes de conhecimento e usando estratégias uniformes. Considerar as diferenças intra-individuais dos alunos foi também sempre estranho à escola tradicional. Por isso parecem tão radicais e estranhas as propostas de inovação da escola feitas pela EI. Esta questiona alguns dos fundamentos e das práticas mais arraigadas da escola tradicional: o caráter seletivo da escola, a homogeneidade dos seus métodos de ensino e ainda o fato de não ser sensível ao que os alunos são e querem.

Perante uma distância tão grande entre o que a escola é e o que – por determinação legal – se pretende que ela seja, é natural que se tenham desenvolvido discursos e axiomas que procuram "simplificar" ou "explicar" o que deve ser feito para construir uma educação mais inclusiva. São por vezes essas as idéias (mal)feitas que contribuem para sedimentar valores e práticas que não se aproximam da educação inclusiva.

Mas, se estas são algumas das idéias (mal)feitas, o que serão então idéias (bem-)feitas?

Apesar do tom opinativo e afirmativo deste texto, nós próprios temos muitas dúvidas sobre se existe um caminho inequivocamente certo. Talvez o mais adequado seja pensarmos que as idéias bem-feitas deverão provir de práticas corajosas, refletidas e apoiadas. Talvez estas idéias e práticas, por mais bem pensadas e feitas que sejam, não nos conduzam inexoravelmente a uma EI. Mas por certo nos vão ajudar a vê-la cada vez mais perto, e dessa forma promover desde já a justiça e os direitos para todos os alunos.

Referências bibliográficas

BEN-PERETZ, M. "The impossible role of teacher educators in a changing world". *Journal of Teacher Education*, v. 52, nº 1, pp. 48-56, 2001.

CAMPOS, B. P. *Políticas de formação de profissionais de ensino em escolas autónomas.* Porto: Afrontamento, 2002.

CORREIA, J. A. *A construção político-cognitiva da exclusão social no campo educativo.* In: RODRIGUES, David (org.). *Perspectivas sobre a inclusão: da educação à sociedade.* Porto: Porto, 2003.

CORREIA, L. M. "Educação inclusiva ou educação apropriada?" In: RODRIGUES, David (org.). *Educação e diferença: valores e práticas para uma educação inclusiva.* Porto: Porto, 2001.

COSTA, A. e RODRIGUES, D. "Special education in Portugal". *European Journal of Special Needs Education*, v. 14, nº 1, pp. 70-89, 1999.

HAMRE, B. e OYLER, C. "Preparing teachers for inclusive classrooms. Learning from collaborative inquiry group". *Journal of Teacher Education*, v. 55, nº 2, pp. 154-163, 2004.

HEGARTY, S. "Inclusion and education for all: necessary partners". In: HEUNG, V. e AINSCOW (orgs.). *Inclusive education: a framework for reform.* Hong Kong: The Hong Kong Institute of Education, 2003.

HEWARD, W. "Ten faulty notions about teaching and learning that hinder the effectiveness of special education". *The Journal of Special Education*, v. 36, nº 4, pp. 186-205, 2003.

PERRENOUD, P. *La pedagogie à l'école des différences.* Paris: ESF, 1996.

RODRIGUES, D. "A aprendizagem individualizada num grupo de multideficientes". *Horizonte*, v. 1, nº 5, pp. 75-82, 1986.

______. "*A educação e a diferença*". In: RODRIGUES, D. (org.). *Educação e diferença: valores e práticas para uma educação inclusiva.* Porto: Porto, 2001.

______. "Educação inclusiva: as boas e as más notícias". In: RODRIGUES, D. (org.). *Perspectivas sobre a inclusão: da educação à sociedade.* Porto: Porto, 2003.

ROLDÃO, M. C. "Diferenciação curricular e inclusão". In: RODRIGUES, D. (org.). *Perspectivas sobre a inclusão: da educação à sociedade.* Porto: Porto, 2003.

STOER, S.; MAGALHÃES, A. e RODRIGUES, D. *Os lugares da exclusão social.* São Paulo: Cortez, 2004.

WALLERSTEIN, I. *Historical capitalism.* Londres: Verso, 1983.

WILSON, J. "Doing justice to inclusion". *European Journal of Special Needs Education*, v. 15, nº 3, pp. 297-304, 2002.